谨以此书

献给中华人民共和国成立七十周年

# 1920
# 寻梦欧洲的中国青年

1920
XUNMENG OUZHOU DE
ZHONGGUO QINGNIAN

张旭东 等著

人民出版社

# 前　　言

中国近代史是饱含屈辱的一段历史。1840 年,中国在西方列强“坚船利炮”的武力打击下,被迫打开国门并开始沦为半殖民地半封建社会。随后经历了第二次鸦片战争、甲午战争、八国联军侵华等磨难,中华民族的危机不断加深。穷则变,变则通。近代以来,无数仁人志士在民族危机中进行了不懈的探索,从学习西方器物的“洋务运动”,到学习西方制度的“戊戌变法”,再到学习西方民主自由思想的“新文化运动”。这一系列尝试都在客观上促进了中国的近代化过程,使中国由被动打开国门逐步向主动学习西方文明转变。

在探索西方文明的过程中,中国的留学生群体发挥了重大作用。中国最早的留学活动可以追溯到洋务运动时期的公派出国学生。这一时期,中国的留学生规模相对较小,一般都选择美、英、法为留学地,学习的内容也只限于西方的科学技术,在中国近代化过程中被称为“器物”层面的学习。出国人数众多,在时间上比较集中,能够称为留学运动热潮的,在近代中国出现过两次:一次是清末的留日运动,另一次是五四时期的旅欧勤工俭学运动。1901 年《辛丑条约》签订之后,维护统治成为晚清统治者面临的首要课题。1901 年,清廷正式宣布实行“新政”，颁布实施各种措施鼓励中国学生到日本留学取经。一方面中国离日本距离近，成本低；另一方面是日本明治维新以来迅速崛起，强烈吸引了试图“新政图强”的中国政府选择以日本为留学计划的目的地。从1901年至1911年辛亥革命前，留日学生多达三万余人。留日学生不但学习日本的科学技术，而且还学习日本的政治制度和思想文化。中共早期领导人陈独秀、李大钊、李达、李汉俊、杨匏安等都曾东渡日本留学，并受到日本马克思主义宣传者的影响，逐步转变为马克思主义者。

近代以来，中华民族无数仁人志士虽然多次向西方探求救国的真理，然而受历史和阶级的局限，对中国革命的根本问题，如中国社会的性质，中国革命的道路、目标、对象、方法等问题，始终未能真正解决。“五四”前后，中华大地内忧外患，经受西方文明影响的中国先进知识分子，在探索救国真理的道路上，一部分留在国内，如李大钊、陈独秀、毛泽东等人；一部分则走向国外，如蔡和森、周恩来、赵世炎、朱德、陈毅、邓小平等人。第一次世界大战结束后，欧洲恢复重建，急需大批劳动力，因而放宽了对中国青年的入境限制。在一些进步社团的鼓励和帮助下，当时很多中国青年学生漂洋过海，寻改造中国之梦于欧洲，从而形成了一股勤工俭学的热潮，史称“旅欧勤工俭学运动”。这批有志青年在法国、比利时、德国、英国等地通过各种形式“勤于做工，俭以求学”。在欧洲，他们当中的许多先进分子接受了马列主义，成立了各种革命团体和中国共产党旅欧支部，领导了勤工俭学学生和华侨、华人的反帝爱国民族民主运动。旅欧勤工俭学运动为数千名中国青年直接考察欧洲社会状况提供了难得的机遇，也成为当时中国社会与西方世界直接交流的重要渠道，特别是对中国思想界所产生的冲击,以及对马克思主义在中国的广泛传播和中国共产党的创建,都有着十分重要的影响。这些运动和国内运动遥相呼应,成为中国共产党创建史的重要组成部分。更为重要的是,旅欧勤工俭学运动在实践中为中国革命培养了一大批领导骨干,如周恩来、朱德、邓小平、陈毅、聂荣臻、蔡和森、赵世炎、陈乔年、陈延年等。他们先后回国,投身于伟大的新民主主义革命洪流之中。他们当中,有些人为中国革命献出了宝贵的生命,有些人后来成为了党和国家的领导人,他们的名字和事迹至今还在激励着一代又一代的中国青年去追寻他们的足迹。

中国共产党建党已近百年,中华人民共和国成立已经七十年。本书以史实为基础,力求详尽地展现 20 世纪 20 年代寻梦欧洲的中国青年出国的背景、过程、活动、影响等,力图突出这些活动在中国共产党创建史当中的重要地位。让我们一起追寻和铭记这些旅欧青年的活动和事迹,这也是对革命前辈最好的纪念。

# 目　录

# 第一章

# 前夜涌动，山雨欲来风满楼

## 一、清末新政与“留学热”

清朝是中国历史上最后一个君主专制王朝，从清军入关到康乾盛世再到整个王朝的崩溃，眼看他起高楼，眼看他宴宾客，眼看他楼塌了……，而清王朝的崩塌恰恰给中国新兴阶级、新兴文化、新兴制度的扎根、成长提供了良好的土壤。

1840 年 6 月开始的鸦片战争，是清王朝由盛到衰的转折点。鸦片战争之后，中国的国门在列强武力威逼下被迫打开，中国被动地卷入了世界资本主义体系和世界市场之中。鸦片战争的失败，对中国的文化和统治者的心理都是个沉重打击。一些有志之士逐渐从“天朝大国”的陶醉中清醒过来，林则徐、魏源、奕䜣、曾国藩、李鸿章等痛定思痛，决心向西方学习，“师夷长技以制夷”。“师夷长技”需要有懂得外文和了解各国情况的翻译人才，也需要掌握西方先进技术的专业人才和管理人才。为此，洋务派创办了新式学堂，并开始派遣留学生到欧美国家学习。“一齐人傅，不如置诸庄岳，是以派遣出洋尤为要著。”①近代中国，最早的

① 盛宣怀：《愚斋存稿》第 11 卷，台北文海出版社 1980 年影印版，第 2 页。

留学生是1847年赴美留学的容闳。1854年他从美国耶鲁大学毕业，成为毕业于美国大学的第一个中国留学生。1855年容闳回国后，就当时中国的形势，极力说服曾国藩、李鸿章等人，建议晚清政府选派幼童留学美国。由于容闳在选派幼童留美方面所作的杰出贡献，后来他被誉为“留学生之父”。1870年冬，清政府批准幼童留美计划，从1872年开始到1875年止，每年选出30名十二至十五岁的幼童赴美，四年共120名，十五年后陆续分批回国。这是清政府首次官派出国的留学生，留学制度的形成使中国教育近代化走出了关键一步。由于顽固势力的阻挠，1881年7月，清政府最终决定撤回全部赴美留学幼童，8月，幼童们被迫中断学业，94人（其余26人未归）分三批陆续“遣送回国”，其中有六十多人中断了在大学的学业，真正完成大学学业的只有两人，而其他人还在中学学习。幼童赴美留学计划夭折，但是该行动本身已经开启了一个新时代，留学教育日后成为教育的一种主要形式，促进了国内教育的发展。回国的留学生虽然绝大部分没有完成学业，但还是在许多领域为中国近代化作出了贡献。据统计，赴美幼童归国后，在外交部工作的14人，在铁路界供职者17人，在电信界工作的16人，在矿业界任工程师的6人，在教育界服务的5人，海军界服务的18人，在海关工作的2人，担任医生职务的5人，在新闻界工作的2人，从商的7人。① 其中的代表人物是詹天佑和唐绍仪，前者是“中国铁路之父”，后者曾任中华民国内阁总理。

在留美教育筹办的同时，李鸿章也与英、法、德等国家达成派遣留学生的意向，清政府分别于1877年、1881年、1885年、1896年共派出四

---

① 胡德海：《中国早期留美学生返国后的前程、事业与结局》，《甘肃社会科学》2002年第5期。

批83人到欧洲各国留学。这些留学生在国外学习了先进技术和知识，归国之后在各自领域都取得了不俗的成就，尤其表现在军事上，特别是海军中，如刘步蟾、林泰曾等，甲午海战前北洋舰队12艘主力舰的舰长，7艘由留欧学生担任。还有不少留欧学生归国后在军工企业或军事院校中任职，对中国军事技术的提高、军事装备的改进、军事人才的培养作出了巨大贡献。留欧学生群体对西方的政治制度、社会文化也有很深的研究学习，严复就是其中典型的代表人物。严复在英国海军大学学习了三年，掌握了海军业务，但是他没有选择成为一个军事家，反而成为了一位伟大的思想启蒙家，其思想影响了一代又一代的中国人。

“留学生之父”——容闳

垂末的清王朝是背负着八国联军侵占北京、被迫与西方列强签订《辛丑条约》的屈辱，跌跌撞撞地跨进20世纪门槛的。这时的清王朝已完全陷入半殖民地的境地，国家积贫积弱，人民饥寒交迫，面临着亡国灭种的威胁。因此，维护苟延残喘的统治成为统治者们面临的首要课题。1901年1月29日，慈禧太后用光绪皇帝的名义颁布上谕，命督抚以上大臣就朝章国政、吏治民生、学校科举、军制财政等问题详细议奏。1901年4月21日，慈禧太后又下令成立了以庆亲王奕劻为首的“督办政务处”，作为筹划推行“新政”的专门机构，任李鸿章、荣禄、昆冈、王文韶、鹿传霖为督办政务大臣，刘坤一、张之洞（后又增加袁世凯）为参预政务大臣，总揽一切“新政”事宜。张、刘二人联名三次上奏《江楚会奏变法三折》，定出改革方向，强调学习日本，推行君主立宪制。

清末新政尽管在主观上是维护岌岌可危的大清王朝，可是在客观上确实是自1840年来中国近代化的重要事件，推动了中国国防、教育、法律近代化的发展。特别是清末新政对教育制度的改革——废科举、办学堂、派留学，更是对后世影响深远。

1901年9月4日，清政府命令将各省城书院改成大学堂，各府及直隶州设中学堂，各县设小学堂，并多设蒙养学堂；12月5日，颁布学堂科举奖励章程，规定学堂毕业生考试后可得进士、举人、贡生等出身；1902年2月13日公布推广学堂办法，8月15日颁布《钦定学堂章程》；1904年1月13日又颁布《重订学堂章程》，详细规定了各级学堂章程及管理体制，以法令形式要求在全国推行。与普通学堂并行的还有专业教育，包括师范学堂及各类实业学堂，在学制上自成系统，一套完整的学校制度随之建立。1905年9月2日，光绪皇帝诏准袁世凯、张之洞奏请停止科举、兴办学堂的折子，下令“立停科举以广学校”，使在中国历史上延续了一千三百多年的科举制度被最终废除，科举取士与学校教育实现了彻底的脱钩。12月6日，清廷下谕设立学部，为专管全国学堂事务的机构。清政府在推行“新政”过程中，把“奖游学”与“改学堂，停科举”并提，要求各省筹集经费选派学生出洋学习，尤重专门学业；对毕业留学生，分别赏给进士、举人等出身；对自备旅费出洋留学的，与公派留学生同等对待。

为统一管理留学生工作，清政府分别在1902年10月31日和

1906年10月2日派出总监督赴东洋和欧洲。1903年10月,清政府颁布《奖励游学毕业生章程》,规定凡中国留日学生在日本普通中学五年毕业,得优等文凭者,给予拔贡出身;在日本文部省直辖之各高等院校及程度相当的各项实业学校三年毕业,得优等文凭者,给予举人出身;在大学专科某科或数科,毕业后有选科或普通毕业文凭者,给予进士出身;在国立大学及程度相当的官立学堂中三年毕业,得学士文凭者,给予翰林出身;五年毕业,得博士文凭者,除给予翰林出身外,还给予翰林升阶。

清末新政之前,洋务运动期间,在"中学为体,西学为用"的原则上,中国的留学生一般都选择美、英、法为留学地。学习的内容也只限于西方的科学技术。清末新政期间,由于庚子赔款后政府财政紧绌,因而清末改革中的留学生计划大都选择日本。一方面中国离日本距离近,成本低;另一方面是日本至明治维新以来迅速崛起,引发了许多中国青年的好奇心。以留日学生为例,1901年只有274人,到了1904年增加到2400人,1906年达到高峰,有1.2万人;据统计,从1901年至1911年辛亥革命前,留日学生累计高达3万余人。① 留日学生不但学习日本的科学技术,而且还学习日本的政治制度和思想文化。时任驻日公使的杨枢,在1904年的奏折中讲道:"现查各学校共有中国学生一千三百余人,其中学文科者一千一百余人,学武科者二百余人。"②这表明,在民族危机日益严重的时刻,留日学生当中

① 潘家德:《清末留学运动勃兴和发展的原因述论》,《四川师范学院学报》(哲学社会科学版)1991年第4期。

② 王焕琛:《留学教育——中国留学教育史料》(第一册),"国立"编译馆1980年版,第295页。

的一大批人已经突破“师夷长技以制夷”、“中体西用”的思维定式，逐步形成变法维新思潮，进而接受了革命思潮。他们受到孙中山革命思想的影响，逐渐由爱国走向革命。他们成立了各种反清革命团体，创办杂志宣传民主革命思想，如《湖北学生界》、《浙江潮》等。留日学生邹容撰写的《革命军》，陈天华撰写的《猛回头》、《警世钟》等书，大大促进了留日学生思想的革命化。1905 年 8 月，中国第一个全国性的资产阶级革命政党同盟会在东京成立，参加大会的有留日学生 300 多人，留日学生在同盟会的实际主持人中占绝对多数。据统计，1905—1907 年加入同盟会的 400 多人中，其中留日学生占 90%。①

即将赴美的官派留学生（1872 年摄）

中共早期领导人陈独秀、李大钊、李达、李汉俊等先后东渡日本留学，并受到日本马克思主义宣传者的影响，逐步转变为马克思主义

① 李喜所：《近代留学生对祖国的贡献》，《人民日报》1987 年 6 月 8 日。

者。陈独秀为寻求救国之道路，在1901—1914年间先后五次东渡日本。正是在日本留学期间，陈独秀产生了中国启蒙运动的想法，由此拉开了他一生革命运动生涯的帷幕。1914年11月10日，陈独秀在日本第一次用笔名“独秀”发表《爱国心与自觉心》一文，刊登在《甲寅》杂志上。这篇文章反映了他在经历革命低潮期的消极和彷徨之后对革命新道路的探索，文章认为中国的出路在提高国民的“自觉心”，而不在于当时国人所推崇的“建设共和”还是“君主立宪”的改革。陈独秀在文中以正话反说的方式开启民智。章士钊盛赞他是最早起来鸣叫天亮的“晨鸡”。陈独秀这篇文章的发表，标志着他发起新文化运动的思想开始萌芽。李大钊1913年从北洋法政专门学校毕业后东渡日本，入东京早稻田大学政治本科学习。战乱动荡的年代，艰辛备尝的生活，使李大钊从小养成了忧国忧民的情怀和沉稳坚强的性格。1915年，日本帝国主义提出灭亡中国的“二十一条”，李大钊积极参加留日学生的抗议斗争。他起草的通电《警告全国父老书》传遍全国，他也因此成为著名的爱国志士。“铁肩担道义，妙手著文章。”1916年李大钊回国后，到北京大学任图书馆主任兼经济学教授，此后他积极投身于正在兴起的新文化运动，成为新文化运动的一员主将。李达，生于湖南零陵县一个农民家庭，在1913年和1917年曾两次东渡日本留学，就读于日本第一高等学校理科。1918年5月，李达和同时期留日的同学们共同组建“留日学生救国团”，为反对中日的军事协定，他们回国请愿。这是我国学生运动史上一次规模较大的反帝爱国运动，这次活动促使李达由单纯的爱国主义开始走向了马克思主义。回到日本后，李达放弃了理科学习，拜师河上肇开始学习马克思主义理论。五四运动后，李达开始通过撰写文章、翻译日文版文献向国内的先进知识分子传播马克思主义和社会主义思想。李汉俊，也是留学日本的非常著名的马克思主义启蒙思想家。李汉俊出生在湖北潜江县的一个教师家庭，其父是前清秀才。1904年，年仅14岁的李汉俊在其亲友的资助下，东渡日本求学。先后在日本的法国教会学校晓星中学、日本高等学校就读，后考入东京帝国大学学习工科专业。大学期间，李汉俊结识了日本早期著名的马克思主义学者河上肇并受到了深刻影响，加之他精通日、英、德、法四国文字，能直接阅读各种马克思主义的外文著作，便开始转向马克思主义。杨匏安，1896年出生于广东省香山县（今属珠海市），1914年赴日本求学，在清苦的生活条件下，他埋头钻研西方各种流派的学说和社会思潮。1916年，杨匏安从日本回国，先后做过教师、编辑等工作。1919年在俄国十月革命和五四爱国运动的影响下，杨匏安在思想上发生了巨大的变化。1919年7月，杨匏安发表了《世界学说》一文，详细地介绍了当时西方的各种社会学说和哲学思想。1919年11月至12月4日，他连续发表长文——《马克斯主义》，成为广东地区最早的系统介绍马克思主义的文章。

鲁迅先生也是在清末新政时期，于1904年入仙台医学专门学校学习。留日群体中，很多有志青年日后都成为了中国革命和建设中不可多得的人才。

## 二、民国肇建与留法俭学会的成立

1901年是中国近代留学教育史的一个重要节点，在这个节点上，中国学生的留学地从美、英、法转向日本。李石曾、吴稚晖、张静江、蔡元培、吴玉章则是在这个节点上去了法国。李石曾是清末同治年间大学士李鸿藻的儿子。1902 年，李石曾随驻法公使孙宝琦赴法国。在巴黎，李石曾入蒙达顿农校学习，毕业后又入巴斯德学院及巴黎大学学生物。1906 年，他和张静江、吴稚晖等人在巴黎组织了“世界社”，宣扬无政府主义。同年，经张静江介绍，李石曾加入同盟会巴黎分会。经历法国大革命激烈的社会动荡后，法国思想家、学者纷纷开始对大革命进行反思。因此保守主义和无政府主义在法国颇具市场。李石曾等人就是在法国接触并信奉无政府主义的。

在法国留学期间，李石曾专修生物学，对黄豆的营养成分做了仔

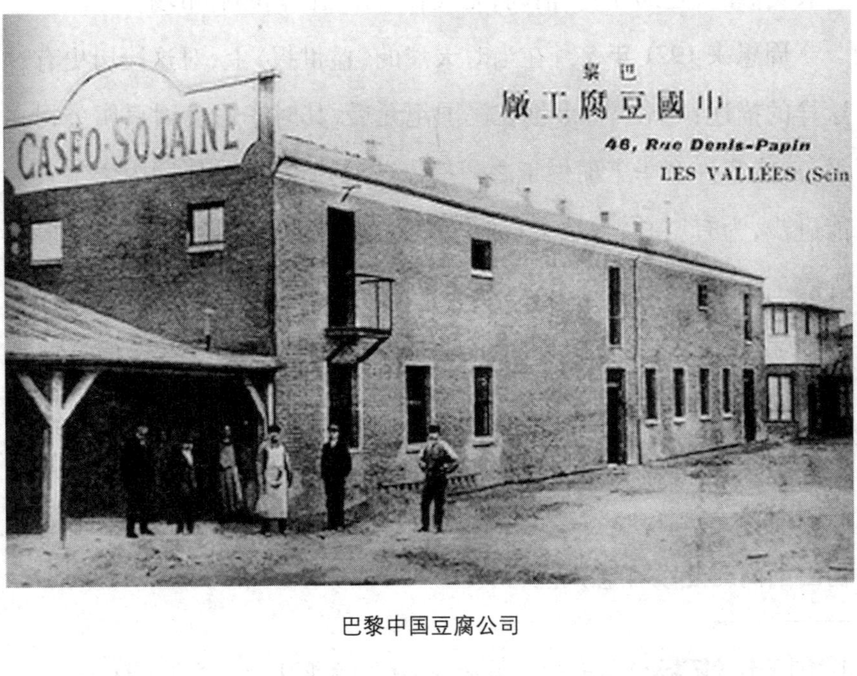


巴黎中国豆腐公司

细研究，并在法国杂志上发表过“黄豆问题”的文章，被称为黄豆“专家”。之后，他从中国运来大批黄豆，并从自己的家乡河北省高阳县招来三十多名工人，在巴黎郊外创办了一家豆腐公司，主要制作豆腐、腐乳等一些豆制品。这些来自中国农村的工人，文化水平较低，对加工产业了解不多，缺乏经营管理知识。于是，李石曾要求这些来自老家的工人白天做工，工余时间从事法文和技术生产知识的学习。这样一来，工人们不仅获得比国内较高的工作报酬，同时也通过学习开阔了视野，学习和掌握了新的知识和技能。这个小范围的“试点”，无疑为当时赴欧勤工俭学的大规模进行以至于形成一股浪潮做了准备。同时，这个小范围内的共同做工、共同学习、共同生活的“互助互爱”模式，经过深受无政府主义影响的李石曾的宣传，也在国内掀起了一股类似的“互助互爱”活动，无政府主义在国内颇有市场。

周恩来1921年5月在当时天津的《益世报》上，对这段历史有过这样的描述：“‘俭学’事创在民国纪元后，其时李石曾因豆腐公司之设，颇能容许多华工而做工之暇授以普通知识，计较居国内之工人为能进步，为有用心，于是李石曾有召其乡人前往者甚多，其程度多半为农工出身，在李氏之意，以为同一做工，与其在国内勤工终日，仅得一饱，毫无生趣，曷若出国做工，其利有八：（一）出国后可得普通常识，放大其固有窄小眼光，开展其闭塞心理；（二）入工场做工可渐习机械的运用与科学的技能；（三）与法工人常处，可习其团体生活组织能力……工作一二年均能稍事储蓄，渐具常识，举动文明，不复如初出国门时之动辄惹人注目矣。”①

① 周恩来：《留法勤工俭学生之大波澜》，天津《益世报》1921年5月9日。

豆腐公司"试点"的成功，引发了人们引进更多中国人来欧"半工半读"的想法，许多有志青年也对欧洲心生向往。正如周恩来所言："此等'乡下老'之程度，置之欧洲一二年，其成绩便如此可观，则易之以青年学子，又奚不可？恐所得之效果，且百倍此焉。"[①]但是，李氏的豆腐公司属于手工作坊式的生产，对劳动力的需求极其有限，来法工人只能选择法国的一些大机器生产的工厂做工。而当时很多中国工人对大机器生产较为陌生，这就需要对来法做工人员进行短期的培训，教给他们简单的法语和机器操作的技能。

1911年夏天，李石曾回国，正值辛亥革命前夕，四川保路运动兴起，各地革命党人正在积极准备武装起义，作为同盟会会员的李石曾在北方也积极为革命奔走。1912年1月1日，中华民国临时政府在南京成立，孙中山任临时大总统。2月12日，宣统皇帝退位，大清帝国轰然倒塌。中国同盟会作为革命的中坚力量可以完全公开活动，这就为旅欧勤工俭学运动建立组织机构创造了条件。

此时，在法国的吴稚晖、张静江、吴玉章、汪精卫、张继等同盟会会员也相继回国。他们在汪精卫的组织领导下建立京津同盟会。严格来讲，京津同盟会不是一个三民主义的组织，而是一个无政府主义团体。无政府主义者关心的不是民族、国家，而是个人与社会，在他们看来，个人是社会的基本单位，个人与个人之间的结合体称之为"村"，村与村之间的结合才是社会。在李石曾的豆腐公司，这种人与人的自由结合的"互助互爱"模式正是这些无政府主义者理想的实践。在这种思潮影响下，他们认为，改造社会的第一步无疑是先改

① 清华大学中共党史教研组编：《赴法勤工俭学运动史料》，《中国现代革命史资料丛刊》1979年版，第4页。

造社会的基本单位——个人。他们认为，改造深受旧社会影响的个人，摆脱旧道德、树立新道德对创造一个崭新的社会来说急不可待。于是，他们在1912年2月组织了以“适应天下潮流，联络天下有志之士”为宗旨的“进德会”，召集有志之士对他们的旧道德进行改造和摒弃，从而树立新道德。进德会要求一般会员做到不嫖娼、不赌博、不纳妾。而其分为甲、乙、丙三级的会员更是有着严格的纪律。进德会吸引了极大的社会关注，特别是其倡导的“科学真理”、“人道主义”更是让当时的大批青年颇受鼓舞，心向往之。

1912年2月，李石曾与相继回国的吴稚晖、张静江、吴玉章、黄复生、汪精卫、张继等同盟会员在北京发起组织留法俭学会。吴玉章，四川荣县人，曾留学日本并加入中国同盟会，任同盟会评议部评议员。1911年9月，他在老家进行革命，建立荣县革命政府。民国建立后，他出任总统府秘书处总务科科长。黄复生、汪精卫也是同盟会会员，因刺杀摄政王载沣而声名大噪、妇孺皆知。李石曾召集这些颇具社会威望的人士出面组织留法俭学会，使该会声名鹊起，名噪一时。

1912年4月，经过时任南京临时政府教育总长蔡元培的努力，留法俭学会寻到北京安定门方家胡同顺天高等学堂的旧址（旧国子监南学）作为校区，预备学校才得以顺利开办。5月15日《北京日报》刊登了留法勤工俭学预备学校的招生广告：“现由同志组织留法俭学会，以节省费用为推广留学方法。每年每人五六百元即可足用。较赴日本留学所费无多。有意赴法留学诸君，乞到本会面商，或函索详章亦可。并由本会组织预备学堂，教授法文法语，定于新历五月二十六日开学。愿入学者，乞早期报名为荷。留法俭学会启（本会办事机关,暂设北京船板胡同义兴局)。”①由此可见进入该校不用参加任何考试,只要是留法俭学会会员,而从上文留法俭学会会约来看,基本上是没有什么门槛的,另外一个条件,便是遵守留法俭学会会约及学校规则。只要满足以上两个条件都可以报名入校学习。初步拟定招满二十人即可开班,招生人数上限不定。预备学校开设的课程较为实用,主要有法文、中文、算数以及简单的应用科学。由于时间较为紧张,一般只有半年,所以该校采用速成培训模式。学习半年(很多批次学生学习不足半年)后,经考试合格的学生,颁给证书,并安排其定期赴法。

1912年5月,《民立报》刊登了《留法俭学会缘起及会约》,进行招生宣传。文章开门见山:“改良社会,首重教育。欲输世界文明于国内,必以留学泰西为要图。惟西国学费,宿称浩大。其事至难普及。……今共和初立,欲造新社会新国民,更非留学莫济。而尤以民气民智先进之国为宜。兹由同志组织留法俭学会,以兴勤俭苦学之风,以助其事之实行也。”②因为该会发起人皆信奉无政府主义,因此留法俭学会不设立会长,而是规定由会员选举若干人分担义务,承担责任。

李石曾等无政府主义者特别重视个人品德素质的培养。早在1912年2月李石曾等人组织进德会时,就制定严格的会章,要求会员严格遵守,以达到摒弃旧道德培养新道德的目标。无独有偶,在留法俭学会和预备学校里,也制定了严格的规章制度,不仅明确规定必须遵守的纪律准则,还明确指出违纪的惩处办法。比如,留法俭学会会约明确规定:“劝诫:会员有害公安,由同人忠告。屡告不听者,当

① 《留法俭学会特别广告》,《北京日报》1912年5月15日。

② 《留法俭学会缘起及会约》,《民立报》1912年5月29日。

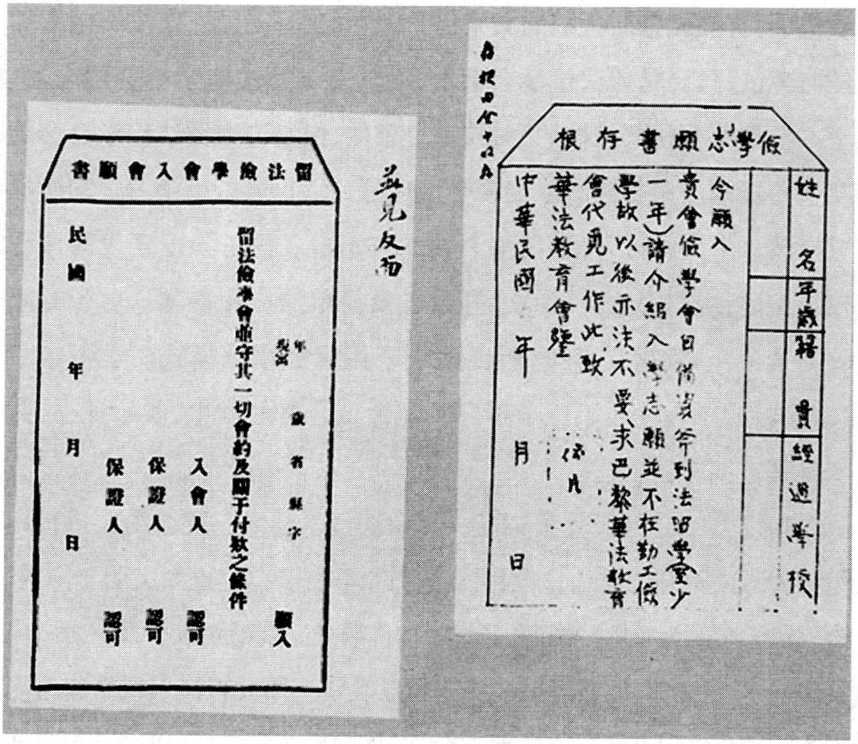
留法儉學會入會願書

願入

年 歲 省 縣 字

留法儉學會願守其一切會約及關于付款之條件

入會人 認可

保證人 認可

保證人 認可

民國 年 月 日

并見反面

儉學志願書存根

| 姓名 |
| --- |
| 年歲 |
| 籍貫 |
| 經過學校 |

今願入

貴會儉學會日備資斧到法留學（至少一年）請介紹入學志願並不在勤工儉學故以後亦決不要求巴黎華法教育會代覓工作此致

華法教育會鑒

中華民國 年 月 日

留法勤工俭学会入会自愿书

由本会送回，旅费或特别费用，其家自任。诫约：不狎妓，不赌博，不吸烟，不饮酒，不为一切伤生耗财之事。”①另外，学校还规定上课、自修、用餐、洗漱、锻炼身体等活动均需在指定的时间和地点进行。不仅如此，在留法俭学会和预备学校中，李石曾借鉴其在豆腐公司中的模式，特别重视集体生活，着重培养学生的动手能力和勤俭节约习惯。除了学校的饭由厨师做以外，所有的厨房杂活，以及学生宿舍、其他校内劳务均按规定由学生轮流负责。

---

① 清华大学中共党史教研组编：《赴法勤工俭学运动史料》，《中国现代革命史资料丛刊》1979 年版，第 169 页。

留法俭学会第一班(1912 年 11 月)

从 1912 年 5 月 26 日北京留法预备学校正式开学,到 1912 年 12 月,从该校学习期满并且合格的学生中,已经有六十多人赴法留学。1913 年 6 月 3 日,第二期毕业生四十多人离京赴法。该校大受社会各界的关注和赞扬,续招第三期时,报名的人很多,几近百人。这样的大好形势,一度让李石曾等人在 1912 年 11 月认为,这个学校可以容纳五百人,并希望在五年内将三千人经留法俭学会送到法国。

然而,好景不长。1913 年"二次革命"爆发,国内局势陡然巨变,袁世凯轻松瓦解了国民党在南方七省尚存的武装力量。1913 年 9 月 2 日滇军进驻重庆,"二次革命"宣告失败,孙中山亡命海外。留法俭学会在国内的命运,也随着"二次革命"的失败走向完结。李石曾、蔡元培被迫逃亡法国。新任教育总长汪大燮责令关闭方家胡同的预备学校。预备学校第三期教学计划无法进行。结果,留法俭学会从1912年5月开展工作到1913年9月“二次革命”失败前后只向法国输送了百余名学生,就被迫停止了活动。

尽管留学俭学会只存在了一年多一点时间,送往法国的学生亦不过百余人,却为今后大规模的旅欧教育运动积累了经验,特别是为第一次世界大战期间勤工俭学会和华法教育会的组织建立做了较好的准备。

## 三、欧战爆发,勤工俭学会和华法教育会的建立

“二次革命”失败后在国内没有办法立足的留法俭学会的发起组织者陆续抵达法国。1907年李石曾等人创立的文化交流中心——世界社,就成为了他们的临时住所。李石曾他们每周都去蒙达尔纪的俭学生那里,定期组织中西学术讲演、音乐艺术方面的讲座、茶话会,并且为年纪小的俭学生补习国文。蔡元培、李石曾、汪精卫、吴稚晖等人对这些事是事必躬亲,义务为在法学生服务,自得其乐。

然而,一波未平一波又起,1914年6月,奥匈帝国的皇太子在萨拉热窝被刺杀,成为欧战爆发的导火索。法国是第一次世界大战的主战区,受战乱的影响较大,不仅如此,德国军队闪电进攻,迅速进逼法国巴黎,以至于法国政府被迫迁往波尔多。俭学生较为集中的法国东北地区和巴黎周边战事频繁,俭学生安逸宁静的生活被战争袭扰。更严重的是,战争对邮电和交通造成极大的破坏,来自国内的汇

款时常中断，加之在法国银行提取汇款非常不容易，身在法国的留学生得不到汇款，日常的生计都难以维持。这在留学生中造成了极大的恐惧，纷纷以“战乱”、“经济难以维持”、“停校”为理由，提议回国。俭学事业能否继续坚持下去？

在此紧要关头，李石曾、蔡元培等人起到了关键作用。他们联合发起组织了“旅法学界西南维持会”（以下简称维持会），一方面联系法国西南部尚未停课的中学或者中等专业学校，安排俭学生到这些学校学习；另一方面积极联系中国驻法使馆，以维持会的名义向使馆借钱，用来维持留法俭学生的日常生计，并答应战后归还，驻法公使胡馨吾对此给予了特别支持。维持会还积极与法国学校沟通协商，以维持会的名义做担保申请学生学费缓缴，答应战后补交。经过维持会的努力，留法俭学生的经济困难得以缓解。为了安抚留法俭学生内心的恐惧和不安，蔡元培以其在青年学生中的威望，特地撰写《吾侪何故而欲归国乎？》一文，并以维持会通告的形式发表出来，说明战乱、经济困难、停校等困难都会尽力解决，苦劝那些动摇的留法俭学生在“学问之进退甚大”的大问题上，一定要“审慎而熟虑之”，要坚持留法俭学。① 经过维持会的种种努力，终于使留法俭学生的生活得以保证，情绪逐步稳定，可以继续其求学之路。1914 年 9 月，马鲁涅一战，法国军队击败了德军主力的进攻，西部战线进入了僵持局面，留法俭学生的情绪得以根本好转。

当留法俭学界在艰难中跨过一战这道坎时，一颗关于勤工俭学的新的种子，慢慢发芽了。

---

① 《蔡元培全集》第 2 卷，中华书局 1984 年版，第 341—342 页。

话还要从李石曾的豆腐公司说起。李石曾在法国创办豆腐公司，从其老家招来农工，白天做工，工余时间学习法语和科学技术。长此以往，其中的佼佼者便在勤工俭学界小有名气了。豆腐工厂工人李广安、张秀波、齐云卿等人，赴法之前就在小学读书，有些文化底子。他们在豆腐工厂工作四年，利用这四年的工余时间进行学习，能说一口流利的法语。他们有了一定的资金积累和科学知识储备后，在 1913 年创办了地浃泊人造丝厂，由于生产规模扩大，便从国内招来了四十多个华工。该厂按照豆腐工厂的模式，积极组织华工实行以工兼学。李石曾、蔡元培、吴稚晖等人都到这里参观过，并向华工宣讲以工兼学的好处，大力鼓励工人工学并进。李广安、张秀波、齐云卿三人 1915 年 6 月发起组织了“勤工俭学会”，并明确规定：“本会以勤于作工，俭以求学，以进劳动者之智识为宗旨。”①勤工俭学会的会员分为两种，一种是真正以工求学的青年学生，是实行会员；第二种则不是以工求学，而是很赞成这一做法并有意大力资助的人，称为赞助会员。勤工俭学会的管理方法和留法俭学会基本相同。没有门槛，没有职务，没有会费，各项事业都由会员协商决定。勤工俭学会成立后，印发了月刊《勤工俭学传》，每月印发 10 份。该期刊主要通过讲故事的方法，介绍富兰克林、卢梭等名人事迹，重点讲述这些名人边工作边学习的刻苦精神，用来鼓励华工长期坚持勤工俭学。李石曾是《勤工俭学传》的主要撰稿人，为了使华工有效地学习法语，他还特意采用了中文法文对照的学习方式。蔡元培更是为《勤

---

① 清华大学中共党史教研组编：《赴法勤工俭学运动史料》，《中国现代革命史资料丛刊》1979 年版，第 187 页。

工俭学传》亲自写序①,给予华工精神上的指导和帮助。

勤工俭学会建立之际,第一次世界大战正酣,法国作为主要参战国,青年壮丁大部分都奔赴战场,造成国内劳动力极其缺乏,需要大量的劳务输入。在此情况下,法国工部便和在法国颇具影响力的华人代表李石曾,商议招募华工来法做工之事。李石曾还与法国签订了招募华工的合同。经过李石曾等人的努力,合同中不仅规定来法华工具有与法国工人平等的待遇和权利,还明确规定法国政府要支持在来法华工中推行以工兼学。为了在大规模华工到来之前储备相当数量的华工教育骨干,勤工俭学会在巴黎开设了补习班,招收大量在法华工进行正规的、速成式的教学方法培训,以求尽快提高在法华工的各方面水平,为日后的华工教育储备人才。

李石曾、蔡元培、汪精卫、吴玉章、张静江等人既是赴法留学的发起人和组织者,著名的教育家,更是长期从事反清、讨袁斗争的同盟会员,他们时刻通过报纸关注着国内形势的发展。1916 年初,袁世凯试图复辟帝制,开了历史倒车,遭到国内各种势力的反对,护国战争如火如荼。李石曾等人得知这一消息后,迅速在法国组织了"华法联合会",这一组织的建立不仅可以加强法国华人间的团结,共同促进旅法华人的教育,还可以联合国内外革命党人,支持国内的讨袁斗争。

后来,经过法国友好人士的建议,李石曾等人决定将"华法联合会"的两个职能分开,把团结在法华人和促进赴法勤工俭学华人教育的功能拿出来。于是,著名的华法教育会于 1916 年 3 月 29 日在

① 清华大学中共党史教研组编:《赴法勤工俭学运动史料》,《中国现代革命史资料丛刊》1979 年版,第 184—187 页。

法国巴黎召开了发起会，数十位法国教育界、政界、学术界以及勤工俭学会会员出席了发起会。蔡元培和法国下议院议员穆岱做了演讲。蔡元培表示了“欲以法国教育师资”，“灌输法国学术与中国”的愿望。① 与会人员一致推举法国大学教授欧乐和蔡元培为华法教育会会长，穆岱和汪精卫为副会长，法国教员辈纳、法国农科学校教务长法露和李石曾、李圣章为书记，法国工商代表宜士和吴玉章为会计。大会通过了《华法教育会大纲》，其中第二条、第三条分别对华法教育会的宗旨和组成人员作了如下规定：

第二条：本会宗旨在发展中法两国之交通，尤重以法国科学与精神之教育，图中国道德、智识、经济之发展，其作用分为三部分如下：

（一）哲理与精神之部分。已传达法国新教育为务，如编刊印中法文书籍与报章，亦其职任。

（二）科学与教育之部分：

（甲）联络中法学者诸团体；

（乙）创设学问机关与中国；

（丙）介绍多数中国留学生来法；

（丁）助法人游学与中国；

（戊）组织留法之工人教育；

（己）在法国创设中文学校或讲习班。

（三）经济与社会之部分。其作用为发展中法两国经济之关系与助进华工教育之组织，以法兰西民国之平等公道诸谊为标准。

---

① 张允侯等编：《赴法勤工俭学运动》（资料集）第二册，上海人民出版社 1986 年版，第 116—120 页。

本会之会员有三：曰名誉会员，由大会推举不纳会费；曰公益会员，（即实行会员多纳会费者）每年付会费至少二十佛郎；曰实行会员，每年至少纳会费五佛郎。各项会费君可于一次总纳，以免按年零付。公益会员须交四百佛郎，实行会员须交百佛郎。①

从华法教育会的宗旨和会员组成，以及会约的各项规定来看，华工教育仍是其主业，这与创办的初衷和勤工俭学会的宗旨和做法是一致的。就其宗旨的第一部分而言，1916 年 8 月 15 日，华法教育会创刊并发行了《旅欧杂志》。该杂志为半月刊，由蔡元培、李石曾、汪精卫担任主编。该刊以向中国介绍欧洲事务为目的，尤其着力于勤工俭学会和华工情况的介绍。同时，他们在茨鲁创办了类似《旅欧杂志》的《旅欧教育运动》的小册子，这是当时把西方科学、民主、人道精神输入中国的有效途径。就其宗旨的第二部分而言，由于当时的组织者大多是逃亡法国的，甲、乙两点在当时条件下是很难实现的，直到后来的北京中法大学建立才得以实现。除此之外，每一条都是与华工教育以及中国留法有关的。

不难看出，旨在扩大中法交流，培养大量教职人员，为大量华工来法做准备的华法教育会，由于十五万参战华工的到来，大大扩大了其在法国的活动范围。华法教育会是早期旅欧事业探索道路上的又一个转折点，是“二次革命”失败以来，旅欧事业发展的新阶段。在国内，护国战争节节胜利，袁世凯在唾骂声中死去，使得华法教育会在国内也有了一定的活动范围，成为后来旅欧勤工俭学运动大发展的组织保障。

① 清华大学中共党史教研组编：《赴法勤工俭学运动史料》，《中国现代革命史资料丛刊》1979 年版，第 206 页。

## 四、华法教育会的转变与“勤工俭学”的深入人心

华法教育会紧锣密鼓地张罗着，等待大批华工的到来。1916年8月22日，首批华工总计一千七百多人由水路到达马赛。众所周知，第一次世界大战有三个特点：波及范围特别广，持续时间特别长，造成伤亡特别大。法国作为主要参战国，为了填补国内劳力的空缺，一方面征召来自意大利、希腊等国的白种人，另一方面通过陆军部从非洲、越南等地征收劳动力。即便这样，仍不能解决国内劳动力缺乏的问题。于是，法国政府才决定从中国招收华工。

法国政府为了推动华工来法国，曾责令法国驻华公使康悌访问北京政府交通系领袖梁士诒，洽谈招收华工入法一事。梁士诒表示，中国对第一次世界大战保持中立，现在不适合以政府名义公开为法国招收华工，以免造成不必要的外交麻烦。但是，梁士诒认为，可以由他的交通银行投资，成立一个民间团体，专门招募华工送往法国。法国方面对此表示赞成，于是，“惠民公司”成立了。当然，这个计划直到法国陆军上校陶履德到中国后才提上日程。考虑到国际干涉问题，陶履德是以学者身份来华的。他与当时的交通银行经理兼“惠民公司”经理梁汝成，经过近两个月的商议，终于达成共识，签订了“招工合同”。这个合同共有二十八条，其主要内容有，给赴法华工每人五十法郎的安家费，预付四十法郎工资以及往返法国的路费。在法华工统一归法国陆军管辖（与非洲、越南等地一样）。法国承诺

五年后，在法华工会达到法国工人一半的工资待遇，并保证绝不将华工直接用于战场。还有，法国方面承诺，在法华工拥有与法国公民等同的公民权利，但这一条在中法通婚上如同废纸，法国政府根本不允许在法华工与法国女性结婚。

“惠民公司”总部设在北京东交民巷，之后在天津设立分公司，从1916年7月11日第一批送走1698人，第二批1365人，到7月24日从塘沽送走第三批1984人，共计5047人。但是，由于“惠民公司”在支付华工安家费及预付工资问题上发生重大纠纷，招工未能继续，分公司又迁到了香港。从1916年12月到1917年1月，香港分公司共送走五批华工，共计3221人。1917年1月，浦口分公司设立，先后送走十四批共计18970人。1917年8月青岛分公司设立，先后送走华工三批，共计4418人。仅至1918年10月，经“惠民公司”送往法国的华工，共计为3.5万多人。然而，“惠民公司”作为买办官僚企业，其根本目的在于借输出劳力之机，赚得最大利润。中国工人想通过“惠民公司”到法国做工，就必须交付给“惠民公司”手续费（也可以理解为中介费）120法郎，除了这些“正当的”手续费外，“惠民公司”还暗中通过欺骗的手段盘剥华工每人约100多元。梁士诒通过这种手段，竟在短时间内牟取了500多万元的暴利！① 这些华工中有约3.7万人被分配到法国，约10万人被分配到英国，大约1万人被分配给美国。一时间，华工几乎遍布了全法国近百余个工厂。武器、弹药等军工厂里，钢铁、造船、铁路运输等军需供应企业里，到处都有华工的身影。规定每天工作十小时，可是战时往往超过这个时

① 清华大学中共党史教研组编：《赴法勤工俭学运动史料》，《中国现代革命史资料丛刊》1979年版，第231—232页。

间。1918 年中国宣布参战后，华工就被大批派往火线，挖战壕、运弹药，这种不拿枪的“中国部队”，为“一战”协约国的胜利作出了巨大贡献。据统计，共有约 2 万名华工牺牲，时至今日，在法国的许多城镇，都可以看到华工的坟墓。

另一方面，李石曾看准法国政府输入华工的时机，在康悌与梁士诒交涉时，便向法国政府提出，梁士诒是中国官僚集团的代表，若将输入华工一事完全交给他做，结果必然是不论素质高低，将大量中国无赖、地痞引入法国。这样一来，不仅不会贡献法国政府，反而会危害法国治安。他进一步向康悌提议，应该把委托招工之事，交给留法俭学会，并答应从各地招募农家子弟，开设短期教育机构，教授法语和科学知识，努力保证招工质量。同时，李石曾反复强调了留法教育会与“惠民公司”的不同。第一，动机不同，“惠民公司”是官僚资本借代理招募华工之际，牟取暴利的手段；而留法俭学会则是为了中国农工寻找工作，以维持生计，同时想通过赴法，扩展中国人的见识，改造他们的意识。第二，“惠民公司”招募华工，却借机包办华工的工资和寝食起居，其实质就是“黑中介”；而留法俭学会主张，华工的一切经济事务，都由华工直接与工厂主交涉，留法俭学会绝不会借机克扣工人生活费和工资，绝不以营利为目的。

皇天不负有心人，李石曾的建议终于被法国政府采纳。法国特命招工局和留法俭学会，共同携手在西南各地进行招工。为此，法国勤工俭学会的发起人李广安 1916 年 4 月回国，在云南、广西招募了 1200 多人送往法国。但是，由于当时李石曾等人在国内力量有限，虽有与交通银行系斗争之心，但斗争的效果甚微。

护国战争胜利后，袁世凯命丧黄泉。黎元洪总统为适应南方实力派的要求,被迫召开旧国会,恢复旧约法,实现了形式上的民主。这时,蔡元培、李石曾、吴玉章、汪精卫等人决定把握这次有利时机,继续开展旅欧教育运动,如同1912年共和初建时,他们个个踌躇满志、跃跃欲试。

蔡元培、汪精卫、李石曾等人先是联名致信北京政府教育部、唐继尧等西南实力派,介绍他们旅欧教育运动的主张,以及他们近年来进行各种尝试及成果。他们希望能够得到各界的帮助,最终达成在中国成立华法教育会的愿望。1916年10月,蔡元培乘船离开法国,出任北京大学校长。其他华法教育会的中方负责人,也于当年底或第二年初陆续回国。

1917年4月,他们重新建立中断了四年(1912—1917)多的北京留法俭学会。5月21日,北京华法教育会宣告成立。之后,河北、上海、四川、湖南、广东等地先后成立了华法教育会分会。与此同时,上海、四川也成立了留法俭学会的分会。实质上,华法教育会、留法俭学会、勤工俭学会在组织上是"三个牌子,一套人马"。这样就形成了以北京华法教育会为中心的,遍布全国的组织系统。其覆盖面之广,影响力之大,绝非民国初年可以相比。这个庞大的组织系统内部的每个分支机构,都模仿北京华法教育会的组织架构,大多设有会长、副会长、评议员、会计和干事。其宗旨、组织原则、办事流程也与北京华法教育会一样。这样严密的组织体系,为之后华法教育会在国内发展奠定了坚实的组织基础。

华法教育会的首要任务,就是建立各种各样不同形式的留法预备学校。1917年5月27日,北京留法预备学校在北京宣武门的外储库营民国大学内正式开学。这年8月,北京政府教育部批准了李石曾以留法勤工俭学会名义设立留法预备学校的申请。至此，预备学校得以正名。之后，在华法教育会、勤工俭学会和社会各界人士的倡导下，各地留法预备学校，如雨后春笋般纷纷建立。到 1919 年 3 月，各地留法预备学校已达二十多个。这些学校大多分布在设有华法教育会分会的省市，大体上分为三类：一类是专门培养家庭比较富裕的留法俭学生，开设课程以法语为主，还有数学、化学等自然科学。第二类是专门培养家庭贫困的勤工俭学生，这些学校除了开设法语、中文、数学、化学等普通课程外，还开设机械、电工、建筑、蒸汽机、油机等学科，并且设有实习工厂，来训练学生的机械操作能力。第三类学校，则是双管齐下、两者兼顾，既培养留法俭学生，又培养留法勤工俭学生，如北京高等法文专修馆。该学校设有本科生和专科生，本科生侧重于文理等理论的学习，而专科生则侧重于机械原理和操作技能的学习和应用。

华法教育会紧锣密鼓地组织建设时，也着力做好自身的宣传工作。李石曾等人，先后在《新青年》、《申报》、《时报》、《教育公报》、《东方杂志》等有名刊物上，刊登关于华法教育会、留法勤工俭学会、留法俭学会的章程、会约，进行广泛宣传。同时蔡元培、李石曾、吴玉章等社会名流，也经常在北京、上海、广东、成都等大城市通过发表演讲、会见记者、与政商名人会谈等方式，不遗余力地介绍旅欧教育运动的历史，宣传华法教育会的规划，以争取政商学各界名人的广泛支持，推动旅欧教育运动的发展。除利用各种刊物进行宣传外，华法教育会还出版了许多专著，如《旅欧教育运动》(国内再版)、《法兰西教育》、《华法教育会丛书》等。通过各种形式的宣传推广，华法教育会和留法俭学的事业为更多人熟悉起来。

当时欧战正酣，由于法国作为第一次世界大战的主战场，消耗过大，急需要外籍工人填补其劳力空缺，所以，很多招募来的华工，根本没有时间进行培训，便匆忙被送往法国。在这种情况下，华法教育会便将工作重点由华工教育转移到了动员、组织青年留法勤工俭学。其中最能表明这种变化的，莫过于在华法教育会分会的简章中，再也看不到“华工教育”等字样了，取而代之的则是“推广留法俭学生和工学生”。在华法教育会公开编辑出版的《留法勤工俭学会说明书》中，也大力推广“特别赴法计划”，也就是由赴法勤工俭学的学生自己准备路费，到法国之后自行寻找工作，而不是像华工一样签订预定年限、固定工资标准的劳动合同。这就是“应招赴法者”和“自费赴法者”的区别。虽然，“自费赴法者”需要自行筹备路费，但是他们到法国后可以自己寻找工资相对高的工作，“自费赴法者每日若多得一元，四五年即多得一千五百元左右。除去应用之川费，尚多一千元。”同时说明书还规定，如果自己真的筹不到路费，可以向朋友或机关借钱，六个月到十个月之间，就可以在法国工厂挣到这笔钱。同时，在法国做工，至少可以专心学习两年。这样，既可以通过做工有一定积蓄，同时又可以增长学识。所谓“勤工俭学”，就是既可以白天做工晚上学习，又可以工作二至三年之后，再进入专门学校进行学习。这样的工资待遇和学习环境，在当时国内谋生困难、求学不易的背景下，确实吸引了很多渴望改变自己进而改造社会的有志青年。

华法教育会的宣传工作，具有鲜明的目的性、计划性，那就是吸引更多的国人，自筹路费到法国勤工俭学。实际上，其宣传工作也达到了预设目的，是成功的、有效的。但是，以今日之眼光观之，当时的宣传工作具有明显的片面性、煽动性。在其宣传内容中，最具吸引力的就是:第一,这些自筹路费的学生一定可以在法国找到工作,而且是工资较高与“应招华工”的工作。第二,一边做工一边学习,可以得到保证。华法教育会作出这些保证的依据就是,法国劳动力极其缺乏。可是,他们对于欧战能够持续多少年,法国战后经济形势如何,法国劳动力需求量等方面的判断不足。事实证明,战后的法国经济凋敝,很多赴法勤工俭学者找不到工作,生活都难以保证,谈何安心学习？当然,这些都是后话。

旅欧勤工勤学运动的另外一大推动力,就是地方政府和各界名流的大力扶持,四川、广东、河南、安徽、山西、福建等省,尤为突出。

号称“天府之国”的四川省,虽然地处内陆大盆地,交通较为闭塞,却是仅次于北京的,勤工俭学运动最早兴起的省份,也是留法人数最多的省份。这与吴玉章、黄复生等教育家的努力是分不开的。早在1912年李石曾等人在北京组织留法俭学会的时候,辛亥革命的元勋吴玉章等人就在四川成都,组建了四川俭学会,并开设留法预备学校。“二次革命”失败后,北京留法俭学会曾一度将校区由方家胡同迁至四川会馆,直到解散。这些举动,对四川青年留法勤工俭学起到了极大的推动作用。据《旅欧杂志》1916年的统计,曾入北京或四川俭学会预备学校的四川籍贯的勤工俭学生就有29个,占当年全部勤工俭学生总数的三分之一,排全国第一位。李石曾在北京设立华法教育会之初,吴玉章就在四川联络四川名流熊克武(同盟会员,参加黄花岗起义,1918年至1924年,四川省当时的实际统治者)、黄复生等成立华法教育会四川分会。四川分会的赞助员、评议部、执行部的社会各界名流,达150人之多,这是当时全国最多的。

在广东,省长张锦芳,本为知识分子出身,尤其重视教育。在他看来，“留学法国比较留学他国甚为相宜”。他通令全省，按照地方贫富程度，通过考试选送学生入法勤工俭学，并由政府财政进行长期补贴一半费用，每个县选送 2—4 名学生。由于广东省是全省选送，其范围大大超过了当时也由政府补贴选送留法勤工俭学学生的福建省。到 1920 年，广东全省一共选送三百多人，是福建省的七倍，仅次于当时的四川、湖南。

河南省省长赵倜，为迎合潮流，也大力支持赴法勤工俭学。1919 年，他就提出了派送学生赴法勤工俭学案，省议会通过后，由河南省教育厅用招生的方式选送学生到法国。招生每年一次，每一次限额 20 名，每人给予津贴 700 元，不过仅限于一次。招来学生，请上海华法教育会送往法国。

安徽省教育厅 1919 年制定了补贴赴法勤工俭学生的章程。规定每年选送 10 名(后由于申请者太多，扩大为 20 名)，并一次性补贴 400 元。章程规定，参加考试的学生应该具有中等学校毕业资格，而拥有高等以上教育资格的可以免于考试。对于考上的学生，则由省教育厅专门派人护送到法国。根据安徽省教育厅统计，1921 年申请赴法的学生有 58 人，其中邓穆等 10 人获得三年补贴，每年 400 元(半官费)。另外，有陈乔年、陈延年等 48 名自费生，即勤工俭学生；还有朱子清等 6 人，由安徽省教育厅出具介绍信，委托上海华法教育会安排赴法勤工俭学。

在山西，督军阎锡山对赴法勤工俭学也是大力支持的。他先派人到北京与北京华法教育会的负责人接洽，请求为山西省开办留法工业科，并商定学生由山西省政府公开在山西省内招收，学习地点则在北京高等法文专修馆。同时，省政府还在北京法文专修馆附近租用民房，作为山西学生宿舍。省政府还派专人送学生赴京，安顿好他们的生活后再回。1919 年 8 月，山西省制定了赴法勤工俭学贷款事项章程，规定山西省考入留法预备学校的毕业生，经过身份核验后，可通过省政府作担保向山西省银行贷款 270 元，情况特殊的还可以多贷。

福建省，援闽粤军总司令陈炯明 1919 年 9 月责令各县自筹款项，选送学生赴法留学。此令一出，不到半个月时间，闽南所属十四县一共选送赴法学生 36 人。这些学生享有县财政补贴，是当时为数不多的幸运儿。从漳州到香港再到法国的路费，均由政府给予。学生临行前，陈炯明还亲自设宴款待这些学生，军政要员及教育界名人云集宴会。宴会之后，陈炯明还亲自送学生到厦门，其规格之高可见一斑。

在华法教育会的积极动员、组织和各地军政学界人士的大力支持和积极推动之下，“勤工俭学”观念渐渐深入人心。一场轰轰烈烈的旅欧教育运动浪潮汹涌而来。

# 第二章 漂洋过海，寻改造中国之梦于欧洲

## 一、汇入旅欧勤工俭学的大潮

曾经参加旅欧勤工俭学的陈毅后来回忆道:“一九一九年,五四运动爆发。这运动强调思想解放和文化革新,使我在思想上起着大的变化。同时,我的家庭因为田租的纠纷,和地主打了几年官司,花了许多钱,这时候已经临到破产的地位。家庭已不能担负我求学的费用,我只得离开家庭而独立生活。恰在这时,我在留法勤工俭学预备学校经过考试取得了官费生的资格,得到四川省政府补助的一笔旅费,赴法国一面做工,一面求学。”①陈毅这段话语言虽简,却勾勒出了比较完整的一段身世。陈毅之所以选择走出家乡,在相当程度上是受五四运动思想解放和勤工俭学运动蓬勃发展的影响,否则,他恐怕也难有机会出洋留法。陈毅只是众多旅欧勤工俭学生中的一个。

1919 年 3 月 17 日,第一批共 89 名赴法勤工俭学生,乘坐日本“因幡丸”号航船从上海出发,漂洋过海,经过近两个月的航行到达法国马赛。此次航行,揭开

① 陈毅:《陈毅诗词选集》,人民文学出版社 1977 年版,第 361 页。

赴法的邮轮

了近两年的旅欧教育运动高潮的序幕。自此，来自直隶（含今北京、天津、河北等地）、四川、云南、山西、山东、贵州、陕西、湖南、湖北、河南、浙江、安徽、江西、广东、广西、福建等省份的旅欧勤工俭学生，便络绎不绝，一波接一波地涌入上海，等待航船排队出洋。还有少数勤工俭学生是在香港搭乘上海开来的航船出洋的。

勤工俭学生从办理出国手续（类似于今天的护照办理），到订购船票，再到乘船旅欧的方式和途径，各式各样，主要有以下几种：

第一种，也是最为普遍的方式是，首先由北京华法教育会总部开具介绍信，向上海留法勤工俭学会和华法教育会上海分会推荐学生，证明持介绍信学生符合华法教育会的基本要求，请上海方面安排出国旅欧。这种方式以在华法教育会创办的留法预备学校学满毕业的学生为主;也有部分学生没有在留法预备学校学习过,但也获得了北京华法教育会出具的证明,如周恩来、刘伯坚等本身具有良好教育基础的先进分子。

第二种,地方政府派专人护送至上海甚至法国。前文讲过,很多开明的军政大员对旅欧勤工俭学相当重视,有的出资鼓励,有的举行考试选拔人才送往北京留法预备学校,有的设宴送行。其中最为典型的就是四川省,1919 年 6 月 1 日,成都留法预备学校的第一批毕业生由四川省政府特派该校的法文教员吴纲为代表,护送到上海后经水路到法国。成都留法预备学校的第二批毕业生,也是由四川省政府委派章士林护送到法国的。另外,福建、广东等省份也都派出专员护送本省旅欧勤工俭学生到上海或厦门等地。这些学生的出国手续一般都是由省政府出面办理。

第三种,由华法教育会的负责人以私人名义作担保。比如吴稚晖就给陈延年、陈乔年作过私人担保。吴稚晖在信中说,"昆仲为陈独秀先生之令嗣,志行为弟钦佩",并请求华法教育会上海分会负责人沈梁"大力设法为之招待,俾得早日成行"。① 1915 年,陈氏两兄弟离家到了上海,初进上海法语补习学校补习法语,后进震旦大学学习。他们二人于 1919 年 12 月赴法勤工俭学,翌年 2 月 3 日抵巴黎,进入巴黎大学尉设学校学习。李石曾也曾以私人名义向华法教育会上海分会推荐何长工、高风等人。

第四种,旅欧勤工俭学生想办法请一些社会名流为他们写介绍信,向华法教育会担保举荐。护法军政府秘书长、国会议员章士钊、

① 《蔡和森文集》上册,湖南人民出版社 1979 年版,第 38 页。

四川省省长张澜、“中华欧美同学会总会”①负责人顾汤松、中华民国华侨学生会会长谢碧田等政学商各界名流，都曾经写信推荐学生旅欧勤工俭学。

第五种，直接求助华法教育会相关负责人。因为旅欧人员太多，没能得到及时安排的勤工俭学生因被搁置时间太长，经济困难，都对华法教育会上海分会愤愤不满。于是，他们就直接求助分会负责人，请求解决生活问题，并及早安排学生赴法。当时被搁置在上海的各地勤工俭学生确实不少，因此此种办法较为普遍。

第六种，勤工俭学生在本省法国领事馆办理出国手续，然后到上海或香港搭乘轮船赴法。聂荣臻等川籍勤工俭学生就是先到重庆，由重庆商会会长汪云松引荐，到重庆的法国领事馆办理出国手续。他们办好手续再到上海，排队、买票，仅仅停留一周左右便乘船赴法国。还有不少广东、福建的勤工俭学生，先到厦门、广州办理出国手续，然后到香港乘船旅欧。

通过以上途径，来自全国各地的旅欧勤工俭学生纷纷涌入上海，一时间，上海热闹非凡。每一批学生离沪之前，一般都要举行各种欢送会、茶话会。在临近黄埔码头的客栈、民宅中，旅居着许多候船赴法的学生。操各地方言、西装革履的学生，给上海带来了生机、忙碌，当然还有拥挤，同时也给中国的未来带来了希望。在这个浩浩荡荡的出国大潮中，汇合了身份、年龄、职业、学历各不相同的各界人士。

---

① 1913年10月由顾维钧、梁敦彦、詹天佑、蔡元培、颜惠庆、王正廷、周诒春等人共同发起，联合京津两地的留学归国学人在北京创建，始终遵循“修学、游艺、敦谊、励行”的宗旨，传承留学报国的爱国主义精神，团结海内外留学人员，用国外先进的科学文化知识和进步的思想理念，为国家强盛和民族振兴贡献力量。

其中以青年学生为主，中学学历人数最多，也有小学生和一部分大学生。有因为反对签订中日密约罢学归国的留日学生，也有在五四运动期间参加爱国运动而被大学开除的高校学生，还有大量的各省师范、工业、农业、商业等专门学校的在校生和毕业生。从职业上看，有

1920 年，葛健豪（中）、蔡畅（右一）、向警予（右三）等勤工俭学生在法国蒙达尔纪女校

普通中、小学的校长、教员、职工，也有新闻、银行、医院等单位的从业者，还有少数下级军官和机关工作人员。从年龄上看，大多数集中在 18—24 岁之间，最小的年仅 10 岁，最大的年过半百，如蔡和森的母亲葛健豪女士时年 54 岁，当时舆论界称誉她是 20 世纪"惊人的妇人"。在旅欧勤工俭学的群体中，有很多是全家出动的，一时间被传为佳话。如：蔡和森、蔡畅携母亲葛健豪一家三口一同赴法；湖南的萧子升、萧子暲兄弟；安徽的陈延年、陈乔年兄弟；四川的陈毅、陈炎，黎绳一、黎重夫均为同胞兄弟；贵州教育界相当著名的黄齐生携外甥

王若飞一同赴法。同时，一批打破旧礼教的“新女性”，其中四川 15 人、湖南 12 人，也汇入旅欧勤工俭学的大潮，一时间为人称道、备受瞩目。

另一方面，驻中国的法国领事馆和法国人士，也为赴法勤工俭学运动做了大量工作，实际上起了推波助澜的作用。华法教育会提倡中法文化交流，一贯强调“以法为师”，大力宣传法国文明在欧洲的中心地位，这迎合了法国官方的口味，使法国政府颇为满意。因此，当华法教育会在中国积极宣传赴法勤工俭学时，各地的法国领事馆和法籍人士也积极地投入其中。旅欧勤工俭学运动高潮期间，他们也高度配合。北京、上海、广州、成都、重庆等地的法国领事，为中国学生赴法提供了签证的方便，效率极高。据统计，“1919 年 5 月到 1920 年 12 月这段时间里，经成都法国领事馆签发护照先后去法国勤工俭学的川籍青年共 242 人。”①成都的法国领事馆还组织了留法预备学校毕业学生的法语口语考试和体检测验。第一届成都留法预备学校学生出发时，法国领事馆还设宴为学生们送行。在第二届成都留法预备学校毕业生所乘坐的开往上海的木船上，法国领事馆特意为他们挂上法国国旗，避免各地军阀和土匪的骚扰。在福建省，法国领事馆对福建私立法政学校附设的留法预备班特别赞赏，还特地给予了 1500 法郎作为资助。除了在办理出国手续上给予帮助之外，法国政府海军部还责令法国的轮船公司将 500 张船票减价出售，这一举措确实让赴法勤工俭学生减轻了不小的经济负担。

法国这一系列举动，以及大批中国人短时间内纷纷涌入法国的

① 陈稻心：《四川留法勤工俭学生的护照（存根）和照片》，载成都市地方志编撰委员会主办《志林大观》1993 年第 1 期。

热潮,也引起了美国、日本等国家的高度重视。美国议员团代表穆尔,“曾与沪上学界提议,由两国学界发起中美教育会,仿照法国先例,设立留美勤工俭学会,提携中美民外交之敦睦。”美国教育家福斯德博士打算提议修改美国的外人入境条例,特别是修改该条例中关于“东方人赴美为作工者不准上岸”的规定,以促进中国青年大批赴美勤工俭学。① 日本方面报纸也刊载文章,呼吁日本不能对法国支持中国学生赴法勤工俭学一事上所体现的对华政策的新动向掉以轻心,要求日本方面也应该迎头赶上,颁布所谓的“新大学令”,吸引中国学生留日。

总的来说,1919 年 3 月到 1920 年 12 月的旅欧教育运动高潮在国内、国际上都颇受关注。在此期间,各地赴法勤工俭学的有关情况请参照下表:

**勤工俭学生赴法情况简表②**

| 离沪日期 | 船名 | 抵法日期 | 抵法人数 | 备注 |
|---|---|---|---|---|
| 1919. 3. 17 | 因幡丸号(日) | 1919. 5. 10 巴黎 | 91 | 湘 43,直 22,蜀 9,鄂 3,鲁 8,皖、赣、粤、苏各 1 人,途中上船 2 人不明省籍。 |
| 1919. 3. 31 | 贺茂丸号(日) | 1919. 5. 20 巴黎 | 26 | 湘 10,直 15,苏 1。 |
| 1919. 4. 14 | 伊豫丸号(日) | 1919. 6. 6 巴黎 | 2 | 湘。 |

① 张允侯等编:《留法勤工俭学运动》,上海人民出版社 1980 年版,第 499—500 页。

② 本表数据见《申报》、张允侯等编《留法勤工俭学运动》(资料集)第 1 册、清华大学中共党史教研室编《赴法勤工俭学运动史料》第 2 册(上)所载有关赴法勤工俭学生的通信、信函等。

（续表）

| 离沪日期 | 船名 | 抵法日期 | 抵法人数 | 备注 |
|---|---|---|---|---|
| 1919.7.13 | 三岛丸号（日） | 1919.9.2 巴黎 | 58 | 晋12，直18，湘16，豫2，苏2，鲁1，浙2，闽1，另自由行动者4，不明省籍。 |
| 1919.8.14 | 湄南号（法） | 1919.10.1 马赛 | 78 | 蜀61，苏（沪）5，浙6，直（京）6。 |
| 1919.8.25 | 盎特莱蓬号（法） | 1919.11.12 马赛 | 54 | 分属湘、浙、苏、粤、直、皖、蜀等省；粤10人，香港上船。 |
| 1919.9.29 | 博尔多斯号（法） | 1919.11.12 马赛 | 19 | 湘16，直（津）2，浙1。 |
| 1919.10.16 | 渥隆号（美） | 1919.11.25 马赛 | 42 | 湘22，鄂4，粤7，黔5，浙、苏、赣各1人；不含朝鲜学生6。 |
| 1919.10.31 | 宝勒加号（法） | 1919.12.7 马赛 | 208 | 湘80余，豫9，晋11，赣5，苏、蜀各10，浙7，直、鲁各4，鄂、粤各2，皖、桂、闽各1，香港上船56，多属粤籍；不含赴英1，途中死去1。 |
| 1919.11.22 | 勒苏斯号（英） | 1920.1 巴黎 | 20余 | 苏6，粤3，浙、湘、豫8，赣3，苏7，浙、直各10余；余不明省籍。 |
| 1919.12.9 | 斯芬克司号（法） | 1920.1.14 马赛 | 158 | 蜀54，湘36，豫8，赣3，苏7，浙、直各10；余不明省籍。 |
| 1919.12.25 | 盎特莱蓬号（法） | 1920.1.28 马赛 | 92 | 内有蔡和森及湘女生共7人，豫7，浙5，苏1，闽、粤学生香港上船40余。 |
| 1920.2中旬 | 不详 | 1920.3.23 马赛 | 60余 | 晋50余，湘10余。 |
| 1920.2.15 | 博尔多斯号（法） | 1920.3.25 马赛 | 52 | 闽、粤学生香港上船19，余属赣、皖、蜀、湘、桂、鲁、鄂等省；不含朝鲜学生3。 |
| 1920.4.1 | 宝勒加号（法） | 1920.5.7 马赛 | 110 | 蜀15，湘4，皖7，浙2；香港上船60余，多属粤籍。 |

（续表）

| 离沪日期 | 船名 | 抵法日期 | 抵法人数 | 备注 |
|---|---|---|---|---|
| 1920.5.9 | 阿尔芒勃西号(法) | 1920.6.15 马赛 | 121 | 湘61,蜀13,浙23,苏9,赣6,鄂4,陕2,粤2,桂1;不含朝鲜学生。 |
| 1920.6.25 | 博尔多斯号(法) | 1920.8.4 马赛 | 约210 | 香港上船120余,多属粤籍;不含朝鲜学生10。 |
| 1920.9.11 | 盎特莱蓬号(法) | 1920.10 下旬 马赛 | 84 | 全为蜀学生。 |
| 1920.11.7 | 博尔多斯号(法) | 1920.12.13 马赛 | 197 | 直38,奉26,豫11,湘、赣各10,蜀13,浙23,鄂16,苏17,皖20,陕5,绥远3,黔2,鲁、粤、桂各1。 |
| 1920.11.24 | 高尔地埃号(法) | 1920.12.27 马赛 | 20余 | 内女生17,分属粤、湘、直、浙、蜀、陕等省。 |
| 1920.12.25 | 智利号(法) | 1921.1.20 马赛 | 134 | 内蜀94,湘10,鄂、赣等省学生各数人;香港上船60;不含朝鲜学生16。 |

就这样，一支浩浩荡荡的旅欧大军，一批紧接一批地奔赴法国、英国、德国、比利时等国家。关于此次旅欧高潮的总人数，历来众说纷纭，特别在20世纪80年代，学界对此问题争论较为激烈。直至20世纪90年代，学界不断研究相关材料，反复推敲后，基本有了一个共识：中国旅欧总人数为1600人左右，其中法国1500人左右。[①] 全部旅欧人员中，以四川和湖南人数最多，分别为472人、356人。

湖南是毛泽东、蔡和森的故乡，湖南的赴法勤工俭学运动离不开以毛泽东、蔡和森为首的新民学会的努力。新民学会团结了一大批先进青年，去欧洲寻求解救中国之梦，成为旅欧勤工俭学运动中的一

① 鲜于浩：《留法勤工俭学运动史稿》，巴蜀书社1994年版，第58—62页。

支主力军。早在1918年6月，新民学会在长沙召开会员大会，专门讨论“会友向外发展”的问题。会上，毛泽东对实行留法勤工俭学的目的、意义和具体的向外发展计划，作了比较全面的说明，得到了会员们的大力响应。会议刚结束，蔡和森、向警予、李维汉、罗学瓒、张昆弟等三十多人便报名参加，并一致推举蔡和森到北京去了解北京留法预备学校一事，做些准备工作。蔡和森于6月25日到达北京，紧接着他开始频繁活动，求见勤工俭学发起人——北大校长蔡元培先生，并与华法教育会李石曾交涉。经多方联系，他发现华法教育会对大规模的赴法勤工俭学的准备工作很不充分，不仅路费等经济问题没有任何着落，还强行规定湖南赴法勤工俭学的借贷名额只能是25个人。经多方请求未果，蔡和森将北京的情况告诉毛泽东并请毛泽东来北京主持大局。1918年8月19日，毛泽东、李维汉、罗章龙、罗学瓒、张昆弟等二十多名湖南青年来到北京。这个时候，参加勤工俭学到达北京的湖南青年已达四五十人，其中新民学会会员12人。他们在北京三眼井吉安东夹道七号租房居住，八个人居住在很小的三个房间，大被同眠，生活十分艰苦，但他们却毫无怨言，坚持为赴法辛勤奔波。在湖南籍名士杨昌济①的支持下，经过毛泽东、蔡和森等

---

① 杨昌济（1871—1920），又名怀中，字华生，号“板仓先生”，湖南长沙县人，伦理学家，教育家。1871年4月21日出生于湖南省长沙县清泰都隐储山下的板仓冲，后求学于岳麓书院，拥护康梁变法主张，参加南学会、不缠足会等组织。先后留学日本、英国，主攻教育学、哲学、伦理学。1913年后回国任教于湖南省第一师范等校，支持新文化运动，宣传《新青年》的主张。先后在《新青年》、《东方杂志》发表论文，介绍西方哲学、伦理学、教育学思想，提倡民主与科学，宣传新道德，影响了毛泽东、蔡和森、萧子升等一批进步青年，促成新民学会的成立。参加筹备湖南大学，撰《论湖南创立省立大学之必要》，被誉为“湖南大学蓝图设计第一人”。1918年后任北京大学教授。1920年1月17日，杨昌济病逝于北京德国医院，葬于长沙县板仓。

人的各方奔走交涉，华法教育会终于同意把湖南赴法的借贷名额由25人增加到70人，并举行了为安排湖南青年入校学习的专门会议，会议决定将湖南青年分派至北京、保定布里村的留法预备学校学习。其中萧三、罗学瓒、李富春、李维汉、何长工等就是在这里一边做工一边学习法语准备赴法的。

1919年春，毛泽东由北京到上海，为第一批赴法的勤工俭学生送行，之后他继续努力推动湖南勤工俭学运动的发展。在新民学会中有一位女中豪杰，她便是向警予，一个追求革命新思想、倡导妇女解放的新女性。1916年初，她在长沙周南女校毕业后回到家乡湖南溆浦县，创办了溆浦女子学校，为培养新女性而努力。1919年7月，她在接到好友蔡畅的信后，欣然赶往长沙与蔡畅一起，着手开展湖南女性的赴法勤工俭学活动。同年10月，他们以周南女校为试点，领导组织女性赴法勤工俭学一事。1919年12月，向警予、蔡畅、葛健豪等六名湖南女性前往上海候船，特别是年近54岁的葛健豪出国，在社会上产生了很大的轰动。

据统计，1919年至1920年两年中，湖南一共有356人赴法勤工俭学，其数量仅次于四川，位居全国第二。这些成绩离不开毛泽东、蔡和森、向警予等人的积极推动和组织。

四川，自古有“天府之国”的美称，但由于其地势上的缘故，交通较为闭塞。然而，经过以吴玉章为首的进步人士的积极推动，勤工俭学运动发展很快，其规模之大、人数之多位居全国之首，高达472人。

吴玉章是全国留法俭学会的发起人之一，1912年6月，他就发起了四川留法俭学会，是为四川留法勤工俭学运动之先声。1916年华法教育会成立，他担任会计。在他的积极活动下，华法教育会四川

吴玉章

分会成立。1918年3月，成都留法勤工俭学预备学校成立。学校第一批招收了二百多名学生，当时年仅17岁的陈毅就是其中之一。1919年6月，陈毅一行六十多名勤工俭学生由成都前往上海，在南洋公馆等船滞留四十多天后，于8月14日乘坐法国麦浪号三等小货船离沪。1919年秋，成都留法预备学校又录取了二百多名学生，第二年秋季毕业后，他们乘木船先经重庆后到上海候船赴法。

在四川，除了成都留法预备学校外，重庆留法预备学校也是四川留法事业的大功臣。如果说四川留法勤工俭学运动的倡导者是吴玉章，那么重庆留法勤工俭学的第一大功臣非汪云松莫属。

汪云松（1873—1958），字德薰，笔名五四难民，祖籍湖北，随父定居巴县。出生于重庆世家，为晚清的秀才，廪生。清末曾在外地做官，任过知县、知府及吉林省官银号总办、电灯总局总办等职。辛亥革命后返渝，随父经商，曾任浚川银行经理、大中银行总经理、重庆总商会副会长、会长，重庆参事会主席等职。他成功地在重庆从事商业、实业、公益活动，具有很大的影响与号召力。1919年，他与温友松等筹组留法勤工俭学重庆分会，被推选为会长；又与温少鹤等集资开设重庆留法预备学校，任董事长兼校长；11 月曾出面联系、帮助巴县、江津、长寿、涪陵等县学子聂荣臻等 35 人赴法勤工俭学。1920 年，总商会资助重庆留法预备学校首批毕业生邓小平、周贡植、冉钧等 83 人离渝赴法勤工俭学。

从组织分会、建立学校、筹集资金、办理签证，直到最后送走毕业生，汪云松先生都是亲力亲为，极为热心，给当时的学生留下了很深的印象。邓小平同志在后来的多个场合说过，汪云松为我们培养了两个副总理（指自己和聂荣臻）。

就这样，载满了中国学生和中国梦想的轮船，从上海出发，途经中国香港、西贡、新加坡等地，穿过红海、地中海，经过近两个月的颠簸，来到马赛。马赛是法国南端地中海岸最大的港口城市，交通便利，人口稠密，街市繁华，气候温和，风景秀美。一批接一批的旅欧勤工俭学生就是从这里登上了法国的土地，揭开了人生新的篇章，同时也踏上了寻找拯救中国之梦于欧洲的新征程。

## 二、旅欧初期的工学实践

从 1919 年春到 1920 年夏的一年多时间，是勤工俭学生一边做工一边读书的初期阶段。由于欧洲战后恢复工作需要大量廉价劳动力，加之中国学生刚到法国，经济条件较为宽裕，思想认识还比较单纯，其工作技能和法语水平方面的潜在问题还没充分暴露。通过华法教育会对学生吃、住、工、学等问题积极安排组织，这个阶段，中国学生在寻工、做工、学习、生活等方面，进展比较顺利。

华法教育会践行了它在国内宣传时关于负责组织安排中国学生在法国做工、学习的承诺，承担了中国学生踏上法国后的食宿，以及将他们一批又一批地送入工厂、学校的任务。从资金角度考虑，大多数勤工俭学生都是华法教育会或勤工俭学会的会员，并按期缴纳一定的会费。同时，到达法国的中国学生一般都会将手头剩余资金储存到华法教育会，住宿、伙食和学费一般都从这些存款中扣除。因此，前期的华法教育会资金运作属良性循环，这就为华法教育会在这个阶段内较好地安排学生就业、入学提供了良好的经济基础。

最初，华法教育会在安排中国学生做工时，一般都会先询问学生自己的就业意愿、资金状况、身体条件等，然后将他们分为暂时读书和立刻做工两类。经济条件相对宽裕的先安排其入校学习，之后再寻找工作，完成工读的结合。而对于那些经济拮据，依靠华法教育会借贷生活的学生，则立刻安排他们入工厂做工，先养活自己，再入校学习。这种被认为比较合理的安排方式只在前两批到达法国的勤工俭学生中进行。这一百多名勤工俭学生中仅有 20 名被安排到造船厂、钢铁厂、印刷厂。这 20 名学生大都为直隶人，早年在保定布里村留法预备学校学习，有一定的做工技能，能够从事制图、印刷等工作，且具备一定的法语基础。还有十多名学生，身体条件好、力气大、能吃苦，但技术水平和法语水平较低，被安排在制胶厂做苦工，考虑到他们的法语差，华法教育会专门安排法语好且有一定知识水平的老华工作为联络人，就近照料勤工俭学生的工作和学习。为了尽快安排勤工俭学生就地就业，李石曾等人与法国工商界人士广泛联系，向他们寻得入厂做工名额，结果很乐观，前几批勤工俭学生虽然在工作强度和工薪上存在很大差别，但基本都可以找到工作。

可是，随着到达法国的勤工俭学生人数日益增多，加之先前首先选择入法国公学、中学的勤工俭学生纷纷出校等待安排工作，华法教育会安排勤工俭学生的压力便越来越大。不过，尽管事务繁忙，压力很大，华法教育会还是能基本满足勤工俭学生做工要求的。正如当时在法国勤工俭学的教育家徐特立给湖南学界的信中所言："学校工厂随时可入。特立等到巴黎仅六日，即全数分配各工厂各学校……前此留学生有函至国内父老，言谋工作及进学校难者，大半以此愚父兄，望其多汇款，以便挥霍耳。"[①]由此可见，当时的徐老认为在法国找工作、找学校不难。这和蔡和森1920年3月的一封家书的描述基本一致。蔡和森在家书中说："现在此间的勤工情形，大略还好"，"苦工、机械工皆有做"，"我想最好全家来法为妙"。[②] 1921年3月，由于法国学校放假，华法教育会迎来了一个安排学生工作的高峰期。于是华法教育会改变了之前的以信函为主的觅工方式，改派专门人员，奔走于各个工厂之间，与工厂负责人接洽商谈，争取就业机会。此时，抵达法国的勤工俭学生已经多达一千人，加上一些工种受技术、体力等方面的限制，一时间难以满足全部等待就业的勤工俭学生的需求。于是，华法教育会也不得不在给勤工俭学生分配工作时，在安排顺序上定出三个指标：到法先后，存款多少，有无工艺技能。这种顺序上的安排倒也科学。优先考虑到法时间长，法语好，并

① 《徐懋恂由巴黎致湘学界书》，见湖南省长沙师范学校编：《徐特立文集》，湖南人民出版社1980年版，第21—22页。

② 中国革命博物馆、湖南省博物馆编：《新民学会资料》，人民出版社1980年版，第312—313页。

且有一定技术的经济拮据的勤工俭学生，既可以减轻勤工俭学生的生存压力，又可以缓解华法教育会的经济压力。对于那些存款已经用完，但还是找不到工作的学生，华法教育会负责维持他们的基本生活，等到他们找到工作有了积蓄时再偿还华法教育会。王若飞就是这次走出学校，通过华法教育会找到工作的勤工俭学生之一，他在当年写的《圣夏门勤工俭学记》中称，华法教育会给了他们150法郎作为路费。① 据统计，仅1921年3月28日至4月20日这短短二十多天里，华法教育会就安排了195名勤工俭学生分别进入16个法国工厂做工。早期华法教育会负责与工厂接洽寻找就业机会的专员向迪璜称："列夫来威一厂，曾经交涉，本可以收容三百四十余人，因同学技艺未足，固有若干位置尚不能即就，因只送入五十余人，其他各厂亦尚有缺额。惟去年来法及今年正月来法之学生，皆已介绍完毕。其余预备语言，尚未满三月，发文程度太浅，需俟暑期再为安置也。"②另外，据当时的新民学会总干事、华法教育会工作人员萧瑜（即萧子升）统计，截止到1920年8月，"到法之学生已有一千五百余人，觅得工作者约八百人。"③根据上面两个人的统计，除去山西、福建、广东、安徽等省的公费以及半官费生，可以说，当时需要在法国勤工以维持生活的学生，基本上都得到安排进入工厂。只是，因为勤工俭学生本身技能、语言等方面的差距，其工作岗位有所不同。

---

① 清华大学中共党史教研组编：《赴法勤工俭学运动史料》第二册（上），《中国现代革命史资料丛刊》1979年版，第212—238页。

② 清华大学中共党史教研组编：《赴法勤工俭学运动史料》第二册（上），《中国现代革命史资料丛刊》1979年版，第242页。

③ 张允侯等编：《留法勤工俭学运动》（资料集）第二册，上海人民出版社1980年版，第106页。

勤工俭学生进入的工厂五花八门，各行各业都有华工的身影，有造船厂、汽车制造厂、摩托车制造厂、电厂、机械厂、化工厂、印刷厂、橡胶厂、造纸厂、药厂、中法实业银行等大中型企业，当然也有画馆、照相馆、电影院、豆腐作坊等小型企业。另外，还有少数勤工俭学生为人做仆人、园丁等。一时间，法国各行各业中都可以看见勤工俭学生的身影。从地域分布上看，巴黎、里昂、马赛、蒙彼利埃、昂热、圣太田、利摩日、敦刻尔克、阿弗尔等主要城市和工业区的厂矿企业中，都有来自中国的勤工俭学生。勤工俭学生几乎遍布了整个法国。

尽管这个阶段的勤工俭学生基本都可以找到工作，但是按照各工厂、行业对技术、语言、体力等方面要求不同，加上勤工俭学生在这几方面的素质各有不同。因此，勤工俭学生所在行业、工厂、工种也各不相同，大致可以分为三类。

邓小平在法国里昂的照片(1921年)

第一类，学徒工。这类工作涉及的工厂和工种很多，且基本上在工艺技能和法语上没有什么门槛，因而这类工作在初到法国的勤工俭学生中颇受欢迎。1919年5月到达巴黎的学生，三个月后便走出学校进入工厂谋得学徒工的工作。1920年1月，勤工俭学生21人经华法教育会介绍，进入勒克勒佐施耐德工厂做工。这些首批进入该厂的勤工俭学生，

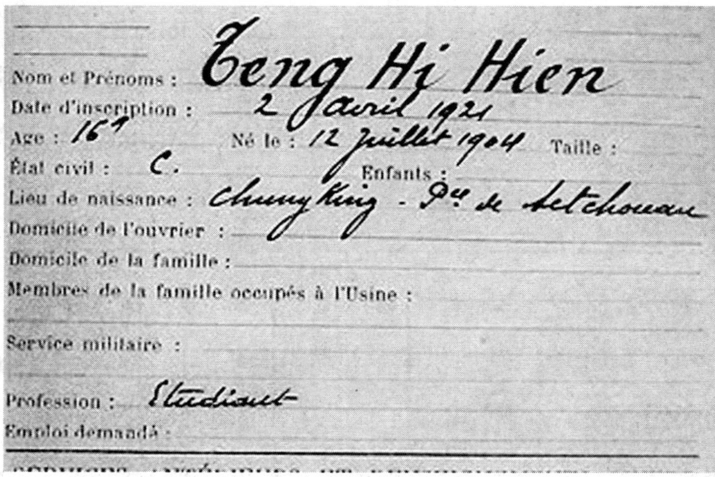

Nom et Prénoms : Teng Hi Hien
Date d'inscription : 2 Avril 1921
Age : 16½ Né le : 12 juillet 1904 Taille :
État civil : C. Enfants :
Lieu de naissance : Chung King - Pce de Setchouan
Domicile de l'ouvrier :
Domicile de la famille :
Membres de la famille occupés à l'Usine :
Service militaire :
Profession : Etudiant
Emploi demandé :

邓小平在施耐德工厂的雇佣登记卡

起初是被当作有技艺的正式工人看待的。可是工作两天后，他们便被安排到学徒部工厂，学习电气、机械、翻砂等基本技能。刚开始每人每天只有5法郎的生活费，后来增加到10法郎。由此可见，充当学徒工的勤工俭学生进入工厂做工，相当于进入留法预备学校，既可以学习各种工厂的基本操作技能，又可以在做工过程中学习法语，当然，其学习效率要比国内的留法预备学校高得多。在这些学徒工中，不乏勤奋努力者，后来成为熟练技工，收入颇多。新民学会会员罗学瓒就是1920年1月进入勒克勒佐施耐德工厂当学徒的，刚开始工资很少，仅仅给予每日的生活费用，一直做到5月，"每日十四佛郎二十生丁。学装修电机点灯等事技能可学得"。到7月时，"情形甚好，心志亦大快活"，"工作亦略纯熟，法语亦颇有进步，工资也增加到十五六佛郎一天了"。① 勤工俭学生做学徒工，其所得工资，与每日二

① 中国革命博物馆、湖南省博物馆编：《新民学会资料》，人民出版社1980年版，第115—119页。

三法郎的法国学徒工相比，确实得到了特别的优待。尤其是一些规模较大的工厂，宁愿每天出资补贴学徒工也要保证做学徒工的勤工俭学生的日常生活。这些资金雄厚的大型企业，一般都受法国当局政界名士委托，给予中国学生以优待。另一方面，也有一些小型企业或私人工厂打着招学徒工的名义，招纳中国勤工俭学生。实际上，却让他们做杂活，以欺骗的手段榨取勤工俭学生的血汗。这样的境遇与勒克勒佐施耐德工厂中学徒工的境遇有天壤之别。有一位勤工俭学生写道，他进入翻砂厂当学徒，实际上不久就被工头任意使唤干杂活，"我才知道工厂里的用心了：他想以便宜(8法郎每天)的学徒工资，买的做苦工的工人，以后永远没有学徒的位置给我了。只因法语不会说，找工作的常识缺乏，不得已只能继续做下去，使得面包不发生问题就够了。"尽管一忍再忍，工头在他干了五十天后还是把他辞退了。总之，不管是进入大型企业做正式的学徒工，还是在小型工厂里做所谓的"学徒工"，初到法国的勤工俭学生都能通过此种形式进入工厂学习工艺技能和法语，完成一个过渡，之后再选择其他工作，这种过渡形式也是一个不错的选择。

第二类，粗工。这样的工作一般由那些没有什么技能和法语基础，但是身体好力气大，同时经济拮据的勤工俭学生所从事。与学徒工相比，粗工的劳动强度要大得多，当然，粗工的工资也比学徒工高一些。1919年5月到达法国的勤工俭学生中，有不少人已经身无分文，自身又没有什么技能，法语也说不好。他们中很多人在6月份就进入了制胶厂做粗工，每天工资12法郎。到了8月份，从事这种"没有技能只用力气"工作的勤工俭学生已有三十多人，大都集中在制胶厂，"每日工资十方至十五方"，"有几位精力好的同学，每日挣得

在法国蒙达尼的橡胶厂做工的勤工俭学学生合影

二十余方”。[1] 之后，由于勤工俭学生源源不断地涌入法国，绝大多数都胜任不了技术工，大工厂内学徒工岗位也极其有限，加上刚到法国，求工心切，做粗工的人不断增加。

大多数粗工做的都是一些法国工人不愿意做的很累、很脏的活，比如砍树、埋尸体、挑石头、扛木头、背铁块等。在制胶厂做粗工的勤工俭学生，有的炒硫酸盐、磷酸盐，有的烧锅炉，大部分人要么是搬运用大麻布袋装的牛骨头，要么就是到车站人力推煤，每天工作八小时。这些工作，又累又脏，那些有挥发性和刺激性的化学物质对身体还有危害。在法国北部打扫战场的勤工俭学生，掩埋尸体、搬运废弃枪械、平整土地，整天在荒野中奔波。天气寒冷时，他们的手和脚都

① 张允侯等编：《留法勤工俭学运动》（资料集）第一册，上海人民出版社 1980 年版，第 385 页。

会有很严重的皲裂。在木材厂做工的盛成就回忆道，在木厂做粗工就是“搬木头，扛木头。不要手艺，倒要一副硬肩背，倒少不了一块大好的头颅。第一天，做了六点钟。回来倒在床上，饭也不想去吃，连大小便，都懒得起来去解。”①由此可以看出做粗工的辛劳程度。靠着打工挣钱养活自己或工读主义学习新思想的信念和毅力，勤工俭学生们才顽强地坚持下来的。

实际上，华法教育会在安排勤工俭学生做粗工时，起初是相当谨慎的，这主要是因为，这些勤工俭学生在国内大多是学生或教员，害怕他们的身体吃不消。罗学瓒在一篇通讯中写道：制胶厂“是勤工俭学生同志做工最苦的、最无意思的处所。先本是借这个工厂安置这些不懂法文、没有工作技能、又急于做工的一个过渡处。”②第一批进入制胶厂的10名勤工俭学生，有5人认为所做工作太累太苦，不想再干，后由李石曾给这5个人另行联系，到一个造船厂工作。还有很多做粗工的勤工俭学生，认为做粗工枯燥乏味，与学问没有任何关系，也主动放弃。在1920年4月之前，勤工俭学生是否做粗工，还有自愿选择的机会。到了1920年4月之后，随着到达法国的勤工俭学生日益增多，那些既没有任何工艺技能，经济上又困难的勤工俭学生则完全没有选择工作的机会了。为了解决面包问题，他们别无选择，只能充当粗工。前文所述在木材工厂做工的盛成，便是在别无选择情况下才到木材厂做粗工的。聂荣臻也回忆道，他在毫无积蓄的情况下，在1920年6月到蒙达尔纪的一家橡胶厂做粗工，“我们这些人

① 盛成：《海外工读十年纪实》，湖南人民出版社1984年版，第20页。
② 张允侯等编：《留法勤工俭学运动》（资料集）第一册，上海人民出版社1980年版，第130页。

大多数只能做些粗活”。①

第三类，技术工。如车工、机械工、制图工、钳工等工种。这类工作技术含量较高，其门槛也较高。只有那些在国内留法预备学校、高等工业学校或大型工厂中学得初步技能的学生才能胜任此类工作。比如，1919 年 5 月到达法国的勤工俭学生，其中二十多人曾在保定布里村留法预备学校或长辛店留法预备学校学习，具有一定的机械操作技能，他们到法国后直接进入工厂做工，从事制图、制版、机械制造、钳工等工作，分布在钢铁厂、印刷厂、造船厂、摩托车制造厂等，每日工资 10 至 15 法郎，甚至可达二十余法郎。还有很多勤工俭学生初到法国时还不能胜任技术工的工作，不过经过一段时间的锻炼和学习，也能逐步独立从事技术性工作了。前文中讲到的在勒克勒佐工厂的 21 名勤工俭学生，在做了半年学徒工之后，便陆续转为正式技术工人，每日平均工资可达 15 法郎以上，另外每月还有 15—100 法郎不等的福利。除了学徒工之外，那些初到法国，同时没什么技术的粗工，也有通过努力学习转为技术工的，四川的赵世炎在一封信中就提到，他和初入工厂的勤工俭学生都从事杂工工作，几个月后“我们同伴几个人现已有在机器上做工，我不久也可以去做机器”。②

总体上看来，这一阶段勤工俭学生在法国寻找工作较为顺利，最起码粗工还是好找的。通过学习掌握新的技能，粗工、学徒工可以升级为技术工，获得更高的劳动报酬。这取决于法国当时的经济运行良好，对劳动力的需求较大。当然也要归功于华法教育会和法国一

① 张允侯等编：《留法勤工俭学运动》（资料集）第一册，上海人民出版社 1980 年版，第 650—651 页。

② 《赵世炎选集》，四川人民出版社 1984 年版，第 60 页。

些大型的企业在安排勤工俭学生就业方面做的大量工作。对学生来讲,他们初到法国不久,“劳工神圣”、“工读主义”的那股冲劲儿还在,大多数勤工俭学生都能够吃苦,心态也较为稳定。

另一方面,这个阶段勤工俭学生的俭学生涯也是比较顺利的。相对于进工厂做工,勤工俭学生更习惯于学习生活。要想找到薪酬更高的工作,想进一步学习更高的专业知识,就必须具有较高的法语水平。对于广大的勤工俭学生来说,他们只有努力补习法语,实地了解法国的风土人情、人文历史、文化习俗、工厂学校的有关情况,才能在法国立足,才能进一步学习法国的新思想,这正是他们入校学习的动机。尽管他们学习的先后、时间长短有所不同,但是他们在入校学习这个大方向上是没有分歧的。除了极少数的勤工俭学生是先工作后入学的,大多数学生都是先学习后做工的。大多数勤工俭学生在国内的文化程度为中学毕业,将他们送入法国中学学习也无可厚非。因此,这一阶段,华法教育会在安排勤工俭学生入校上比较得力。

蒙达尔纪公学是中国勤工俭学生最早进入的,也是入校人数最多的一所法国中学,该校距离巴黎约一百公里,乘火车一个多小时可到巴黎。李石曾、蔡元培、汪精卫等热心旅欧教育运动的人士都曾就读于该校,他们与校方关系很好,加上该校远离巴黎,住宿费用低廉,于是,成为勤工俭学生入学的首选。1919 年 5 月,首批到达法国的勤工俭学生 91 人中有 51 人就被安排进这个学校学习。学校针对中国学生法语普遍不好的状况,还开设专班为勤工俭学生补习法文。一些法语底子好的学生,也可以插班听课。该校所需费用,包括学费、伙食费、洗理费、住宿费等,一月仅要 130 法郎。1920 年 2 月进入该校学习的蔡和森在一封家书中写道:“我们的学膳费极其便宜,三个月的预备，每人只费四百法郎。现在一个袁大头，在巴黎中法实业银行可兑得二十个法郎，故我们在学校每人每月只费得六块多钱（洗衣等费都在内）。”①勤工俭学生在法国中学学习法语，是为日后进入工厂做工或是报考法国中等专业学校和大专院校做准备。在经济上，多数留法勤工俭学生到法之初是稍有结余资金的，勉强能度过三个月的预备期。当然，也有特别贫困的学生，对于这类学生，华法教育会一般予以借贷，由协会代为垫付学费和伙食费，并每月发给10法郎作为零花。

华法教育会的安排较为合理，在经济上给予勤工俭学生的支持也是很明显的。随着勤工俭学生的一批批到来，这一方法逐渐成为固定的模式，在留法勤工俭学生中颇受欢迎。当然，除了蒙达尔纪公学外，先后有十几所法国中学接纳了中国学生。另外，还有少数勤工俭学生就读于中等专业学校和职业学校。其中，木兰中学是一所极有特色中学。该学校设有一个实验工厂，拥有少数机器。勤工俭学生在学校学习期间，可轮流到实验工厂学习并实际操作车工、钳工等相关的专业理论和技能，在这里学习的勤工俭学生，积累了许多与机械操作相关的理论和技能，为日后做工打下了良好的基础。

大多数勤工俭学生在法国中学，学习三个月后进入工厂开始勤工俭学生涯。少数学生在经过短期的法语学习之后，考入法国中等专业学校或职业学校。据统计，截止到1920年9月，中国学生在瓦隆职业学校学习的有2名，在伍德农校学习的有1名，在南锡农校学习的有9名，在蒙彼利埃农校学习的有1名。他们中大部分学习小

---

① 张允侯等编：《留法勤工俭学运动》（资料集）第一册，上海人民出版社1980年版，第204页。

麦种植技术、养蚕技术、畜牧技术等。除了专门的农校外,中国的勤工俭学生也有人就读于法国的工、商等专门职业学校。一位就读于法国工科职业技术学校的勤工俭学生回忆道:“学校开设课程以几何、绘图、物理、机械为主,每日四小时上课,四小时实习。学生毕业后,主要充任技术工人,较之中国的职业学校,学生的实际操作能力很强。”①还有极少数勤工俭学生能够进入法国的高等院校学习,他们中的大多数是那些曾在国内读大学后来留法的勤工俭学生,其中尤数上海震旦大学②突出。1919 年五四运动期间,震旦大学学生中部分由于参加爱国运动,被校方开除者高达一百余人。这些被开除的震旦大学学生,先后有数十人选择留法继续其高等教育。截止到 1920 年 5 月,已经有三十多人到达法国,大部分已经进入法国高等院校学习。据不完全统计,他们报考的学校有巴黎大学、巴黎水陆工程学校、图卢兹农业专门学校、巴黎土木工程专门学校、巴黎机电专门学校、伯里医学专门学校、格勒诺布尔大学等。③

上述几种类型的学校,都实行全日制,课程设置、学校管理、作息时间都比较正规、科学。但是,大多数勤工俭学生由于经济原因,只能进行半工半读,进行工余学习。这些经济拮据的中国学生,白天在工

① 张允侯等编:《留法勤工俭学运动》(资料集)第二册,上海人民出版社 1980 年版,第 188—194 页。

② 中国近代著名高校,由中国神父马相伯于 1903 年 2 月 27 日,在徐家汇天文台旧址创办。“震旦”一词出自梵文,意即中国。1952 年 10 月高校院系调整,震旦大学撤销,医学院和圣约翰大学医学院、同德医学院合于原址组建上海第二医学院;其余院系分别并入复旦大学、上海第一医学院、华东师范大学、交通大学、同济大学、华东化工学院、华东政法学院、上海财政经济学院等高校。

③ 张允侯等编:《留法勤工俭学运动》(资料集)第二册,上海人民出版社 1980 年版,第 413—414 页。

厂辛苦工作八小时或是更长时间,回到寝室,稍事休整下,就得赶快拿起书本进行自学。由于大多数漂洋过海来到欧洲勤工俭学的学生,经济条件比较困难,这使得工余学习成为勤工俭学生学习的一个重要途径。

工余学习仍是以提高法语水平和科学知识水平为第一要务。以在勒克勒佐工厂做工的勤工俭学生为例,他们大多数在法国中学补习过法语,但仍感觉自己的法语水平,尤其是口语能力不能满足在工厂做工或进一步学习的需要。于是,他们中很多人都选择在工余,共请一个法语教员,继续学习法语。每日下工由教员讲授法语一个小时,每个学生每月分摊 10 法郎即可。同时,在他们进入工厂从事不同工种时,又发现已有的机械知识和操作技能已不能够满足日常的工作需要,于是他们共请擅长各种机械的法国人为教员,讲授机械原理和操作技能。罗学瓒就是该厂工余学习的典型代表,他们下午四点半收工,“到五点钟就可开始读书,若是九点睡,可以读四小时,假如十点睡,更可以多读一小时。”“大约此地同伴读书时间,多者四小时,小者二三小时。”①在钢铁公司做粗工的王若飞也在日记中记载了自己在法国的工读岁月:“统计每日做工八点钟,读书五点钟,睡眠七点钟。其实认真研究学习,每日读书的时间,并不在多,果能做到心不外驰,读一点钟,要比别人读三点钟或四点钟。一天读五点钟的书,已经是很多很多的了。”②

还有一部分勤工俭学生,他们为寻求改造中国之梦而来,侧重于

① 张允侯等编:《留法勤工俭学运动》(资料集)第二册,上海人民出版社 1980 年版,第 69 页。

② 清华大学中共党史教研室编:《赴法勤工俭学运动史料》第二册(上),北京出版社 1980 年版,第 226 页。

1920 年 7 月，新民学会旅法会员在法国蒙达尼城的合影

学习有关社会政治理论方面的书籍，将自己大量的工余时间投入到研究改造中国和世界的途径。其中以湖南学生最为典型。1920 年 7 月，蒙达尼公学放暑假，新民学会在法会员和湖南的其他勤工俭学生，在蒙达尔纪聚会，参加会议的有蔡和森、向警予、陈绍休、萧瑜、萧三、张昆弟、罗学瓒、蔡畅、李维汉、熊季光、熊淑彬、欧阳泽等 13 名新民学会会员，王若飞、袁子贞等人也应邀参加。他们在激烈的讨论中达成一致：合住一处，共同研究各种学说。萧瑜提出，先收集欧洲各党派书报上百册，然后由他们分工阅读，最后举行讨论会，交流思想观点。他们所阅读的书籍和刊物中有：《人道报》、《共产党月刊》、《俄事评论》、《合社事业进行》以及有关第二国际、第三国际、女权运动等方面的材料。还规定，应该用三分之一的时间研究学习法文，用

三分之二的时间阅读书报。① 根据湖南勤工俭学生贺培真在日记中的记载，他的工余时间除了学习有关法文和科学知识之外，还要阅读不少有关社会政治、苏俄革命的书籍，如《布尔什维克的俄国》、《一九一九年在俄国的六星期》、《共产主义者通讯》。② 当然，中国国内出版的《湘江评论》、《新青年》、《时事新报》、《星期评论》，以及法国出版的《旅欧周刊》、《新世纪》等书刊也在勤工俭学生中广为流传，成为他们工余时间学习进步的重要材料。

蔡和森是湖南勤工俭学生中最典型的代表。1920 年 2 月，蔡和森与母亲葛健豪、妹妹蔡畅、好友向警予一起到达法国。蔡和森在蒙达尼男子公学经过短时间学习后，感到学校开设的课程太浅显，且进度太慢，不能满足他的学习能力。为通其语文，读其书报，察其情实，他订有一份法文《人道报》，购了一本华法字典，天天进入蒙达尔公园自学。他是公园里每天第一个踏破朝霞的“游客”，也是最后一个送走晚霞的“主人”。公园管理人员被他的勤思苦学所感动，给了他特殊待遇，不仅免收他的门票，还主动当了他的法文教师。经过四个月的苦学，他已可以直译法文了。后来，他又把学习、翻译和马克思列宁主义结合起来，不到半年时间，就能够比较自由地阅读各种报刊，能够深入法国工人中或随意聊天，或通过笔录访谈，做了大量的工人调研。也就在这半年多的时间里，他凭借词典，一个词一个词地抠，一句话一句话地译，从法语译出了《法兰西内战》、《共产党宣言》、《社会主义从空想到科学的发展》、《共产主义“左派”幼稚病》、

① 中国革命博物馆、湖南省博物馆编：《新民学会资料》，人民出版社 1980 年版，第 138—139 页。

② 贺培真：《留法勤工俭学日记》，湖南人民出版社 1985 年版，第 3—6 页。

《国家与革命》等马列著作。后来，他又译出《资本论》部分章节，书中许多新鲜的理论和思想，经常使他兴奋得彻夜难眠。蔡和森法语水平和马列主义理论水平迅速提高，逐步由一个激进的民主主义者转变成为马克思主义者。

1920 年 5 月，蔡和森打破旧的婚姻制度，与向警予在蒙达尼自由结婚

除了"猛看猛译"之外，蔡和森还积极与国内的挚友毛泽东进行思想上的交流。1920 年 7 月，新民学会在蒙达尔纪的会议上，蔡和森主张俄国式的阶级斗争，萧瑜则主张无政府主义所宣扬的工读主义。经过激烈的争论，两人谁也说服不了谁。在此背景下，1920 年 9 月，蔡和森将自己的想法通过信件的方式向国内的毛泽东进行了阐述："我以世界革命运动自俄革命成功以来已经转了一个大方向，这方向就是'无产阶级获得政权来改造社会'。不懂的人以为无产阶级专政是以暴易暴的，不知列宁及俄国共产党已再三宣言，专政是由资本主义变到共产主义过渡时代一个必不可少的办法，等到共产主义的社会组织世界组织完成了，阶级没有了，于是政权与国家一律取消。故现在各国的无政府党与工团的见到了的分子也已改了倾向，我不信这种倾向会错的。无政府党最后的理想，我以列宁与他无二

致。不过要做到无政府的地步，我以为一定要经俄国现在所用的方法，无产阶级专政乃是一个唯一无二的方法，舍此无方法。试问政权不在手，怎样去改造社会？……第二次资本家的大战战场必在中国。我们还不应准备么？”由于路途遥远，水路缓慢，蔡和森的来信毛泽东于1921年1月才收到。毛泽东在回信中说道：“你这一封信见地极当，我没有一个字不赞成。党一层陈仲甫先生等已在进行组织，出版物一层上海出的《共产党》，你处谅可得到，颇不愧‘旗帜鲜明’四字，（宣言即仲甫所为）详情后报。”①由蔡和森的信件和毛泽东的回信可以看出，旅欧勤工俭学生在自己思想上不断进步的同时，也积极地与国内同龄人进行沟通，思想碰撞的过程中，他们也在悄无声息地进行转变。除此之外，在经济相当困难的情况下，以蔡和森为代表的中国勤工俭学生，想尽一切办法购买法国出版的图书邮寄到国内。同时，国内知识分子也将国内出版的进步书籍邮寄到欧洲，供勤工俭学生阅读。毛泽东在长沙开办文化书社后，就曾一次性寄给蔡和森和湖南籍青年学生价值百余元的书籍。由此，旅欧勤工俭学生坚持工余学习、寻求改造中国良方、多方求购书刊的心态及做法可见一斑。

在生活方面，刚到法国的中国学生要经历难熬的饮食习惯的改变，因为气候原因，来自中国南方的勤工俭学生还要努力适应法国冬季寒冷的天气。从马赛下船，不习惯吃面包的中国学生只能吃面包类食品。进入学校后，勤工俭学生们还是不能适应法国的饮食，法国中学和一般法国家庭一样，餐桌上每人一枚大圆形面包，旁边放着葡

① 《蔡和森文集》，人民出版社1980年版，第63—65页。

萄酒和凉水。这是那些习惯吃米饭、喝热汤的中国学生难以接受的。一个在蒙达尔纪中学勤工俭学的中国学生在多年之后的回忆录中描述了当时的就餐情形："酒喝不惯；冷水在冬天，也不愿喝；厚皮面包，则吃惯米饭者，也感到难于下咽。午晚两餐后，新来者都在吵食不饱。然而有一大半的餐桌前得到圆面包依然放着未动；不过翻开底子来看，大馒头的软心业已被挖空取来食了！"校方反复解释，说明"红酒是补血的，非学会去冲冷水喝不可！面包硬皮比内面软心更营养，因为麦精都在皮上，也非吃了不可！""但新来者多嗤之以鼻，毫不为动，仍旧吵饿。""后由校长夫人想出办法，每餐烧水一桶，且将前一顿剩下的面包厚皮，切成碎块，煮在汤内，各人可食两盆汤，然后皆大欢喜。"由于战后的法国煤炭价格不断飙升，蒙达尔纪中学既没有暖气设备，壁炉也不生火，遇上大寒流，南方来的勤工俭学生更难以忍受。为避免受冻，"大家把中国家乡带来的棉袍、棉短袄都拿出来御寒，花料绸缎，一时纷陈，惹起法国学生们大为奇怪，聚而观之。"后来校方规定，"在寝室里穿上中装，在教室里裹起一件大外套"，这样既可以保暖，又不会引来法国学生的大批围观。①

另一方面，为了丰富文化生活，弘扬中国传统文化，增进法国民众对中国的了解，在法国中学学习的中国勤工俭学生还多次举办文体活动。1920 年 3 月 1 日，由中国勤工俭学生组成的足球队与法国当地足球队举行了一场足球比赛，经过激烈的对抗，勤工俭学生足球队最终获胜。3 月 10 日，出身武林世家的勤工俭学生蔡伯鸿等组成中国武术团体游艺会，先后在法国国家戏剧院及法国各中学巡回表

① 李璜：《学钝室回忆录》，台北传记文学出版社 1978 年版，第 63—64 页。

演中国武术，深受法国民众喜爱，台下掌声不断，热情的观众有的赠送鲜花，有的赠送奖牌，有的激动地登上舞台与表演者握手。除了中国武术表演，在枫丹白露中学读书的中国勤工俭学生还组织了大型的中国古典乐器、舞蹈游艺会，轰动巴黎地区。观看表演的法国民众数千人，中国学生数百人。演出中，潘鼎新等四名中国学生以中国民间乐器合奏“梅花三弄”，古国铣等三十多人表演徒手技击，陈炎甫等人表演中国滑稽新剧，曹强等人用法语表演中国传统双簧，湖南女学生向警予、蔡畅表演中国舞蹈。表演最后，徐炳元独奏各种中国传统乐器，有胡琴、琵琶、萧、笛等。中国勤工俭学生还在会场外陈列中国刺绣、国画等美术品，供观看表演的法国民众任意欣赏，并给予馈赠。表演结束后，法国的各大报纸都对中国勤工俭学生的这场演出进行了高度赞扬。巴黎的博士院对外声称，这次大型表演“是俭学生、勤工俭学生等能力的表现，对于法国人在感情上、思想上也有很大影响”。①

走出学校、进入工厂的勤工俭学生的生活就没有这么安逸了，基本上也没什么文化体育活动了。他们再也不可能因为不习惯法国饮食而拒绝吃厚皮面包了，为了生存，他们不得不紧衣缩食以获得一定的资金储蓄。在住宿方面，大部分勤工俭学生不得不来回比较、再三衡量房价后才住进价格相对低廉的房屋。有的学生为了租到价格较为低廉的房子，不得不住到距离工厂远很多的地方，这样做的代价就是每天上班比一般工人要早起半个小时。就这样，每月的房租也至少要二三十法郎，最贵的要数陈延年在巴黎凯旋门附近租的一间楼

① 张允侯等编：《留法勤工俭学运动》（资料集）第二册，上海人民出版社1980年版，第467—482页。

房,“每月一百二十法郎。屋内有现成的瓦斯炉”①。最便宜的是湖南学生贺培真在菲尔米尼所租的一间小房子,一月租金为 40 法郎,两人合租,可以做饭。为了租到这家廉价的房子,他连续跑了四天,比当时进厂还要难。② 跟他们相比,那些能够进入有宿舍工厂的勤工俭学生要省事省钱得多,而且上下班方便得很,也能省下不少车费。但是,能够提供住处的工厂不多,虽多为大型工厂,但接纳中国勤工俭学生的人数毕竟有限。王若飞等 22 名勤工俭学生在一家大型炼钢厂做工,最初“工厂指定的宿舍和食堂,都是同黑人、阿尔及利亚人、西班牙人在一块寄宿的建筑,仿如营棚,每间可容纳一两百人,铺位的安置也如长江轮船的统舱一样,污秽恶浊,实在不能住。”后经同学交涉,改住其他地方。一间容纳百余人的大房改为七个小间,“五间作寝室,一间堆行李,一间作公共读书的地方。自来水、电灯、床铺、桌椅设备很完全,比起学校的寝室,相差不多了。我们看了,真是喜出望外。”③住宿条件最好的,要数勒克勒佐的施耐德工厂,一位勤工俭学生写道:“我们所住的房子是工厂的,二十一人住的一间大房,所有被盖、桌椅都是工厂设备的。每人毛毡毯子、白单被各二,草褥、软褥各一。每人一大排柜,可藏衣服、书籍、用具而有余。房中共有方桌四、长桌三、条凳六、椅子二十一、电灯八、火炉二。”另外,“房子每日由工厂派一葡萄牙人为我们洒扫一次,冬天煤

① 清华大学中共党史教研室编:《赴法勤工俭学运动史料》第二册(上),北京出版社 1980 年版,第 202 页。

② 贺培真:《留法勤工俭学日记》,湖南人民出版社 1985 年版,第 27—28 页。

③ 清华大学中共党史教研室编:《赴法勤工俭学运动史料》第二册(上),北京出版社 1980 年版,第 218—223 页。

炭也有他预备，白单、被褥每月由另一葡人为我们换洗一次。”这一位勤工俭学生认为，这里的住宿条件比北京大学和湖南第一师范还好。① 罗学瓒也在这个工厂，他说：“每月仅取费五方（引者注：即五法郎，下同），也还便宜。”②

王若飞

在饮食方面，做工的勤工俭学生一般都自己动手做饭。聂荣臻回忆，“法国的蔬菜，同中国差不多，夏天也吃茄子、辣椒这些东西。城市的菜，大都是从法国南部和西班牙运来的。主食方面，能买到大米，卖面包的杂货店也很多。”③自己起火做饭，虽然要承担采购食材到洗刷碗筷的繁杂事务，但在开支方面却节省得多，也可以做一些自己喜爱吃的中国饭菜。那些住宿在工厂的勤工俭学生起初也是在工厂食堂吃饭，每日要花费三四法郎的饭钱，虽然这较之厂外餐馆要便宜得多，但是对于收入微薄的勤工俭学生来说，伙食费仍然是

① 张允侯等编：《留法勤工俭学运动》（资料集）第二册，上海人民出版社 1980 年版，第 141 页。

② 张允侯等编：《留法勤工俭学运动》（资料集）第二册，上海人民出版社 1980 年版，第 69 页。

③ 聂荣臻：《聂荣臻回忆录》（上册），解放军出版社 1984 年版，第 21 页。

一笔不小的开支。因此,他们不得不自己办伙食。在勒克勒佐工厂的21名勤工俭学生,为节省各人花在伙食上的精力和时间,避免中午做饭时因为共用一个厨房造成的拥挤和排队现象,每天轮流由三人在厨房值班做饭。这样,不仅吃得好,而且每天的伙食费也降低到了1.5—2.5法郎。在拉荷涉化工厂的勤工俭学生,则共同请同学二人专门负责做饭,每人每天工资10法郎,加上燃烧煤炭、购买食材所耗,"大约每人每日伙食费二方"①。散住在厂外的勤工俭学生,为节省费用,一般都会共同租住,轮流做饭。当然也有一些勤工俭学生因为厂里没有配备厨房,只能每天花费约4法郎解决吃饭问题。总之,做工的勤工俭学生既要勤奋做工,又要学习,每天的生活是很紧张、很清苦的。在工厂餐厅吃饭的王若飞的每日工读时间如下:

| | | |
|---|---|---|
| 上午 | 五时 | 起床 |
| | 五时半到六时 | 读书 |
| | 六时半后到七时半 | 吃咖啡入厂 |
| | 七时半至十一时半 | 做工 |
| | 十一时半至十二时半 | 午餐 |
| | 十二时半至一时 | 阅书 |
| 下午 | 一时 | 入厂 |
| | 一时半至五时 | 做工 |
| | 五时至六时 | 晚餐 |
| | 六时半至九时 | 阅书 |

① 张允侯等编:《留法勤工俭学运动》(资料集)第二册,上海人民出版社1980年版,第63页。

九时半后　　　　　　　　　睡眠①

那些既不在工厂住宿也不在工厂食堂吃饭的勤工俭学生则是最为辛苦的了。一位勤工俭学生这样描述自己的勤工俭学生活："我每天六点起床，吃一点早饭，七点乘地铁车，七点三刻到工厂，八点上工，十二点下工；下午一点半上工，五点半下工，乘地铁车回家已经七点钟；弄好晚饭吃了，到旁边一个义务堂上两点钟课，回转来已十一点钟，就马上睡觉。"他每天的午饭都是在头一天晚上做晚饭时做好，带到工厂。中午下工后，"就拿着带来的东西，跑到工厂门外塞纳河畔，坐在大石头块上冷吃，有时口渴，就到自来水管旁去喝一点水。"冬天的时候，吃着冷饭，"那刮面的冷风，砭骨的寒气，凄惨朦胧的天气，更令我全身发抖，精神不乐。"②

以上是勤工俭学生学习、做工、生活方面的点滴介绍。通过查阅相关资料尤其是当年勤工俭学生日记，不难发现，尽管旅欧之初，在觅工、住宿、饮食方面遇到了很多困难，但是，总体而言，这一阶段勤工俭学生在异国的勤工俭学生活还是相当顺利的。这一年多的留学生涯虽不算长，却使这些初来乍到的勤工俭学生的身心发生了巨大的变化：他们走出传统中国儒家文化的圈子，走进一个风格迥异的西方现代化社会；他们脱下长衫旗袍，穿上西服工装；他们去掉骨子里的斯文柔弱，换来坚毅的性格和强壮的身体；他们仔细观察着欧洲文明的方方面面，感慨中透露着失望和不满。通过这一阶段的工学实

---

① 清华大学中共党史教研室编：《赴法勤工俭学运动史料》第二册(上)，北京出版社1980年版，第226页。

② 清华大学中共党史教研室编：《赴法勤工俭学运动史料》第二册(上)，北京出版社1980年版，第311—312页。

践,他们不仅提升了自己的勤工俭学能力,同时对资本主义社会也有了深刻全面的认识。

## 三、陷入困境的勤工俭学运动

但是,好景不长。随着到达法国的中国学生人数不断增加,加之战后法国经济不景气,1920 年 10 月以后,一度进展顺利的旅欧勤工俭学运动开始陷入困境。主要表现就是,那些离开学校准备进入工厂的勤工俭学生难以找到工作,而之前已经进入欧洲工厂做工的勤工俭学生也有很多被工厂开除或解雇,这就给工资原本微薄又没什么储蓄的勤工俭学生造成了致命性打击,不安的情绪开始在勤工俭学生中蔓延。吃饭问题时刻困扰着已经失业的勤工俭学生,而那些还在工厂做工的勤工俭学生则面临着随时失业的危险。

1920 年的冬天,比之前任何一个冬天都要寒冷。失业风潮波及整个欧洲,法国则首当其冲。《旅欧周刊》1920 年 11 月 6 日报道,"近来巴黎附近工厂,因厂主息工,退出工人不少。勤工俭学生亦受此影响,被退者有数十人之多。"①对于当时仍在法国工厂做工的勤工俭学生人数,巴黎通讯社宣称,"现在工厂做工者约有三百余人,经历此次停工风潮,尚未动摇,也可算位置稳定。"②这与之前约八百

① 张允侯等编:《留法勤工俭学运动》(资料集)第二册,上海人民出版社 1980 年版,第 693 页。

② 张允侯等编:《留法勤工俭学运动》(资料集)第二册,上海人民出版社 1980 年版,第 772 页。

人做工相比，减少了一大半。到了2月份，失业情况就更糟糕了。四川勤工俭学生李季伟在《留法勤工俭学亲历》（根据当年日记撰写）一文中叙述，1921年1月和他一起在圣夏蒙施耐德工厂的四川学生尚有10人。2月1日，已经升任五级技工的张斐然被工厂解雇，第二天卓章被解雇。两天后又解雇1人。2月5日，苏言川、金满成、郑洧、郭清正等4人被解雇。2月9日，陈炎、陈毅两兄弟也被解雇。至此，在该厂做工的四川籍勤工俭学生，"硕果仅存者惟余一人而已！"①赵世炎也未能幸免，于同月被厂方解雇。

失业工人走投无路，无法生存，只能求助于华法教育会，依靠借贷度日。勤工俭学生向华法教育会借钱，月息为6厘。因此，借款是勤工俭学生万不得已时的下下策。当失业学生日益增加的同时，国内仍有学生源源不断地来到法国。1920年10月、12月和1921年1月又有三批学生抵达法国，总人数高达四百多人。这对本来已经处于极端困境的勤工俭学运动来说，无异于雪上加霜。

失业学生和新来法国的学生人数越来越多，这就使居住在华法教育会布棚内的人数不断增加。这些布棚原来是为了勤工俭学生候工时暂住用的。到了1920年的冬天，这些布棚就再也不只是勤工俭学生暂时的栖身场所，而成为他们在法国生存的寄居之处。曾在布棚住过的湖南勤工俭学生何长工回忆道，"当时没有房子住，只得住在华法教育会院内临时搭起的帐篷里。几十个人住在一起，躺下去动也不能动，翻身还得喊口令。"布棚里可以自己做饭，这就避免了喝生水就面包的痛苦，但是仍是十分艰苦。"学生们自己开伙，买不起

---

① 政协四川省委员会文史资料研究委员会编：《四川文史资料选集辑》第23辑，第108—109页。

炊具。由于面包昂贵，我们多数吃的是土豆和豆饼，加上燃料紧张，土豆烧的不熟，豆饼煮的不烂，吃了不易消化，有的病倒了，有的甚至死去。”①

造成勤工俭学生大规模失业的主要原因，是第一次世界大战给法国带来的巨大消耗和战后出现的大萧条。据统计，一战期间法国有1.1万个工业企业，1500座桥梁，26.5万所住宅和7500所学校在战火中化为废墟。战争期间，全法国所受的物质损失高达2000亿法郎，劳动力丧失136.5万人。② 根据一般经验，战后恢复必然伴随着固定资产的大量投资，这样就可以刺激建筑材料的大量需求，从而带动国内商品市场的复苏和工业生产的恢复。但是，法国的大型工业如采矿、冶金和纺织工业大多数集中在法国东北部，而东北部正是法德战争的主战场，破坏相当严重，短时间难以得到恢复。加之，战后相当多的退役军人需要安置和重新就业，法国议会通过决议，优先考虑退役军人。这就使包括中国勤工俭学生、华工在内的外国劳动力均面临着失业的挑战。正如一名勤工俭学生所言：“半年来兵士复原者日多，排外之风大炽。”他本人所在工厂的勤工俭学生，均因为“系华籍”，大多数都被解雇。

同时，因为战争时期，法国政府财政赤字居高不下，发行了大量的国债，导致国内流通中的货币量急剧增加，通货膨胀严重。战争结束后，法国政府为了弥补财政赤字，大举发行国债和滥发纸币，使得通货膨胀更加严重，燃料、原料、粮食价格不断上涨。这就造成很多

---

① 《青年运动回忆录》，中国青年出版社1979年版，第276页。

② 樊亢、宋则行主编：《外国经济史》（近代现代）第3册，人民出版社1980年版，第147页。

小型工厂无利可图，只有倒闭、停工或是缩小生产规模，随之而来的就是大规模的裁员和失业。《华工旬刊》1920 年 11 月 15 日报道，"法国因战后生活太贵，工人们每日工作所入实在不够生活，故往往举行罢工，要求增加工价。不意到了近来，一般资本家也说：'工人的工价既加高了，煤炭又缺乏，原料也贵，这等不赚钱的生意，我们不作罢了。'所以现在许多工厂都纷纷的停轮闭厂。平日怕工人罢工，此刻自己罢起来了。"①有的工厂尽管没有停工，但也"多减少出品，裁去工人。法国工人尚有许多无位置，何况外国工人？"②

另一方面，除了法国经济不景气的原因外，勤工俭学生自身也存在一些问题。1920 年 12 月 31 日，赵世炎、李立三等 22 名勤工俭学生在给巴黎华法教育会的一封联名信中坦言："勤工的实行已经一年多了，同学中有做得很好的，有始终没有找到位置的，有找到位置又失掉换了许多工厂的。"赵、李等人认为，大多数勤工俭学生属于后两种情况，"试问为什么找不到位置？为什么旋得旋失，更换无常，总定不住脚跟？这就是因为来法的实行勤工俭学同学都是些门外汉，在国内不但没有工业的经验，连工具都不曾见过。法国工厂虽多，位置也广，但一个工厂有一个位置，只能拿来招一个工人，用一个工人就要靠他出一分利息来，那工业门外汉的学生，岂不是对于工厂只有牺牲毫无利益吗？资本家哪个不是想赚钱？谁肯牺牲工资材料去用门外汉？因此才生出找工的困难。"为了找到工作，在与厂方交

---

① 张允侯等编：《留法勤工俭学运动》（资料集）第二册，上海人民出版社 1980 年版，第 691 页。

② 张允侯等编：《留法勤工俭学运动》（资料集）第二册，上海人民出版社 1980 年版，第 693 页。

涉时，这些没有什么技能的勤工俭学生往往“说懂一点，勉勉强强敷衍过去，自然不多几天渐渐就现出本相来。哪还有不被厂中辞退的呢？一个厂如是，换一个也不免是一样，因此才生出旋得旋失更换无常的困难。”他们的结论是，“归根到底，所有一切困难只不过从‘不会做工’生出来的。”①

当然，赵世炎、李立三的看法尽管触及了勤工俭学自身问题的主要方面，但也有其片面之处。前文已有提到，当时在圣夏蒙施耐德工厂的五级技工张斐然，技术能力很强但是依然被厂方开除。由此可见，技术不过硬并不是勤工俭学生被开除的唯一原因。正如王若飞在其《圣夏门勤工俭学日记》中提到的，1920 年春天勤工俭学生在寻觅工作时遇到很大困难，其中重要的原因就是入厂勤工俭学生在遵守工厂纪律方面存在巨大问题，“先入厂的同学中，有三五人不能遵守工厂做工时间，厂门已闭，方往叩门；又做工时，因怕冷怕痛，或戴手套，或以一手插荷包内，单用一手动作。”②这些情形，当然逃不过厂长的眼睛，虽然当场并没有说什么，但日后裁员，中国勤工俭学生则被“优先考虑”。还有一位勤工俭学生在其《留法勤工俭学生的一封信》中也认为，“在少数不了解勤工俭学真义的，不能切实忍耐去做工”，“或想得到一较易的方法来俭学；所谋不遂，便颓然思返；或有因此怨己尤人的”。因为失去初来法国“工读主义”的信念和劲头儿，少数勤工俭学生存在不能吃苦耐劳的问题，这就给法国厂家留下

① 清华大学中共党史教研室编：《赴法勤工俭学运动史料》第二册（上），北京出版社 1980 年版，第 385—386 页。

② 清华大学中共党史教研室编：《赴法勤工俭学运动史料》第二册（上），北京出版社 1980 年版，第 215 页。

了负面的印象，“有几多工厂，因从前失去了信用，找工的门路，遂愈加狭窄。”①由此，可对当时失业风波中勤工俭学生自身存在的问题有一个全面的认识，既有技术上的不足，但更重要的是，很多在国内没有吃过苦的青年学生，不能长期承受较强的工作任务。在心态上，猎奇驱动下的新鲜感下降之后，便是懒散和怠慢，甚至有些勤工俭学生在法国吃喝嫖赌，仍过着国内花花公子的生活。每个勤工俭学生都是一个标签，个别勤工俭学生的不良行为，降低了法国工厂对中国勤工俭学生整体的评价，这也是失业风波中的重要原因。

另一方面，华法教育会在一些涉及勤工俭学生寻找工作和借贷等问题上处理失当，也是勤工俭学生走入困境的重要原因。首先，前文也说到了，在宣传、动员上，华法教育会盲目乐观，没有考虑到法国战后的经济情况和其劳动力需求的动态变化，片面地追求到法人数。随着失业风波的袭来，仍有不少勤工俭学生陆续来法，这对本已处于困境的勤工俭学生来说无异于雪上加霜。直到 1920 年 12 月，华法教育会在国内宣布停止办公半年，一概拒绝接受新会员，才终止了旅欧勤工俭学这股热潮。另一方面，华法教育会在管理上缺位现象严重，华法教育会发起人基本上都没有参与勤工俭学生在法国的安排和管理。蔡元培、吴玉章、汪精卫、吴稚晖等人长期留在国内，只有李石曾等少数人在法国负责勤工俭学生的安排和管理工作。后来，李石曾又因为负责争取法国退回庚子赔款事务回国，这就使管理缺失更为严重。其中，最突出的问题就是对勤工俭学生在找工作、换工作方面的安排不足，引起公愤。1920 年 8 月 10 日，少数勤工俭学生在

① 清华大学中共党史教研室编：《赴法勤工俭学运动史料》第二册（上），北京出版社 1980 年版，第 274—275 页。

巴黎中国领事馆殴打了华法教育会学生事务部工作人员刘厚，其主要起因就是华法教育会对勤工俭学生觅工、换工上接待不周，安排不利。实事求是地讲，此事的责任并不全在刘厚，事后刘厚也公开声明，“会中的不周到，不是有意的不周到，实在因为无钱无人，屡次同学又来得异常踊跃”，一来便“要款要工”，个人也无能为力。① 根据刘厚的话，可得知因为来法勤工俭学生人数已经大大超过了华法教育会的接待、安排能力，捉襟见肘、穷于应付之际就难免引发勤工俭学生的不满和愤怒。殴打刘厚事件发生之时，李石曾并不在法国，他在国内听说这一消息后，首先承认“近因人数增加，而办事人力未增，固有不周到之处，也是一个缺点”，同时他要求在法勤工俭学生再“忍耐一点”，但并无切实有效的措施去解决问题。② 随即，巴黎的华法教育会作出了人事决定，刘厚被迫辞职，李光汉等负责学生事务部工作。但是，李光汉本来就是要弄嘴皮子的无能之人，勤工俭学生找工作的事情不仅毫无进展反而每况愈下。身处困境的勤工俭学生没有生活出路，只能依靠华法教育会的最低维持费。那些没有工作又没有积蓄的勤工俭学生每人每日可向华法教育会借贷 5 法郎度日，每 10 天发一次，为了节省 1.6 法郎电车费，学生们还往往推选代表集体领回，以便节省不必要的开支。就这样，一直到 1921 年 1 月，华法教育会会长蔡元培抵达法国，才使勤工俭学生一度有了救星来临的感觉。蔡元培到法国之后，勤工俭学生和华法教育会的工作人

① 张允侯等编：《留法勤工俭学运动》（资料集）第二册，上海人民出版社 1980 年版，第 700—701 页。

② 张允侯等编：《留法勤工俭学运动》（资料集）第二册，上海人民出版社 1980 年版，第 721 页。

员均各述自己的情况,请求会长予以解决。根据周恩来所述,“蔡苦其烦,乃与一月上旬,莅巴黎西郊华法教育会会所,与众谋面。众人质问之频繁,蔡每以昧现状,不能多有回答。于是是日之会,乃不得要领而散,而希望甚奢之人,因要求不遂,且语侵及于蔡,蔡亦不甚满意,初次接触,便不甚圆满也。”其实,蔡元培的本意是,听取双方意见,调解华法教育会和部分勤工俭学生的矛盾,共同商量改进工作的方法,这是无可厚非的。但是在蔡元培和勤工俭学生第二次面谈时,勤工俭学生“肆意攻击华法教育会办事人之不当,冀以要求华法教育会设法解决勤工俭学生之前途。换言之,即要求蔡元培解决勤工俭学生之前途。至是蔡氏恍然勤工俭学生反对办事人之失职,枝节也;要求解决勤工俭学生之前途,本题也。而勤工俭学生之出此要求者,多置勤工事于不提,一意注意于维持费之发给。”至此,“蔡知事不易为,愈理愈乱,乃毅然有一月十二及十六之两次通告。”①

1921 年 1 月 12 日,蔡元培拟定的华法教育会通告分析留法勤工俭学运动陷入困境的原因,“由学生事务部组织不良者半;由于华法教育会、俭学会、勤工俭学会,多有不辨其性质,混为一谈,因而发生误会者又半……为长久计,必由各省学生自结为小团体,向本省为经济维持之请求,并对于本省父老子弟,报告留学及工作状况。”②通俗点讲蔡元培的意思就是,华法教育会现已不堪重负,各省学生应该结成团体,自行向国内、省内父老寻求支援。如果说 12 日的通告还相对含蓄委婉,那 16 日的通告就更为直截了当,甚至有点冷漠无情

① 怀恩选编:《周总理青少年时代诗文书信集》上卷,四川人民出版社 1979 年版,第 425—426 页。

② 高平叔:《蔡元培全集》第 4 卷,中华书局 1984 年版,第 3—5 页。

了。1921 年 1 月 16 日,蔡元培发布华法教育会第二次通告,明确地宣布华法教育会与勤工俭学生脱离经济关系:"本会方面,一年以来,借贷学会之款,亏空之数甚巨。本会原无基金,又无入款,挪借之术,有时而穷;而告贷之学生,方日增无已;今则亏竭已极,万难为继。惟有竭诚通告:华法教育会对于俭学生及勤工俭学生,脱卸一切经济上之责任,只负精神上之援助。"同时,蔡元培还拟定了华法教育会与勤工俭学生脱离经济关系的具体举措:华法教育会不再担负学生存款之责任,有存款在会者一律在 3 月 15 日前到学生事务部结算,由华法教育会代付学校学费之事,截止到 2 月底,以后由学生自理,维持费发至 2 月底停止,发贷对象是 1 月曾领过者;自通告发出之日起,"如有辞出工厂情事,本会一律不发维持费"。①

华法教育会的两次通告,打了勤工俭学生一个措手不及,在旅欧学界引发了极大的震动和恐惧。那么蔡元培为什么要在这个节骨眼儿上发布这两个通告?首先,可以肯定的是两个通告是为了华法教育会脱身的举措,并不是为学生考虑的结果。通告宣布华法教育会断绝与勤工俭学生的一切关系,包括组织关系和经济关系。一方面要求勤工俭学生独立自治,并尽力结成团体独立向国内求得援助。另一方面,规定日后华法教育会只是从旁协助,不再包办一切。这种快刀斩乱麻的方法,最直接的目的就是使得自己迅速脱身。

其次,华法教育会确实经济困难,难以维持。它不具有官办性质,没有常年的拨款预算,经济来源主要是依靠国内名流或是地方大员的捐款,也有会员按时交纳会费。它的周转资金中,还有一部分是

① 高平叔:《蔡元培全集》第 4 卷,中华书局 1984 年版,第 8—9 页。

勤工俭学生的存款。蔡元培、李石曾等人在接受国内捐款时，不少是捐款人明确声明用于中法大学、中比大学的。这样的融资模式，在前期运行得还算顺利。可是随着法国经济的不景气，大批勤工俭学生失去工作后，在经济上对华法教育会的依赖越来越强。根据华法教育会学会事务部会计处的财务报表，从 1919 年 4 月到 1921 年 1 月，华法教育会借给勤工俭学生维持费的数量总计高达 82 万法郎；为了发放 1921 年 2 月的维持费，甚至不得不挪用陈炯明（时任广东省省长兼粤军总司令）捐助里昂中法大学的款项 30 万法郎。如果借贷出去的维持费不能收回，那些家庭情况好一些的俭学生存在华法教育会共计 50 万法郎的存款，便不能保证随取随支。① 通过这些数据，华法教育会当时的经济困难可见一斑。

再次，就勤工俭学生自身而言。少部分勤工俭学生，主要是其中的勤工生，有的因为不能吃苦，故意躲避做工；有的见异思迁，图轻松干净；有的因为没有技能，找不到工作；更有人听说华法教育会对找不到工作的学生发放贷款，立即辞工不干，靠领取维持费生活。这些学生把华法教育会对他们的服务当作是天经地义的，稍有不满便出言不逊，甚至大打出手，上文所述刘厚事件便是活生生的例子。这类不良现象，就是过分依赖华法教育会导致的。华法教育会的通告在某种程度上，对促进这部分勤工学生自立自强是有好处的。湖南勤工俭学生在信中说，“在我的意思，蔡先生这种办法，在铲除学生的

① 以上数字参见张允侯等编：《留法勤工俭学运动》（资料集）第二册，上海人民出版社 1980 年版，第 790 页。

依赖性、增长学生自治一面说，我是极表同情的。”①李立三也持相同看法：“勤工俭学的学生，实由华法教育会的提倡和介绍。因有这母性的关系，所以前日的勤工俭学遂完全依赖华法教育会的养育。”可是，在实施一段时间后，“譬如小儿到了成年，便应该自谋生活，独立创造，无依赖家庭之必要，亦无依赖之可能。”②

尽管华法教育会既有自己经济方面的困难，同时，蔡元培通过接触勤工俭学生，也发现了不少学生过分依赖华法教育会的事实。但在勤工俭学生最为艰苦的关节点，断然公布断绝与他们的一切关系，未免有些急躁冒进。这样的决策，产生了巨大的影响。

第一，将已经身处困境的学生推入绝境。不少勤工俭学生受到了很大的刺激和打击。一位到达法国不久的勤工俭学生写道：“我到法国未有几天，新任驻法公使陈箓和北京大学校长蔡元培也就来了。”不久便发布了通告，“我们这地方的同学，无论是勤工还是俭学，先都发了慌了”，“像我们这举目无亲、又没有朋友的，又该怎么办呢？”③更有甚者，很多勤工俭学生为此选择自杀或精神失常。四川勤工俭学生李季伟在给家乡父老的信中称，当年有两名勤工俭学生自杀，有四名精神失常。④ 那些新近失业的工人，因不能在华法教育会领取维持费的勤工俭学生，则纷纷前往中国领事馆，言辞激烈。据中国

① 张允侯等编：《留法勤工俭学运动》（资料集）第二册，上海人民出版社 1980 年版，第 767 页。

② 张允侯等编：《留法勤工俭学运动》（资料集）第二册，上海人民出版社 1980 年版，第 778 页。

③ 张允侯等编：《留法勤工俭学运动》（资料集）第二册，上海人民出版社 1980 年版，第 776 页。

④ 政协四川省委员会文史资料研究委员会编：《四川文史资料选集辑》第 23 辑，第 187 页。

公使陈箓电报中言，1 月初即有 27 名勤工俭学生上领事馆领取维持费，每天每人 5 法郎。31 日，“又来学生数十人索食，势颇汹汹，临时分给面包，始免暴动。”2 月上旬，“男女学生仍日夕纷扰，并举代表来馆，谓将坐毙，要求维持，且出激烈策，以暴动为威吓之具。”①当时，勤工俭学生推举钟巍、汪泽凯、尹宽等 6 人为代表，向领事馆交涉，言辞激烈，并在三天上交警告性通知 70 余篇，署名的勤工俭学生多达 1500 人。

第二，华法教育会的两次通告，无异于自动放弃对旅欧教育运动的领导权，这客观上给勤工俭学生建立自己的组织，自己管理自己，自己领导自己创造了条件。之后，一些带有自我解救性质的学生团体便如雨后春笋般纷纷破土。正如周恩来描述的：“际此极待组织之时，自不能无志同道合之人，互相吸引，自为组织，以求解决一小部分之现象，于是种种小组织生焉。有以勤工为集合之起点者，有以储蓄为集合之起点者，有以互相砥砺为集合之起点者，亦兼有三项而有之者。‘雨后春笋’怒发之情状，殆亦‘冰山倒后’之好现象。”周恩来的措辞，表明他对勤工俭学生自发组织小团体自救的情况是持肯定态度的。根据他的统计，仅 1921 年 2 月渐具雏形的小团体有：“劳动同盟”、“劳动学会”、“勤工俭学讨论刊社”、“勤工俭学互助社”、“勤工俭学第一组”、“勤工俭学互助团”等。② 这就表明，勤工俭学生们开始逐步摆脱华法教育会，走上了独立自主、自谋生路的道路。尽管这些组织在成立之初都属于应付危机、奋起自救性质的，还很不成

---

① 清华大学中共党史教研室编：《赴法勤工俭学运动史料》第二册(上)，北京出版社 1980 年版，第 394—395 页。

② 怀恩选编：《周总理青少年时代诗文书信集》上卷，四川人民出版社 1979 年版，第 439—440 页。

熟。但是,正是这些勤工俭学生自己筹建的组织,经过后来的分散整合,在之后的勤工俭学运动中发挥了巨大的作用,并逐步取得了对整个旅欧教育运动的领导权。

## 四、1921 年的三次斗争

### (一)二二八运动

华法教育会宣布与勤工俭学生断绝一切之后,学生被迫开始组成各种小团体去设法自救。就勤工俭学生所提出的方案来看,大致可分为两大类,即"蒙达尼派"和"勤工派"。这两派主张不同,经常发表文章于报刊之上进行论战,不仅在旅欧界名噪一时,在国内也颇受关注。

蒙达尼派,指的是在蒙达尔纪男女公学就读的部分工学世界社(他们主张斗争,以自己的斗争来赢得生活权、工作权、学习权,因此也被人们称之为"革命派"。)的成员,其骨干力量是新民学会的留法会员。蔡和森没有加入工学世界社,却是蒙达尼派实际上的负责人。华法教育会两次通告发出去后,蒙达尼派迅速反应,蔡和森、向警予、蔡畅、李维汉等 13 人在 1 月中旬编写散发《蒙达尼勤工俭学同人意见书》。其主要观点有:"做工不能达到求学目的"、"要求生存权、求学权"、"请补官费"等。[①] 通俗地讲,以蔡和森为代表的蒙达尼派认为勤工俭学运动已经宣告失败,勤工俭学生唯一的出路就是争取政

① 张允侯等编:《留法勤工俭学运动》(资料集)第二册,上海人民出版社 1980 年版,第 833—834 页。

府的经济支持，进而达到俭学的目的。1921年2月，蒙达尼派先后发出数次通告，其基本主张有：

(1)事实方面发生困难，所以现时社会制度下不能实行工学；

(2)以国民资格要求中国政府代表，维持生活及求学，这就是要求"生存权及学权"；

(3)若是本月二十八以前无具体解决，即全体于二十八日同赴巴里(即巴黎，编者注)，围公使馆及领事馆。①

此外，蔡和森、李维汉等人在巴黎、蒙达尔纪、菲尔米尼等地奔走联系，以宣传其主张，扩大蒙达尼派的影响，呼吁勤工俭学生参与运动。

蒙达尼派的观点，受到了勤工派的猛烈批判。勤工派，指的是那些坚信勤工俭学能够成功，并相信通过勤工可以度过当前危机的勤工俭学生，其代表人物有赵世炎、李立三、王若飞、徐特立等。赵世炎多次强调现阶段没有可能获取政府的经济援助，"望大家不要只管去谈经济"，"我们本来的根基就在勤工，现在根基动摇就在于没有忠于勤工"。② 李立三在批驳蒙达尼派的一篇文章中说，蒙达尼派宣告勤工俭学死刑的证据均不属实，并认为勤工俭学生当前的大量失业"不过暂时的现象，将来必可解决"。③ 湖南著名教育家徐特立，作为大多数蒙达尼派的老师，在《驳蒙达尼同学的公告》一

---

① 贺培真：《留法勤工俭学日记》，湖南人民出版社1985年版，第54页。

② 张允侯等编：《留法勤工俭学运动》(资料集)第二册，上海人民出版社1980年版，第827—828页。

③ 张允侯等编：《留法勤工俭学运动》(资料集)第二册，上海人民出版社1980年版，第829—830页。

文中，以长者的身份，非常委婉地批评蒙达尼派的主张。他认为，“蒙达尼同学说做工不能达到求学的目的，非绝对的，是相对的”，并批评蒙达尼派“借目前人心易动的时候，鼓吹工厂的同学出厂，学校的同学莫做工，大家到巴黎向公使馆、领事馆出发，我是极端反对的。”徐老本意并不反对勤工俭学生走投无路时向政府寻求援助，但他不赞成蒙达尼派自作主张的方式，即“用不正当手段取得津贴”。①

1921 年 1 月 31 日，听闻学生 2 月 28 日要来公使馆、领事馆游行示威，驻法公使陈箓迅速电告北京政府，请求北京政府汇款 2 万元，以免事态扩大。2 月 5 日，北京政府回电，称已经分别电告各省筹款，实际上是将责任推给各地方政府。2 月 11 日，陈箓与领事廖世功联名致电北京政府，共同请求北京迅速汇款，以解燃眉。2 月 16 日，北京政府以教育部名义回电，言明因中央财政紧张，各省也以各种借口推脱此事，因此筹款举步维艰。北京政府同时责令驻法人员要迅速将那些没办法在法国生存且热心于聚众闹事者，给予路费，遣送回国。陈箓、蔡元培等人接到指令后，改变自己原先的做法，准备奉命遣返。于是，勤工俭学生更加觉得政府无心为民，蒙达尼派围攻使馆的号召成为旅欧华人的关注焦点。

陈箓和蔡元培等人态度的转变，更加坚定了蒙达尼派对自己斗争方式的信念。在蒙达尼派看来，北京政府“既有遣送回国之资，则移此川资，津贴各人，尚可支持半年。是津贴学生，非政府不能也，是不为也。”他们更加认定“维持费之难望继续，认定非直接行动，不能

① 张允侯等编：《留法勤工俭学运动》（资料集）第二册，上海人民出版社 1980 年版，第 832—835 页。

达到要求。”加之，“在法学生所最厌闻‘遣送回国’四字，是无异宣布勤工俭学之死刑也。”①周恩来对当时蒙达尼派的分析很有见地，确实反映出热心于采用直接行动来解决困难的勤工俭学的心理活动。而此时的勤工派依然坚持其勤工观点，致力于联系各方，争取求得更多工位。这种观念上的分歧，造成中国勤工俭学生在二二八运动中的步调并不统一。

1921年2月23日，蒙达尼派以留法中国学生名义致函法国政府，解释他们已经得不到华法教育会和中国驻法使馆的物质支援，不得已才决定采用游行、示威等方式，以达到求生存、求学权的目的。并一再强调绝无扰乱公共秩序的意图，请求法国政府允许此次游行示威活动。2月26日，国际和平促进社、北大留法同学会、巴黎通讯社等六个中国团体出面，以第三方的姿态介入调解。最终，陈箓答应：(1)现在在学校学习的勤工俭学生，公使馆出面协调，保证校方不会无故开除中国学生。(2)找不到工作又居无定所的勤工俭学生，答应三四天时间内安排其入学校学习。这些保证实质上表明了法国公使已经答应将维持期延长至3月份。虽然距离蒙达尼派的要求还远，但已经与之前的态度有了很大转变，这大概是作为公使的陈箓的最大努力了。27日早晨，已经汇集到巴黎的勤工俭学生开会商讨是否接受调停。会议过程中，蒙达尼派的观点左右了会议。最终，会议达成一致：“使馆既不能不维持，正可趁势再为要求，其所要求之条件，即请使馆向政府请求每人每月给四百法郎，以四年为限，及

① 怀恩选编：《周总理青少年时代诗文书信集》上卷，四川人民出版社1979年版，第442—443页。

里大、比大无条件开放，任学生自由入校等。”①当天，几百名勤工俭学生，磨刀霍霍地等待着第二天这场一劳永逸的行动。2月28日8点左右，四百多名勤工俭学生汇聚在中国驻法公使馆附近的广场，由于法国警方早已布防在使馆左右，蒙达尼派只能推举代表蔡和森、李维汉等11人为代表，前往公使馆见陈篆。学生要求陈篆给每个勤工俭学生每月400法郎，以四年为期限。陈篆答复，使馆无权也无经济能力应允学会要求，必须请示北京政府。陈篆要求学生代表转告学生，“今为诸君向学校交涉延长一月，一方设法觅工，一方迅速组织，总有渐渐就绪之望。”②但是，学生态度强硬，不肯让步，陈篆没有办法，只得亲自到广场跟学生交涉，随行者有旅欧学生监督高鲁及副领事李骏。陈篆在广场诚恳地向学生道歉，说明自己无权答应学生的经济要求，就是倾尽所有资产也负担不起学生们的要求，况且就算本人答应，北京政府不答应也是无济于事。陈篆讲话完毕，准备离开广场时，却被学生围了起来，不得脱身。早已守候在广场旁边的法国警察上前干涉，护送陈篆离开并将广场学生驱散。在被武力驱离的过程中，少数勤工俭学生遭到了警棍或枪托的重击，但并没有酿成流血事件。

广场学生被驱离后，留在公使馆的学生并没有离开。陈篆、高鲁、李骏轮流劝说，他们都不为所动。直到下午7点，陈篆下令将六名学生带至法国警署，之后李骏赶往警署继续劝说，当晚有三位学生

① 怀恩选编：《周总理青少年时代诗文书信集》上卷，四川人民出版社1979年版，第444—446页。

② 怀恩选编：《周总理青少年时代诗文书信集》上卷，四川人民出版社1979年版，第447页。

代表离开警署，第二天早上其余三名学生也不得不离开。

以蒙达尼派为主导力量发起的二二八运动失败了。其失败原因主要有二：

第一，目标不切实际，期待一劳永逸。尽管运动以“求学权、生存权”为口号，但其直接目的是将待遇等同于官费生。他们要求每人每月 400 法郎，每人一年需 5000 法郎，四年则将近 2 万法郎。即便除去广东、福建等省的官费生，仅四川一地的勤工俭学生就有数百人，加上湖北、安徽、江苏、浙江、山西、河北等地学生当在千人以上，每年费用至少需要 500 万法郎。如此巨款，北京政府此时正忙于内战，就连国内教育经费都一再削减、克扣，哪有可能资助海外教育？

第二，运动方式不成熟。运动发起之时公然发布通告，将游行、示威运动的时间和地点一并暴露出来，这样中国使馆方面自然会联系法国警方采取严密布防。这样一旦谈判失败，他们的命运只能是被武力驱离。

但是，二二八运动也取得了一定成果。中国驻法使馆按照六团体出面调停时达成的协议，将对勤工俭学生的维持费延长至 3 月份。

随着运动的结束，勤工俭学生内部的分歧愈演愈烈。蒙达尼派继续主张通过交涉获得政府津贴；勤工派则主张要求华法教育会继续帮助寻找做工机会。双方在各大报刊上激烈争论。这些是客观存在的，两派的争论点虽然在于勤工俭学是否可行，但双方主要人物都是按照他们对共产主义的理解来作出不同的判断和反应的。也正因如此，随着留法勤工俭学运动的继续，两派最终才能统一认识、协调行动。两派负责人后来大都成为了中国共产主义运动的著名领导人，如蔡和森、李立三、李维汉、赵世炎等。

### （二）拒款斗争

二二八运动后，法国政府方面开始重视勤工俭学生的困境。中国青年勤工俭学一事本是法国政府支持的，如果勤工俭学运动草草结束，中国学生被强制引渡回国，对法国政府来说并不是件体面的事情。一旦发生大规模的遣返国，法国官方所设想的以法国科学技术、经营理念、生活方式影响一代中国青年，进而向中国输入价值观的愿望将化为泡影。因此，法国官方对中国政府及其驻法使馆的遣返政策表示坚决反对，并在之后的几个月里对中国勤工俭学生进行了大量的资助。

通过法国官方和法国社会名流的帮助，不少没有工作的勤工俭学生重新回到工厂。其中大部分集中在勒克勒佐的施耐德工厂，仅1921年2月就有20名勤工俭学生进入该厂，同年3月，又有11人进厂，分别学习操作车床、刨床、锉工等，签订三年合同，每人每日9法郎工资，但要缴纳0.5法郎的存金。这样的待遇跟法国工人别无二致，合同期满后退还存金并奖励400法郎。4月份，邓小平等四川勤工俭学生也来到该工厂做工。5月，又有200人到该厂做散工，散工由于劳动强度大，工资为每人每天十三四法郎。不过，由于劳动强度极大，这些勤工俭学生往往不能承受，做工没多久便要求换工，不能换工的勤工俭学生则纷纷自动离厂。年仅16岁的邓小平就是在轧钢车间当轧钢工，劳动强度极大，而且极容易受伤。他是4月2日进厂做工的，在当月23日便辞去工作，离开勒克勒佐。邓小平的女儿邓榕是这样解释的，“可以想象，一个十六岁的学徒工，尚未成年，身材矮小，要做如此繁重的苦工，一定不堪重负。”①但是，不是所有主动离开工厂的勤工俭学生都有正当理由。一位在施耐德工厂做工的勤工俭学生在日记中写道，“有几个同学他们每天简直是不大做工的，每日做二三点钟或做一二点钟。夏天立在机器旁边，谈天吸烟；冬天站在火炉旁边，看书讲笑话。”②由此，可以看出那些在工厂做工的勤工俭学生中不少抱有依赖维持费，甚至直接辞去工作依靠维持费度日的心理。

除了大量安排无工作的勤工俭学生进入工厂外，法国政府还成立了“中法留法青年监护委员会”，并向无工作的勤工俭学生发放了五个半月的维持费。1921 年 3 月开始发放，最初以中国驻法使馆的名义发给勤工俭学生每人每日 3 法郎，后来增加到 6 法郎，一周发一次，必须本人亲自到驻法使馆领取。可想而知，以当时的寻工环境，领取维持费的人数不断上升，进入 5 月份，人数增长到 400 人，到 7 月份时又增长到 600 人。这些领取维持费的勤工俭学生大多是技艺不足，又做不了苦工的学生。还有部分是“钱花尽了，工做厌了，他们也趁着机会跑到巴黎领略这漂流者的异样滋味。”③显然这种靠发放维持费的方式不能根本改变勤工俭学生的困境。于是，从 8 月开始，中法留法青年监护委员会便着手将领取维持费的勤工俭学生，陆续送往蒙达尔纪、圣夏蒙、沙多居里等公学。

正当勤工俭学生即将大批进入法国学校之时，法国官方和中法

---

① 邓榕：《我的父亲邓小平》上卷，中央文献出版社 1993 年版，第 83—85 页。

② 张允侯等编：《留法勤工俭学运动》（资料集）第二册（下），上海人民出版社 1980 年版，第 167—168 页。

③ 怀恩选编：《周总理青少年时代诗文书信集》，四川人民出版社 1979 年版，第 155—156 页。

留法青年监护委员会却突然改变之前的积极态度。8 月 20 日,中法留法青年监护委员会突然对外宣布,维护费只发放到 9 月 15 日,之后中国学生的学习生活概由自己负责。法国官方和中国使馆的态度一百八十度的大转弯,表面上是因为没有汇款维持,真正的原因在于,以勤工俭学生为主的旅欧华人积极地开展了一场维护中国国际利益的,坚决抵制中法实业大借款的英勇斗争。

这场震惊中外的拒款斗争,起因于中法实业银行的停业危机和北洋军阀的借款行为。中法实业银行是法国在远东的主要金融机构,是法国政府和资本家在远东推行殖民政策和经济侵略的重要组织。第一次世界大战期间,中法实业银行在远东进行经济投资并获取了丰厚的利润。之后该银行大量收购、囤积布匹和大米,待涨价之后抛售。但由于战后货物需求量缩减,各国货币兑换率涨落不定,中法实业银行遭受重挫。在困境中,该行总经理假称盈余 4000 万法郎,以欺骗手段抬高股价,这无异使中法实业银行雪上加霜。事实上,中法实业银行陷入绝境纯属其经营不善所致,但是法国政府却将此事与中国政府相联系,并致电北京政府财政总长、时任中国银行行长王克敏,嘱咐他派人到巴黎洽谈此事。北京政府为了获取法国政府好感,派出交通系统要员吴鼎昌和朱启钤来法。朱启钤的公开身份是代表徐世昌大总统接受巴黎大学授予的法学博士学位,暗中则进行秘密商谈,提出所谓的中国政府救济中法实业银行案——中法实业借款。此项条款的主要内容是:

"法国在中国发行中国国库证券三亿法郎;将其中所得的七千五百万法郎交中国政府,二千五百万法郎作为借款经手人回扣;二亿法郎存入中法实业银行;中国政府担保中法实业银行营业三年,并以全国烟酒税、印花税及购买铁路、实业材料等为担保条件；中法实业银行在三年期内仍有亏损，由中国政府负赔偿之责。”①

尽管以上条款的签订极为隐秘，但巴黎各大报刊都进行了披露，引起了旅欧华人的极大愤怒和强烈反对，其中以旅欧勤工俭学生最为激烈。6月中旬，旅法华工会、中国留法学生联合会、国际和平促进社、巴黎通讯社、旅欧周刊社、亚东问题研究会等六社团代表多次聚会商议对策，决定与这种卖国行为斗争到底。为了更好地领导拒款斗争，巴黎通讯社与旅欧周刊社合组为旅法新闻记者团。之后的拒款斗争便由五团体名义领导并如火如荼地开展起来。

拒款斗争主要分为两个步骤。首先是造声势，用传单、通告、信件等形式通过报刊媒体，将卖国借款的由来、内容、卖国性、危害性广为宣传。旅法华人以五团体名义，向旅居法国各学校、工厂的华人，国内各团体及南洋华侨、留英留德等学生通报情况，散发法文传单一千多份，并取得法国开明人士的舆论支持。他们还直接给吴鼎昌写信声明，如果不自动撤回条款，其本人必将成为历史罪人。同时，旅法华人还以五团体名义致信公使陈箓，要求他在这件事上一定要坚持立场，并有所表示。宣传活动取得了令人瞩目的成绩，在旅欧华人和法国人士中引起了巨大的反响。对此情况周恩来有这样的描述：“巴黎报纸除登载五团体决议除外，且附以评语者。法国议会中有声言旅法华人反对是事正其时者，盖指国会及财政委员尚未通过是案为得其时也。有派人往五团体接洽，探听旅法华人意见者，此盖反

① 怀恩选编：《周总理青少年时代诗文书信集》下卷，四川人民出版社1979年版，第603—604页。

对政府派之议员欲以是案攻击政府也。”①以周恩来为代表的旅英华人接到法国方面关于拒款斗争的通告后，留英学生总会、工商会、国际联盟同志会等团体在伦敦联合召开了国民大会，大会决定誓死反对中法借款，他们在致法国政府、法国参议院、法国众议院和中国政府驻法国公使陈箓的电报中，痛陈中法借款的卖国性和危害性，“此次朱启钤、吴鼎昌、陈箓并其他人等，蒙蔽国民，违背宪法，擅与法国政府财团秘密为卖国之大借款，在英各界同人，誓不承认，应由各团体、各个人随时相机为各种之反对，与消灭之行为，尽力使此次借款不获成功。”在必要之时，“可不择手段，除去经手借款之人。”②迫于旅欧华人及法国人士的巨大压力和舆论反对，陈箓被迫于6月29日发表致留法各团体的信，表示“本馆可以证明此项借款，已不成事实也”，并宣称法国方面已“将该计划书撤回”。吴鼎昌也申明，“个人意见，对于中国现状，不但不主张借外债，即内债也不主张滥借”③，旅法各团体的举措纯属无中生有。尽管他们纷纷表态加以否认，可是借款之心并没有死。

旅法华人在利用报刊大力宣传之时，也积极召开群众性拒款大会。6月30日，旅法华人在巴黎哲人厅召开了拒款大会，会议当天座无虚席，甬道上也站满了旅法华人。大会通过决议案，决定向法国政府、中国政府、国内各界人士宣布：对于一切借款绝不承认并要求

---

① 怀恩选编：《周总理青少年时代诗文书信集》下卷，四川人民出版社1979年版，第606—607页。

② 张允侯等编：《留法勤工俭学运动》（资料集）第二册（下），上海人民出版社1980年版，第500页。

③ 张允侯等编：《留法勤工俭学运动》（资料集）第二册（下），上海人民出版社1980年版，第485—486页。

驻法公使陈箓负责取消此次借款。拒款大会召开第二天，中法实业银行宣布倒闭，借款一事便很少见诸报端，反对借款的呼声也没那么强烈了。就在各界都认为借款破产的时候，却传来了中法双方暗中商谈借款一事，并决定7月25日签字的消息，吴鼎昌和陈箓就是中方经手人，而且，原先宣称的三亿法郎借款也增加至五亿法郎。这一消息震惊了旅欧各界。他们意识到之前被官方的言论所骗，再次联合起来进行坚决的斗争。五团体先后于7月25日和29日发出通告，号召旅法华人进行坚决斗争，并决定于8月23日召开第二次拒款大会。当天下午，参加第二次拒款大会的勤工俭学生、华工和各界华人达三百多人，勤工俭学生毛以亨（字公惺，江山人。辛亥革命前参加光复会。1918年毕业于北京大学政治系。不久赴法国勤工俭学，先后获巴黎大学政治学博士学位、里昂大学文学博士学位。）担任大会主席。会议揭露了中法借款的真相，痛斥了陈箓等人蒙蔽旅欧华人的言行。可是，代表陈箓出席大会的公使馆秘书王曾思对相关揭露拒不承认，并指责与会人员毫无根据，有意诬蔑公使馆。王曾思的言行引起了与会华工和勤工俭学生的极大愤怒，大家群情激愤，对他大打出手，将其打得满脸是血。另一名与会的使馆秘书想趁机逃走，打算去搬救兵，结果被人们挡了回来。在巨大的群众压力下，王曾思被迫代表陈箓表态：

> （1）陈公使王秘书及使馆全体各员，尊重留法中国全体国民公意，加入反对各种违反民意丧失国权之大借款，即向法国外交部声明反对此次五万万法郎大借款。倘此次大借款及以后他种借款成立时，公使及全体职员立时辞职，以谢国人。
>
> （2）陈公使及王秘书全体馆员，正式承认中国无秘密借款

之必要,准将在法国借款事项,交由留法中国各界所组织之委员会审查,得其同意,方能照办。①

上述两条的承诺书,一式两份,一份由王曾思当众签名,另一份则由王曾思带回去交陈箓签名后,一周之内送回。会议随后选举了十个人组成的委员会,具体负责此次拒款事宜,勤工俭学生毛以亨、徐特立、李璜、曾琦等人当选。三天后,陈箓将附有自己签名的承诺书交给了拒款委员会。

旅欧华人进行的这场斗争,彰显了中国人不屈不挠的爱国主义情操,向法国政府展示了中国人为维护国家利益的决心和勇气,迫使中国驻法使馆至少是形式上不敢在借款合同上签字。在这场震惊中外的爱国主义运动中,留法勤工俭学生始终走在运动的最前列,成为此次拒款斗争的实际领导者。正是这个缘故,法国官方和陈箓等人开始了对留法勤工俭学生疯狂的报复。

法国官方在拒款斗争之后,迅速将原先答应的可发到 11 月的维持费缩减到只发放到 9 月中旬,并且要求中国使馆秘书王曾思起诉殴打自己的中国学生,还特别声明:“既不遣送,又不起诉,我外交部决不能再垫付维持。”法国官方对留法勤工俭学生的一系列报复中,最为明显的是,法方禁止勤工俭学生从中法实业银行取钱。勤工俭学生赴法时,大多数将剩余资产存入中法实业银行,此时法方拒绝勤工俭学生将存款取出,无异于在经济上将勤工俭学生逼入绝境。如:天津勤工俭学生陶尚钊,因为烧伤急需就医治疗,可是由于存在中法实业银行的钱无法取出,结果惨死于巴黎,他的身后事还是勤工俭学

① 张允侯等编:《留法勤工俭学运动》(资料集)第二册(下),上海人民出版社 1980 年版,第 480—482 页。

生们凑钱完成的。法国方面规定，“只有华工存款，可以支取，而学生存款，则不允付。”①这充分表明了法方对勤工俭学生领导参与拒款斗争的不满。正如周恩来当时论述的，“七八百少年们，因为反对借款，妨害了法国的远东利益，更影响了中法政界有关系人的升官发财机会，在他们看来自然是罪无可恕，你打破了他的大饭碗，他自然也要打碎你的小饭碗。”②

中法留法青年监护委员会宣布停发维持费的决定之后，一度恢复平静的留法俭学生再次被恐惧笼罩。那些被安排到法国学校学习的勤工俭学生也纷纷被校方赶出了学校。大批的学生只能再次涌入简易棚中。刚刚看到曙光的勤工俭学生，再次陷入了黑暗和迷茫。

### （三）进占里昂中法大学的斗争

里昂中法大学，曾称西南大学海外部，是中国最早也是唯一在法国筹建的一所大学。1921 年 10 月，中国留法勤工俭学生开展了争取里昂中法大学开放的斗争，使该校名噪一时。

最早提出在法国建立中国大学的是旅欧教育运动的组织者吴稚晖。早在 1919 年底，吴稚晖发表《海外中国大学末议》一文，大力宣传中国在海外建立中国大学的好处，并倡议由四川、云南、广东、广西合力出纳 57 万元经费，以 400 个招生名额在四省平均分配，另外 300

---

① 张允侯等编：《留法勤工俭学运动》（资料集）第二册（下），上海人民出版社 1980 年版，第 503 页。

② 怀恩选编：《周总理青少年时代诗文书信集》下卷，四川人民出版社 1979 年版，第 173 页。

里昂中法大学旧址

名则从全国统招。学生在校学习生活，每人每年需自备200元，学校补贴700元。吴稚晖的议论，某种程度上仍是在宣扬留法勤工俭学的优越性，为正在兴起的旅欧勤工俭学运动摇旗助威。同年12月8日，蔡元培为吴稚晖的文章作跋，极为赞同吴的观点，称在海外筹办中国大学可使“国内大学诸多缺点，无不有以补充之，其成效岂可限量哉！”①

吴稚晖的议论和蔡元培的赞许在国内尤其是南方，引起了巨大的反响。广东的陈炯明率先提议将关税余额充作海外大学的经费，护法军政府总裁岑春煊（时任广东护法军政府主席总裁，排挤孙中

① 高平叔：《蔡元培全集》第3卷，中华书局1984年版，第365—366页。

山，主导南北议和。）也极为赞成并委派章士钊、汪精卫负责筹备事宜。在法国的李石曾为海外大学的创办各方奔走，成效颇大。经过李石曾的交涉，获得了法国官方、教育界、经济界人士的大力支持，里昂市长捐出旧有的兵营作为校舍，法国政府特地拨款 10 万法郎作为中国海外大学的开办费。就这样，海外中国大学也就是西南大学海外部便在里昂西郊的圣提勒兵营动工改造。李石曾等人大力推进筹办里昂中法大学的重要目的是促进法国退还庚子赔款，以进一步推广旅欧教育运动。换而言之，李石曾等人在宣传赴法勤工俭学运动之时，往往以在中国海外大学学习为条件许诺给勤工俭学生，令很多勤工俭学生心生向往。如：四川的聂荣臻早在 1920 年 2 月给父母亲的信中就提道，“至于里昂大学之办法，李石曾先生已于冬月（即为 12 月，编者注）归国来，聘中文教员来法，并请吴稚晖先生为校长，每年费大致包与中国人办，每人百五十元之谱，本校只授中文课，其余科学在里昂各大学去上课，校地已为法国政府捐赠，并每年捐十万法郎。”同年 4 月 15 日，他在给父母亲的信中再次提到，“现在李石曾先生由国内拍电来法云，在法国里昂开办中国大学，南北政府极力赞成，并筹二百余法郎以为开办费用如日后费用不足，法国承担借款，业已通过上下议院。前月在巴黎召开中国学生代表会议，即宣布种种进行办法”，“今年不招班，明年必定招班无疑，每年的需款约百五十元之谱，和零用衣服一切约二百元尽足，此真为勤工俭学之幸事也，而男亦真来其时也。”①实际上，当时的勤工俭学生都抱有聂荣臻同样的想法。另一方面，法国政府为里昂中法大学选址、拨款上的支

① 以上均引自江津县聂帅文物征集办公室编：《聂荣臻青少年时代》，解放军出版社 1988 年版，第 207—208 页，第 215—216 页。

持，也强调是为勤工俭学运动服务的。由此可见，留法勤工俭学生是有资格进入里昂中法大学学习的，特别是他们在遇到极度困难时，中法官方更应该设法安排他们进入里昂中法大学或中法大学预备班学习。

正是基于以上认识，留法勤工俭学生在二二八运动失败不久，便把注意力放到里昂中法大学，将该校作为解决生活和学习困难的重要途径。1921 年 5 月 11 日，王若飞、尹宽（1897—1967，安徽桐城北乡人，旅欧少年共产党创建者之一，早期社会活动家。）等勤工俭学生在蒙达尔纪讨论决定："1.要求读书问题，作较长时间的解决；2.以里昂大学现有房屋为场所，以现在为勤工俭学生所筹得的款项近百万，及里昂大学开办费及捐款，作勤工俭学生全体读书费用；3.期限三年，款项不足时，由监督委员会（即中法留法青年监护委员会）以勤工俭学全体学生读书名义向国内筹款接济之。"他们还决定要在勤工俭学生中大力宣传此项决定，并伺机向监督委员会和公使馆提出就读里昂中法大学的要求，如不能得到满意答复，就要"作最后行动"。① 但华法教育会中的一部分官僚政客如吴稚晖却指责勤工俭学生既无做工之能，又缺乏勤工的态度，申明："里昂中国大学海外部，不是栖流所，不是大庇天下寒士的广厦万间。"②以种种理由拒绝勤工俭学生入学里昂中法大学。这就引起了勤工俭学生的斗争。

1921 年 6 月 6 日，王若飞、尹宽等 225 人开会决议，要求里昂

① 贺培真：《留法勤工俭学日记》，湖南人民出版社 1985 年版，第 82 页。

② 周恩来：《勤工俭学生在法最后之运命》，见 1921 年 12 月—1922 年 1 月天津《益世报》。

和中比两个大学吸收勤工俭学生。接着，在法国克鲁邹工厂劳动的147名勤工俭学生，联名发出《宣言》响应。这些行动得到了广大留法勤工俭学生的热烈支持。1921年9月初，蒙达尼学生发起联合各地勤工俭学生代表和在巴黎的学生，在巴黎的华侨协社召开大会，决定成立"各地勤工俭学生联合委员会"，统一领导斗争，主要领导人有蔡和森、赵世炎、李维汉、李立三、王若飞、李富春、陈毅、向警予等。"各地勤工俭学生联合委员会"于9月17日集会巴黎，宣告，"我们的目标是：为谋勤工俭学生全体的根本解决，以开放里昂大学为唯一目标。我们的信条是：（一）誓死争回里大；（二）绝对不承认部分解决；（三）绝对不承认考试。"①在要求得不到满足的情况下，9月20日晚，在蔡和森、赵世炎、李立三、陈毅、张昆弟、罗学赞、颜昌颐、鲁易、陈公培等领导下，由一百多人组成的"先发队"，分别从巴黎、圣日耳曼、克鲁邹、蒙达尼等地出发，向里昂中法大学挺进。勤工俭学生联合委员会派出代表与校方负责人进行了谈判，要求满足条件。校方负责人（庶务）褚民谊和中法大学协会法国书记葛郎，拒绝了学生的一切要求，导致冲突升级。军警包围了学校并逮捕了"先发队"的大部分成员。赵世炎急中生智，虎口脱险，返回巴黎，和李维汉、王若飞、汪泽楷等一同担负起领导勤工俭学生联合委员会的重任。被监禁的联合委员会负责人之一李立三在狱中表示："不达到圆满目的，决不出营。"②他们在狱中发表《绝食宣言》："在以自由为标帜之民主政治之下，吾人乃以

① 周恩来：《勤工俭学生在法最后之运命》，见1921年12月—1922年1月天津《益世报》。

② 罗永鼎：《勤工俭学生争取开放里大斗争的经过》，见1921年1月《晨报》。

求平等之故而不自由，夫复何言？吾人唯有用此极悲伤之表示，使民主二字得有明确之解释。”①

勤工俭学生进占里昂中法大学的行动赢得了国际国内进步人士和舆论界的同情和支持。当时正在法国勤工俭学的徐特立、黄齐生两位老先生，也专程奔赴里昂，同吴稚晖交涉。一位法国议员在演说中就指出：“诸位不要以为法国是自由、平等、博爱，那是假的。即如你们来到里昂，不论道理，就拘禁起来，这是自由吗？里昂大学，同是中国学生，有钱的进去读书，无钱的关在兵营里，还要遣送回国，这是平等博爱吗？”②交涉无果，中法两国政府最终把进占里昂中法大学的104名勤工俭学生以“过激党”的罪名押送回国。进占中法大学的学生被押回送国后，赵世炎和王若飞、李维汉等驻巴黎代表，仍用“各地勤工俭学联合委员会”的名义发表了一篇宣言，揭露中法当局迫害勤工俭学生的罪行。宣言指出：“我们不料号称自由、高唱人权的法兰西国家，竟出现这种黑暗、卑劣的举动。我们本为求光明离开中国，结果仍不免于恶势力之压迫而被送转去。环顾大地，离光明的前途真还远得很呵！”③

勤工俭学生进占里昂中法大学的斗争虽然失败了，但它使广大勤工俭学生在斗争中得到了锻炼并且逐渐走向成熟。一大批骨干分子在斗争中意识到只有联合起来，在一个统一的、严格的组织领导下进行坚决的，毫不妥协的斗争才是中国未来革命的希望。周恩来在总结运动经验教训时就毫不含糊地指出：“途穷了，终须改换方面；

① 愚公：《勤工俭学生进占里大之前因后果》，见1921年11—12月《新闻报》。

② 罗永鼎：《勤工俭学生争取开放里大斗争的经过》，见1921年1月《晨报》。

③ 《中共党史主要事件简介》，四川人民出版社1981年版，第15页。

势单了,力薄了,更须联合起来。马克思同昂格斯合声嚷道:‘世界的工人们,联合起来啊!’他们如今也觉悟了,全体勤工俭学的同志们,赶快团结起来啊!”①

① 周恩来:《勤工俭学生在法最后之运命》,见 1921 年 12 月—1922 年 1 月天津《益世报》。

# 第三章

# 走向成熟，一代精英的逐步转变

经过"拒款运动"和占领里昂中法大学的斗争，许多留法青年认识到团结的重要性，思想上开始逐步接受马克思主义，这为在旅欧青年中建立统一的共产党组织奠定了思想和组织的基础。李维汉在谈到这一点的时候说："它使法国资产阶级亲眼看到中国青年从五四运动以来迸发出来的一派不怕军阀统治，不受洋人欺侮，力争掌握自己命运的气势。它结束了似潮流般的勤工俭学运动，一切好心好意提倡这个运动的人，由此知道此路已经不通。至于那些企图借这个运动捞取政治资本的有野心的人，就只好去感受幻灭和悲伤了。最重要的是，这一次斗争出现了勤工俭学界在空前规模上的新的联合和新的觉醒。许多人抛弃各种各样不切实际的幻想，接受了马克思主义，走上了十月革命的道路，更多的人后来积极投入了反帝国主义和反军阀的斗争。"①鉴于两次斗争的结局，不少勤工俭学青年认识到进行改造现有制度的社会革命，必须有一

① 李维汉：《回忆新民学会》，摘自《历史研究》1979 年第 3 期。

个坚强的革命组织，在这种信念的影响下，建立统一的共产主义组织，就成了广大勤工俭学青年的迫切愿望。

## 一、接受和宣传马克思主义

在广大旅欧勤工俭学青年进行工学实践和1921年的三次斗争的过程中，其中的一部分先进分子积极学习马克思主义，在思想上树立了对马克思主义的坚定信仰，迅速完成了自己的思想转变，而这和当时十月革命胜利后马克思主义在欧洲的进一步传播是分不开的。

第一次世界大战爆发后，法国遭受了严重的战火侵袭，社会矛盾十分尖锐，而在俄国十月社会主义革命的影响下，法国出现了极为有利的革命形势，共产主义运动日趋高涨。在列宁领导的第三国际帮助下，法国不仅建立了共产党组织，而且还成立了许多左翼革命团体。共产党组织和左翼革命团体引入了大量马克思、恩格斯、列宁的经典著作，翻译和出版了许多革命报刊和书籍，如《共产国际》、《共产党人》、《俄事评论》、《布尔什维克月刊》、《人道报》等。马克思主义的书籍和报刊在法国十分流行，这些刊物广泛宣传马克思列宁主义的基本原理；介绍各国革命运动的发展情况，总结其经验教训，并且还登载了许多第三国际的文章和文件，这就为那些赴法勤工俭学的中国青年学生接触和学习马克思主义创造了条件。

在五四运动时期受到新文化运动和反帝爱国斗争影响的中国青年，为寻求救国救民的真理，探索彻底改造旧中国的革命道路而漂洋过海赴欧勤工俭学。从1919年3月17日到1920年12月15日不到两年的时间里，一共有二十批大约一千六百多名中国青年学生赴法国勤工俭学，蔡和森、赵世炎、周恩来等后来成为中国共产党著名领导的人物当时也在赴法勤工俭学的学生之列，他们在法国认真学习马克思列宁主义思想，接触大量的工人群众并对社会开展了广泛的调查研究，逐步树立起了无产阶级世界观，并成为了坚强的共产主义战士和建立中国共产党的骨干力量。

1919 年 12 月 25 日，蔡和森与母亲葛建豪、妹妹蔡畅和向警予等勤工俭学的青年学生共三十多人乘船离开上海，并于 1920 年 2 月 2 日抵达法国巴黎。蔡和森到了法国以后，广泛阅读并翻译马列主义著作，如马克思、恩格斯合著的《共产党宣言》，恩格斯的《社会主义从空想到科学的发展》，列宁的《共产主义"左派"幼稚病》、《国家与革命》、《无产阶级革命和叛徒考茨基》等著作的重要章节，并且写了大量的读书笔记。这段经历在他写给毛泽东的信中有详细的叙述："我到法后，鲁莽看法文报，现门路大开，以世界大势律中国，对于改造计划略具规模。现搜集各种重要小册子约百种，拟编译一种传播运动的丛书。"①这种丛书被他总结归纳为四个方面的内容：一是世界革命运动之大势；二是无产阶级革命运动之四种利器：即党—工团—合作社—苏维埃；三是世界革命之联络与方法；四是俄罗斯革命后之详情。另外，他还在信中强调说，"现已搜集许多材料，猛看猛译，迟到年底，或能成就"。② 蔡和森通过对大量马列主义著作的研

① 中国革命博物馆：中国现代革命史资料丛刊，《新民学会资料》，人民出版社 1980 年版，第 128 页。

② 中国人民政治协商会议全国委员会文史资料研究委员会：《文史资料选辑》第 58 辑，中国文史出版社 1979 年版，第 151 页。

读和对社会的现实考察，找到了迅速解救中国的良方，成为了一名坚定的共产主义者。

1920年5月9日，赵世炎和一百多名勤工俭学的青年学生乘船从上海出发，于6月底抵达法国。到达法国之后，赵世炎先是补习了一段时间的法文，然后于8月来到巴黎西郊的一个工厂做工。除了每天正常工作的八小时之外，他抓紧一切空闲时间认真研究马列主义相关理论，他看过论述共产主义的小册子，也读过法共出版的《人道报》或是其他左翼进步书报，而且他长期在广大华工和华侨之中进行政治活动。经过半年多的理论学习以及对资本主义社会的考察和对工人群众的接触，赵世炎对资本主义世界有了深刻的认识，他亲身体会到，虽然资本主义发达的法国与封建落后的中国在表面上有很多不同之处，但本质上都一样黑暗腐败。他在给国内朋友的信中说："你们所常想的，以为到了欧洲就处处可以得安慰吗？……我们所经受到搏战生涯，人类同情的，了解到工作，尚未达到相当的程度，我们的精神能就说畅快呢？"他强调指出，过去对社会改造问题的看法太多、太不实际，是个危险。"我常常想，我们过去的事，都有些蹈空……我诚恳的希望我的朋友，务要从冷静处窥探人生，于千辛万苦中杀出一条血路。"①他还经常把自己学到的马列主义理论向周围勤工俭学的学生们进行宣传讲解，通过理论学习和社会实践的相互促进，赵世炎很快就成为了一个忠诚的马列主义信仰者。

五四运动以前，周恩来在日本留学期间，就从日本早期马克思主义宣传家河上肇主编的《社会问题研究》中接触到了马克思主义。

---

① 赵世炎：《赵世炎选集》，四川人民出版社1984年版，第59页。

1919 年 4 月,周恩来回到天津,立即投入到波澜壮阔的五四运动中去,并成为当时最有影响的觉悟社的领导人之一。1920 年 1 月底,他因领导天津各界抵制日货运动,被反动政府逮捕。在狱中,他坚持向狱友介绍马克思主义学说,并组织与反动派进行斗争。出狱后,1920 年 11 月 7 日,周恩来和 197 名勤工俭学的青年学生乘法轮“波尔多号”从上海出发,于 12 月中旬抵达法国。周恩来先是转道去英国认真考察了解工人运动发展状况,然后于 1921 年 2 月中旬来到法国的一座中部城市布卢瓦。周恩来一边在巴黎郊区的阿利昂法语学校补习法文,一边对法国社会开展调查研究,他始终将“研究主义”放在第一位,用他自己的话说:“他一到欧洲便对于一切主义开始推求比较”,[①]他如饥似渴地阅读英文版的《共产党宣言》、《社会主义从空想到科学的发展》、《国家与革命》等马列主义的经典著作。他在阅读的时候,认真地画出重点,写眉批,记日记。周恩来在读过的《卡尔·马克思的生平与教导》一书中,画了着重线的

在法国勤工俭学时的周恩来

① 周恩来:《周恩来书信选集》,中央文献出版社 1988 年版,第 41 页。

内容有以下文字："无论是发现现代社会中有阶级存在或发现各阶级间的斗争，都不是我的功劳。""我的新贡献就是证明了下列几点：(一)阶级的存在仅仅同生产发展到一定历史阶段相联系；(二)阶级斗争必然要导致无产阶级专政；(三)这个专政不过是达到消灭一切阶级和进入无阶级社会的过渡。"①经过反复的学习和思索，周恩来终于作出了自己一生中最重要的抉择：确立了共产主义的信念。他在写给天津觉悟社朋友的信中说："觉悟社的信条自然是不够用、欠明了，但老实说来，用一个 communism(即共产主义)也就够了。""我们当信共产主义的原理和阶级革命与无产阶级专政两大原则，而实行的手段则当因地制宜！"他在信中还说："我从前所谓'谈主义，我便心跳'，那是我方到欧洲后对于一切主义开始推求比较的心理，而现在我已得有坚决的信心了。"②

蔡和森、赵世炎、周恩来是赴法勤工俭学学生中信仰马克思主义的先驱者。在他们的影响和带动下，陈延年、陈乔年、朱德、邓小平、李立三、陈毅、李维汉、向警予、蔡畅、李富春、聂荣臻、傅钟等人也纷纷走上了革命道路。据李维汉回忆说："我有机会集中阅读了和森以'霸蛮'精神从法文翻译过来的《共产党宣言》、《社会主义从空想到科学的发展》、《国家与革命》、《无产阶级革命和叛徒考茨基》、《共产主义"左派"幼稚病》和若干关于宣传十月革命的小册子。此外，我同和森作了多次长谈，涉及范围很广，包括欧洲革命斗争形势、俄国十月革命经验、布尔什维克与孟什维克的区别、共产国际的性质与任务、第三国际与第二国际的决裂等内容。通过阅读和谈话，我深

① 中共中央文献研究室：《周恩来传》(上卷)，中央文献出版社 2008 年版，第 62 页。
② 周恩来：《周恩来书信选集》，中央文献出版社 1988 年版，第 36—41 页。

知只有走十月革命的道路才能达到‘改造中国与世界’的目的。”[①]据傅钟回忆说，“经过赵世炎的不断宣传和斗争，一些积极要求进步的青年学生很快走上了马克思主义道路，如果没有世炎同志这样经常地向大家讲解，我们对马克思主义还不可能懂得那么快。”[②]1922年8月，受到俄国十月革命和中国五四运动思潮启发的朱德，放弃高官厚禄，决定去欧洲留学考察。邮轮在海上颠簸了一个多月后，抵达法国马赛港。带着富国强民的一腔热血，朱德等人一下船就去寻找在法国的中共组织。当得知周恩来他们在德国柏林后，他马不停蹄，赶往德国。10月，在柏林坎特大街，朱德和周恩来见面了，这一年，周恩来24岁，朱德36岁。经过一个多月的考察，11月，张申府、周恩来介绍朱德加入了中国共产党。从此，朱德在德国接收、学习和宣传马克思主义。面对自己德文基础差的情况，朱德没有退却，他经常一本词典在手，一字一句地对照德文书硬啃。没过多久，朱德的德语水平就有了明显提高，德文版的《共产党宣言》、《马克思恩格斯通信集》、《社会主义从空想到科学的发展》等著作他都能通读并领会了。后来他回忆道：“我在没有到德国来前，在没有读马克思主义的著作前，我很长一段时间也一直认为中国落后是没有走一条资本主义的道路，只有资本主义能够发展中国。现在，我不再这么看了，中国的真正出路在走社会主义道路。在中国，应该清除半殖民地半封建的社会制度，要打倒那些欺压百姓的贪官污吏、土豪劣绅、军阀和帝国主义分子，建立人民当家作主的社会主义制度，像苏联那样，才是真

① 李维汉：《回忆与研究》，中共党史资料出版社1986年版，第18页。
② 中国人民政治协商会议全国委员会文史资料研究委员会：《文史资料选辑》第58辑，中国文史出版社1979年版，第55—56页。

正的出路！”

在蔡和森、赵世炎、周恩来等人积极宣传马克思主义的同时，当时欧洲流行的一些其他的社会思潮也对部分旅欧勤工俭学的中国青年们产生了影响。当时法国的思想界可谓百家争鸣，充斥着形形色色的理论学说，而赴法勤工俭学的中国学生受其影响，也产生了各种各样的思想倾向，其中尤其以倾向无政府主义者居多。

列宁指出：“马克思的学说直接为教育和组织现代社会的先进阶级服务，指出这一阶级的任务，并且证明当前的制度由于经济的发展必然要被新的制度所代替，因此这一学说在其生命的途程中每走一步都得经过战斗，这就不足为奇了。”①为了坚定部分旅欧勤工俭学青年的马克思主义信仰，一场马克思主义和其他社会思潮的思想斗争就在赴法勤工俭学的学生中展开了。

1920年7月5日至10日，赴法勤工俭学的新民学会成员在法国蒙达尼公学集会，讨论学会的有关问题。为了进一步扩大马克思主义的思想阵地，清除无政府主义思潮的影响，蔡和森特地到会就组织共产党和实行劳农专政等问题作了题为《怎样救中国》的演说，通过列举大量的事实并贯穿以通俗的哲理故事，具有很强的感染力和信服力，打动了到场的听众。由蔡和森和向警予首先提出的“改造中国与世界”的学会方针，得到了参会者的一致赞同，然而在改造中国与世界的具体操作方法上，学会成员产生了巨大的思想分歧。蔡和森主张组织共产党，建立无产阶级专政。他指出：“我现认清社会主义为资本主义的反映，其重要使命在打破资本经济制度。其方法在

① 列宁：《列宁选集》第2卷，人民出版社1972年版，第1页。

无产阶级专政,以政权来改建社会经济制度"①,而共产党则是"发动者、领袖者、先锋队、作战部,为无产阶级运动的神经中枢"。② 然而作为新民学会的领导人之一,时任华法教育会秘书长的萧子升则与蔡和森意见相左。他认为"世界进化是无穷期的,革命也是无穷期的,我们不认可以一部分的牺牲,换多数人的福利,主张温和革命——以教育为工具的革命,为人民谋全体福利的革命——以工会合作社为实行改革之方法,其意颇不认俄式——马克思式——革命为正当,而倾向于无政府无强权——蒲鲁东式之新式革命,此较和而缓,虽缓然和。"③

对于萧子升的这种无政府主义的观点,蔡和森进行了驳斥。他指出:"我近对各种主义综合审谛,觉社会主义真为改造世界对症之方,中国也不能外此。社会主义必要之方法:阶级战争——无产阶级专政。"④他强调指出:"无产阶级革命后不得不专政的理由有二:无政权不能集产,不能使产业社会公有。换言之,即是不能改造经济制度。无政权不能保护革命,不能防止反革命,打倒的阶级倒而复起,革命将等于零。因此我以为现世界不能行无政府主义,因为现世界显然有两个对抗的阶级存在,打倒有产阶级的狄克惟多(专政一词的译音),非以无产阶级的狄克惟多压不住反动,俄国就是个明证。

① 中国革命博物馆:中国现代革命史资料丛刊,《新民学会资料》,人民出版社 1980 年版,第 129 页。
② 中国革命博物馆:中国现代革命史资料丛刊,《新民学会资料》,人民出版社 1980 年版,第 128 页。
③ 中国革命博物馆:中国现代革命史资料丛刊,《新民学会资料》,人民出版社 1980 年版,第 137 页。
④ 中国革命博物馆:中国现代革命史资料丛刊,《新民学会资料》,人民出版社 1980 年版,第 129 页。

所以我对于中国将来的改造，以为完全适用社会主义的原理和方法。”①

蔡和森认为，当时的中国受到国际帝国资本主义的经济压迫，不断涌入的帝国主义商品，挤压着民族手工业的生存空间，一批批国内手工业者纷纷破产。中国四万万人中有百分之八十以上是农民，他们深受帝国主义、封建主义和官僚资本主义的压迫和剥削，摆在他们面前的只有两条路：一是等死，二是起来革命，推翻帝国主义和军阀统治。在这种情况下，“中国的社会革命，一定不能避免”，“革命的爆发乃是必然的趋势，也如自然力的雷电之爆发一样，行所必然。”他还指出，中国与俄国的情况差不多：在经济地位上已久属西方工业国，古老的农业生产方式根本无法抵御资本主义的机器生产，农产品进入国际市场不能与法美竞争，由于帝国主义绝不容许中国建立一个独立、富强的资产阶级共和国，从而使自己失去中国这个占世界人口四分之一的剥削、奴役的对象，因此，国际帝国主义对中国农民及无产阶级的经济压迫非常大，帝国主义不仅不会支持中国民族工业的发展，而且会勾结中国的反动统治者，进行限制和扼杀。所以，中国革命要走资本主义道路，既不可能，也行不通。他还批判了梁启超、张东荪等人的改良主义观点，指出：“中国将来的改造”，“完全适用社会主义的原理和方法。”蔡和森的这些主张得到了大多数与会者的肯定和支持。

与此同时，赵世炎也对无政府主义思潮进行了坚决的斗争。一

① 湖南省博物馆历史部校编：《新民学会文献汇编》，湖南人民出版社 1980 年版，第 87 页。

方面,他广泛宣传无产阶级革命和无产阶级专政思想,并对分不清共产主义与无政府主义的勤工俭学学生不厌其烦地讲解马列主义的基本原理;另一方面,他经常在报刊上发表文章对区声白、黄凌霜、吴稚晖等无政府主义者散布的谬论大加批判。他尖锐地指出:"区声白不对,无政府主义是空洞的、幻想的,实际上达不到目的。""无产阶级不专政怎么行?只有像俄国那样才行,无政府主义那一套不行。"①赵世炎在《旅法的青年应该觉醒来——投机、改良与革命》一文中,针对无政府主义理论的要害指出:"所谓的无政府主义者,只知高唱自由,忽视了现代社会生活所决定的群众意识,专门占据在抽象的观念上,发些空论,以迷惑群众。我们见到这种事实,自然不能忽视了我们当前的工作,我们共产主义者的行动,就是要随时随地能把问题与事实打落到实际上面。"②赵世炎所做的这些努力使更多的青年学生成为了马列主义、共产主义的信仰者,并坚定不移地走上了革命道路。

无政府主义思潮在当时的传播范围和影响力还是很大的。1922年1月15日,一些旅欧的中国无政府主义者在巴黎创办了《工余》月刊,大肆鼓吹无政府主义思潮,散布反马列主义的言论。为了给无政府主义者的言论以有力反驳,根除他们对青年学生的影响,赵世炎和周恩来于1922年8月1日创办了《少年》月刊,并在《少年》上发表大量的文章批判和抨击无政府主义理论。

① 中国人民政治协商会议全国委员会文史资料研究委员会:《文史资料选辑》第58辑,中国文史出版社1979年版,第55页。

② 清华大学中共党史教研组:中国现代革命史资料丛刊,《赴法勤工俭学运动史料》第3册,北京出版社1981年版,第299页。

周恩来针对无政府主义者把共产主义与宗教等同起来，认为共产主义者对马克思主义学说的信仰是“迷信”等谬论，在理论上进行了坚决的回击。在《共产主义与中国》一文中，他雄辩地论证了中国走共产主义道路的必要性和必然性，肯定了共产主义既“能够解决世界的乱象”，也完全应该成为我们中国唯一的“救世的良方”。文章还进一步指出，在中国，资本主义道路走不通，因为中国根本不具备发展民族资本的条件，如用资本主义的方法来开发实业，“其结果不仅使中国变为舶来品的销卖场，且会使中国各地布满了外国的资本家。”中国要富强，就必须解决经济问题和政治问题，而只有共产主义能够担当起这个重任。文章还一针见血地揭露了中国无政府主义者的真面目，指出：“无政府主义在中国已有了十年以上的历史，他利用中国人的惰性和容忍，竟与些思想堕落者结成了不解之缘。他们都自命为提倡科学的人，其实他们只会高谈那空想的艺术，高谈几个‘真’、‘善’、‘美’的名词，论到实在的开发实业的方法，恐怕除掉毁坏大规模生产，反对集中制度外，竟无什么具体主张。”①周恩来运用马克思主义唯物史观和经济学的基本原理，指明了资本主义制度“终究必归崩溃”，论证了共产主义革命的历史必然性。文章从分析中国的经济状况入手，指出：“共产之为物，在今日全世界上，已成为无产阶级全体的救世良方”，“世界上只有一个共产主义能使这个责任无国界无种界地放到无产阶级肩上，也只有他能使中华民族得到与人类中间彼此一视同仁。”周恩来分析了中国的情势后指出：“一切缓和和修正的办法都无所施”，只有共产主义“为彻底的改造

① 中共中央党史资料征集委员会：中国共产党历史资料丛书，《共产主义小组》（下），中共党史资料出版社 1987 年版，第 889—891 页。

良方”,不论中国还是全世界,都要走共产主义这条“顺势变更的道路”。如果用资本主义的方法改造中国,“其结果不仅使中国变为舶来品的销卖场,而且会使中国各地布满外国的资本家。”另外,无产阶级是中国沦为半殖民地半封建社会过程中最早出现的一个新的社会阶级,是新的社会生产力的代表,是近代中国最进步的阶级,具有革命的彻底性,因而领导中国革命取得成功的重任历史性地落到了无产阶级的肩上。所以,共产主义者“当信共产主义的原理和阶级革命与无产阶级专政两大原则”。在《宗教精神与共产主义》一文中,周恩来严正指出,共产主义者一向“认宗教是人类中的一种毒药”,对之是“深恶痛绝”的,因此,共产主义与宗教毫不相干,共产主义的学说有着坚定的信仰,因为这种学说完全“合乎科学精神”,经得起在“实际”上来“试验”。文章以极有说服力的论述,捍卫了马克思所提倡的共产主义思想。①

一些无政府主义者利用第一次世界大战后苏俄所遇到的暂时困难,诋毁和攻击列宁实行的新经济政策是“恢复资本主义”,认为俄国的共产主义已经“试验失败”,中国人绝对不能再走俄国人的老路。为了驳斥这些谬论,周恩来发表了《十月革命》一文,对伟大的十月革命作了高度的评价,指出,“俄国十月革命确为全世界的无产阶级奠定了革命始基”②,在热情歌颂十月革命的《俄国革命是失败了么?——质工余社三泊君》一文中,他针对无政府主义者三泊君

① 清华大学中共党史教研组:中国现代革命史资料丛刊,《赴法勤工俭学运动史料》第3册,北京出版社1981年版,第279—280页。

② 清华大学中共党史教研组:中国现代革命史资料丛刊,《赴法勤工俭学运动史料》第3册,北京出版社1981年版,第175页。

散布的谬论进行了有力驳斥。文章深刻指出，十月革命是历史发展的必然产物，俄国在列宁领导下从战时共产主义向新经济政策的转变，非但不是共产主义在俄国的失败，而恰恰是根据马克思主义的基本原理，对落后的俄国生产力进行改造，为过渡到社会主义准备物质基础。他对列宁能在国际国内形势发生变化之际，及时改变战略和策略的胆识，表示十分赞赏。他指出，通往共产主义的道路绝非平坦，但“社会主义不可侮，实已成了必然趋势。”①

经过蔡和森、赵世炎、周恩来等人的宣传，马克思主义在广大旅欧勤工俭学青年中得到了广泛传播，他们中的许多人开始改变自己的信仰，在思想上逐步地接受马克思主义。这其中，陈延年和陈乔年兄弟的思想转变颇具典型。陈延年虽然是中国共产党早期领导人陈独秀的长子，但是他早年却并不信奉马克思主义。1915 年，陈延年和陈乔年兄弟从老家来到上海学习，他们先进入同济大学学习，后来又进入复旦大学学习，在此期间，随着新文化运动的兴起，各种从西方传入的社会思潮在社会上传播。由于当时的中国是落后的农业国，国家积贫积弱，在帝国主义的入侵下，中国的小农经济逐步破产，广大的农民和小手工业者生活困苦，而随着大清帝国的灭亡，国内军阀混战，局面混乱。面对着这种严峻的国内状况，相当多的知识分子感觉到苦闷和绝望。恰在此时，无政府主义提倡不要政府，要绝对自由，加之无政府主义在 20 世纪初即由当时留学日本和法国的留学生和进行反清斗争的革命者介绍到了国内，在国内较早地进行了传播，因此它对不满当时社会状况的知识分子颇有吸引力。

① 清华大学中共党史教研组：中国现代革命史资料丛刊，《赴法勤工俭学运动史料》第 3 册，北京出版社 1981 年版，第 212—213 页。

辛亥革命之后，刘师复等人组织无政府主义组织，创办《民生》杂志，大力宣传无政府主义。1918 年，吴稚晖等无政府主义者又在上海创办《劳动》杂志，大力宣传无政府工团主义。《民生》、《劳动》等杂志的宣传对于从老家到上海来读书的陈氏兄弟产生了重要影响，他们对巴枯宁、蒲鲁东、克鲁泡特金等无政府主义者的思想产生了浓厚的兴趣，不仅读了国内无政府主义的译著，而且对法文版原著也进行了阅读。在这种痴迷无政府主义的情况下，他们和吴稚晖、黄凌霜、郑佩刚等无政府主义者密切往来。由于深受克鲁泡特金互助论的影响，1919 年 1 月，陈延年、黄凌霜、郑佩刚等人还在上海发起成立了进化社。进化社标榜其宗旨是“介绍科学真理，传播人道主义”，它宣传的主要内容是克鲁泡特金的互助论，宣扬互助是进化的要素，提倡“各尽所能，各取所需”的无政府、无私产、自由平等的互助生活，反对马克思主义阶级斗争学说。① 陈延年等人还组织出版了《进化》杂志，在第三期《为什么我们要发刊“师复纪念号”?》一文中，他们充分肯定刘师复宣传无政府主义的功绩，号召无政府主义者以刘师复为榜样，坚定自己的信仰，以无政府主义来反对军阀统治，反对马克思主义的传播。此后，五四运动爆发，陈延年兄弟受五四运动的洗礼，思想倾向有了一定的变化。

随着留法勤工俭学运动的兴起，作为这一运动组织者之一的吴稚晖，由于和陈独秀是挚友，同时与陈延年兄弟都是无政府主义团体的成员，因此极力向勤工俭学会推荐陈延年兄弟赴法学习。在吴稚晖的周旋下，1920 年 1 月，陈延年、陈乔年兄弟踏上了去往法国的旅

① 黎显：《陈延年》，广东人民出版社 1985 年版，第 7 页。

程。经过海上漫长的航行，他们终于在1920年2月初到达巴黎。到达法国之后，在华法教育会的帮助下，他们进入巴黎大学下属的阿里雍斯学校学习。在法国，陈延年兄弟依旧和国内的无政府主义者进行联系，经常写信给国内的黄凌霜等人。对于陈独秀委托来法的陈公培劝说其脱离无政府主义的思想，他们表示很不理解。

但是在深入地了解了资本主义国家的实际情况和1921年的三次斗争之后，陈延年兄弟的思想开始发生转变。1922年3月，陈延年的朋友李合林，痛感无政府主义不能拯救国家的危亡，枪击驻法公使陈箓未遂，自请入狱。这一事件，对陈延年兄弟影响极大。在此时，赵世炎等人对陈延年兄弟进行了积极的争取。在致陈公培的信中，赵世炎说道："李合林事后，安那其①朋友奋然而起。但以我观察，有一部分之安那其倾向颇变。其最著者为大陈——延年——趋向极为可爱，近日他们所出的《工余》杂志，竟高呼暗杀……革命……气魄可钦，惜我与二陈均无接洽，你可否速来一信，与之问讯，且探其动静"，"法国旧时安那其如二陈等近时倾向大变，望你们有私人关系者，速来接洽（即以青年团为题）"。② 此后，经过赵世炎等旅欧共产党人的宣传和教导，陈延年兄弟逐步脱离了无政府主义的信仰，他们开始认识到无政府主义虽然提倡破坏旧世界，但对于怎样建立一个新世界却没有阐述，不能称得上是一个完整无缺的思想体系。在赵世炎等人的帮助下，他们转而相信马克思主义可以救中国。

除了在旅欧勤工俭学青年中进行马克思主义的宣传之外，以蔡

---

① 安那其，即英文 anarchy，无政府之意。

② 清华大学中共党史教研组编：《赴法勤工俭学运动史料》，第二册（下册），北京出版社1980年版，第835—838页。

和森、赵世炎、周恩来为首的先进知识分子还积极在广大劳动人民之中宣传马克思主义。他们来到法国之后，深入工厂，深入煤矿，在和广大劳动人民的朝夕接触之中，熟悉和了解他们的工作和生活状况。初到法国的中国青年为了生存，要干许多的脏活累活，有的到市场打杂，推蔬菜，送牛奶；到火车站和轮船码头擦皮鞋；到建筑工地当小工和拌水泥拣石子；到大街去清垃圾；到饭馆当跑堂，削土豆皮等。① 而此时旅欧的中共领导人，也少不了要在工厂里做工。1920年6月底到达巴黎之后，赵世炎就开始了勤工俭学的生活。8月，赵世炎进入巴黎西郊工业区赛克鲁的一家钢铁工厂做工，过了不久，在10月份，他进入施奈得尔建的另一家钢铁厂工作。周恩来、李富春、王若飞、何长工等人，都分别在法国的"雷诺"汽车厂当过工人，对此，何长工曾回忆："我的工作是在巴黎近郊的比昂古尔区的'雷诺'汽车分厂。这是个大工厂，全厂有一万多工人。中国留学生中的赵世炎、李富春、王若飞、聂荣臻等同志都在这里做过工。后来，周恩来同志也到了这里。"②邓小平1920年到达法国之后，也曾深入工厂进行劳动。"1921年春，邓小平出现在布列塔尼的贝页中学，显然他是被送来进语言进修班的。后来，他到巴黎附近的工厂做工，住在拉加朗一科隆伯城。1922年2月，他又到离首都百公里的蒙塔尔吉当体力工人。同年秋天，在第戎附近的小镇夏蒂荣絮尔赛纳入夏蒂荣中学学习，但不久即返回蒙塔尔吉。1923年2月，他成了赫金森橡胶厂的雇员。6月又迁居到拉加朗——科隆伯，此后一直到离开法国时止，

① 何长工：《何长工回忆录》，解放军出版社1987年版，第30页。
② 何长工：《何长工回忆录》，解放军出版社1987年版，第31页。

他都在比扬古雷诺汽车厂做工。”①聂荣臻、李立三、傅钟等也在克鲁索钢铁厂做过工，对于这段生涯，聂荣臻曾回忆：“我进的第一个工厂是蒙塔尔纪的橡胶厂，负责检查轮胎，粗看一下，是否合乎规格要求，活不重，也比较简单，谁都能做。以后又到克鲁邹钢铁厂做工。这个厂的老板叫施奈得尔，所以也叫施奈得尔钢铁厂。它的规模很大，主要从事军工生产，有许多分厂，几乎一座城市全是它的。在克鲁邹，我炼过焦，这种活又脏又累。以后又做过钳工、车工，做钳工我老锉不好，做车工倒还容易些。我在克鲁邹干的时间比较长，从一九二一年初一直到这年秋天。”②此外，向警予在纺纱厂当过女工，徐特立在五金厂当过学徒工，还在饭馆当过厨师。

通过在工厂里的实际劳动，赵世炎等人对工人的生活状况有了更深入的了解，也增长了自己领导工人运动的才干。在和工人同吃同住的过程中，他们促膝长谈，通过和工人面对面的交流，不断启发他们的思想觉悟，在广大工人之中宣传马克思主义。1920 年底，英国爆发了 120 多万煤矿工人大罢工，此时奔走于法国、德国、比利时等国了解工人状况的周恩来立即前往英国。在对英国工人罢工进行实地考察后，他先后写了《英国矿工罢工风潮之始末》、《英国矿工罢工风潮之影响》等八篇通讯报道。在这些报道中，周恩来高度赞扬了英国煤矿工人团结战斗的精神，并用马克思列宁主义的观点考察、分析了国际问题和当时的工人运动，在当时产生了巨大影响。

在蔡和森、赵世炎、周恩来等早期马克思主义者的积极宣传下，

---

① 巴拉奇·代内什（匈牙利）著，阚思静、季叶译：《邓小平》，解放军出版社 1988 年版，第 35 页。

② 陈汉民：《聂荣臻回忆录》（上、中册），解放军出版社 1984 年版，第 20 页。

通过和无政府主义等思潮的论争,马克思主义在旅欧勤工俭学青年中得到了广泛的传播。通过和广大劳动人民广泛接触,马克思主义在欧洲的华工中也得到了广泛的传播。随着马克思主义的广泛传播,在旅欧的广大青年中建立中国共产党的早期组织就被提上了日程。

## 二、积极建立中共党、团组织

1921 年 7 月,中国共产党第一次全国代表大会在上海召开,宣告了中国共产党的正式成立。消息传到法国以后,深深地鼓舞了当时的旅法青年们。如前章所述,经历了 1921 年的“二二八”运动、拒款运动、占领里昂中法大学的斗争后,许多在法国勤工俭学的青年接受了洗礼,逐渐抛弃各种各样虚幻的主义,开始接受马克思主义。三次斗争的结果,也使得留法勤工俭学的青年们懂得了,只有更紧密地团结起来,才能够在法国生存下去。此时,留法勤工俭学青年中信仰马克思主义的一部分人,深深地感觉到应该创立一个统一的共产党组织,来宣传马克思主义。

由于当时的欧洲大陆,各种社会思潮泛滥,所以当时赴法勤工俭学的青年们思想并不统一,信仰各种主义的人都有,因此建立一个统一的、有战斗力的旅欧共产党组织也经历了一段曲折的历程。由于当时旅欧的中国青年中,中共党员人数相对较少,但是他们中的马克思主义信仰者颇多,因此,在旅欧勤工俭学的中国青年中建立共产党的组织就表现出了和国内不太一样的特点——具有共青团组织特点的中国少年共产党先成立，而正式的中国共产党旅欧支部成立时间则稍晚一些。

具有共青团特点的中国少年共产党的率先成立，和蔡和森、赵世炎、周恩来等人的努力是分不开的。当时在欧洲信仰马克思主义的中国青年，主要有以下几个团体：一，以蔡和森为精神领袖的新民学会会员为骨干的一批人，他们组织了一个名字叫工学世界社的组织，由于他们当时主要活动在法国的蒙达尼，因此被称为蒙达尼派。他们主张斗争，以自己的斗争来赢得生活权、工作权、学习权，因此也被人们称之为“革命派”。二，以赵世炎、李立三为领导的，主要活动在法国北部的克鲁邹地区，他们组织了一个名字叫劳动学会的团体。他们认为勤工是可行的，通过勤工就有了积蓄，因而可以俭学；即使不能够求学，劳动也是光荣的。当时的这两个团体，在许多方面的见解还是有分歧的。怎样团结这两个团体，组成一个信仰马克思主义的、有广泛凝聚力的勤工留学组织就成了一个迫在眉睫的事情。

以蔡和森为精神领袖的蒙达尼派，在国内的时候，许多人都加入了新民学会。新民学会于1918年4月14日在湖南长沙蔡和森家里成立。新民学会的成立，有着很深刻的时代背景，当时的中国，虽然辛亥革命的胜利，推翻了清王朝的统治，但是接下来的连年混战，社会更加黑暗。以蔡和森、毛泽东、萧子升等为首一些爱国青年们，对时局颇为不满，他们决定团结起来，探讨救国救民的道路，就是在这样的背景下，新民学会成立了。

新民学会成立后，就利用自身的影响，开展了一系列的活动，在20世纪20年代前后，他们先后参与组织了长沙的五四运动、驱逐军阀张敬尧的运动、湖南的自治运动和组织湖南籍青年赴法勤工俭学运动,在国内引起了强烈的反响。

回看新民学会成立后的发展轨迹,我们可以看到,随着吴稚晖、李石曾等人倡导的留法勤工俭学运动兴起,新民学会的活动逐渐分为两支。在国内,主要是毛泽东为首的一批人士,在湖南开展活动,进行马克思主义的宣传。另一支是在蔡和森的领导下,远赴法国,开展勤工俭学,这批人在法国一边工作,一边学习,在勤工俭学中完成了马克思主义思想的转变。新民学会的这两支力量,在以后的岁月里,相互影响,相互促进,共同促进了马克思主义的传播和发展。

由于以蔡和森为首的部分新民学会会员赴法勤工俭学,新民学会的组织拓展到了法国。通过新民学会这一纽带,在法国的许多勤工俭学青年们被组织了起来,这为旅欧共产党组织的建立创造了一个良好的组织条件。1919 年 12 月 25 日,蔡和森和母亲葛健豪、妹妹蔡畅以及向警予等一行人踏上了赴法国勤工俭学的旅程。经过漫长的航行,在 1920 年 2 月,他们一行人到达了法国,经过短暂的安顿,他们就到达了蒙达尼。蒙达尼的男子中学比较出名,蔡元培、李石曾都曾在这里学习。蔡和森顺利地进入了蒙达尼男子中学学习,葛健豪、蔡畅和向警予则进入了蒙达尼女子中学学习。此时,大多数新民学会的会员也进入了法国的各个学校学习。蔡和森的到来,使得在法勤工俭学的新民学会会员更好地团结在了一起。初到法国的蔡和森,就开始自学法文,了解当时法国社会的各种思潮,通过读报纸,他了解了许多关于欧洲工人运动状况和十月革命的知识,对马克思主义有了更深刻的了解。在此期间,蔡和森和向警予也因为共同的马克思主义的信仰走到了一起。蔡和森和向警予结成伴侣后,对马克思主义进行了深入的学习,写了大量的读书笔记,据一位当时留法的同学回忆："蔡和森同志到法国以后，在很短的时间内，收集了许多马列著作，介绍马克思主义和各国工人运动的小册子，猛看猛译。一面讲给我们听，一面写信到国内进行传播。我当时年纪小，文化水平又不高，这些著作中所讲的道理一时理解不了。但是，从蔡和森等年长的一些同志的谈话和辩论中，我也认识到俄国十月革命的道路好。只有像俄国那样先把中国的军阀政府推倒，再建立一个人人平等、没有压迫和剥削的新社会，那是最理想的了。"①蔡和森在法国的另一项工作，就是进行了马克思主义组织的建设工作。当时的法国，由于俄国十月革命的胜利和一战刚刚结束，社会上的各种思潮都十分活跃。初到法国的勤工俭学青年们，普遍地受当时法国环境的影响，信仰各种社会思潮者大有人在，其中信仰无政府主义的人最多。怎样把留法的青年们团结在马克思主义的信仰之下，就成了蔡和森急需开展的一项活动。因此，在和向警予、李维汉、萧子升等在法新民学会会员商量之后，蔡和森决定把在法国的新民学会会员集中到蒙达尼开会，讨论如何改造中国和世界等一系列问题，同时加强了在法新民学会会员之间的团结。

1920 年 7 月初，在法新民学会会员相继到达了蒙达尼，久别重逢，大家备感欣喜。7 月 6 日，蔡和森、向警予、陈绍休、萧子升、萧子暲、李维汉、张昆弟、罗学瓒、蔡畅、熊季光、熊淑彬、欧阳泽等 13 位新民学会会员在蒙达尼工学召开了会议，王若飞、袁子贞等人也应邀参加了会议。会议的宗旨是"改造中国和世界"，大家就个人的感想、会务的进行以及求学方法和个性批评等一系列问题进行了广泛深入

① 唐铎：《留法勤工俭学运动中的和森同志》，载《怀念蔡和森同志》，湖南人民出版社 1980 年版，第 42—43 页。

的交流。在这次会议上,针对如何改造中国和世界的手段和途径问题,大家进行了激烈的辩论,蔡和森和萧子升之间产生了明显分歧。蔡和森主张建立共产党的组织,实行无产阶级专政,用革命的手段,打破资产阶级的统治。萧子升主张实行温和的革命,以教育为手段的革命,比较倾向于无政府主义的蒲鲁东式的革命,他认为这种革命比较和缓,对社会的冲击不是太大。与会的人员,有的赞成蔡和森的主张,有的赞成萧子升的主张,大家对于是否组织共产党没有达成一致。会后,蔡和森、萧子升、李维汉、张昆弟、萧子暲等分别写信回国,向国内的新民学会及毛泽东等人报告蒙达尼会议的情形,并希望长沙会友多多地举行这种集会,大家交换意见,多多讨论问题。虽然这次会议没有就建立共产党组织达成共识,但却是新民学会会员到法国之后的第一次大集会,对于彼此的感情联络和思想交流还是起到了重要作用的。

7 月的蒙达尼会议之后,蔡和森认识到建立共产党的组织不是一蹴而就的,他觉得可以以留法的新民学会会员为骨干,进行马克思主义宣传,逐步地进行建立共产党组织的活动。这之后,蔡和森把自己的许多精力放到了改革和领导"勤工俭学励进社"的活动上来了。当时的勤工俭学励进社是一个抱有资产阶级工学互助幻想的团体,还没有充分的马克思主义的信仰,因此,对它的改造是迈向组织建设的第一步。

1920 年 2 月,李富春、李维汉、张昆弟、罗学瓒、贺果等人在蒙达尼发起组织了"勤工俭学励进社",简称"工学励进社",以工学主义为指导,其成员大部分是湖南留法勤工俭学的新民学会的会员。工学励进社的成立,是为了"在积极方面,想联络一般人共同做事,如储金、定书报，互相勉励，疾病救助，工学交互，及为将来别种建画之预备。在消极方面，可以免除孤独生涯之烦苦，及环境诱惑之堕落，及懒惰之预防等事。”①它的创立者，在国内受到了五四运动的洗礼，是一批爱国的进步青年。赴法勤工俭学之后，他们对当时法国流行的各种社会思潮都进行了了解，既受马克思主义著作的影响，也受无政府主义著作的影响。为了使这批进步分子坚定马克思主义信仰，逐步地放弃其他的主义，蔡和森主动同李维汉进行联系，将自己翻译的《共产党宣言》等关于马克思主义的小册子拿给他看，又多次找他和工学励进会的其他成员谈心。在蔡和森的帮助和影响下，他们对欧洲的工人运动、俄国的十月革命、孟什维克和布尔什维克的差异、列宁倡导下建立的共产国际等问题有了更加深入的了解，他们中的大部分成员逐步地放弃了原来坚持的工读主义救国的思想，转而开始信仰马克思主义。经过蒙达尼会议之后，他们迅速摆脱了工读主义的影响。

1920年8月，工学励进社召开会议，决定改名为工学世界社。工学世界社社址设在蒙达尼，新民学会会员在其中发挥着核心作用。这次改名会议中，又有许多留法青年加入该组织，他们之中有颜昌颐、唐灵运、郭春涛、欧阳钦、萧子暲等同志。在工学世界社成立大会上，蔡和森作了《怎样救中国》的讲演，驳斥了各种错误的“救国”方法，引起了广泛的关注。工学世界社成立之后，即把宣传马克思主义和俄国十月革命当成一项重要的任务，社员们收集了几百种新思潮书报杂志和各种小册子，其中有法文版的《共产党宣言》、《社会主义从空想到科学的发展》、《国家与革命》、《无产阶级革命与叛徒考茨

① 李永春编著：《蔡和森年谱》，湘潭大学出版社2008年版，第56页。

基》、《共产主义运动中的“左派”幼稚病》，以及法国共产党《人道报》、《共产党月刊》、《俄事评论》、共产国际的出版物《妇女声》、《女权报》等，由社员分头进行翻译和研究。

经过这些宣传，工学世界社在留法学生中的影响逐步扩大，勤工俭学的学生和在法华工中的不少先进分子，纷纷参加工学世界社组织的活动，工学世界社的社员也猛增到二三百人。这之后，在 9、10 月间，蔡和森和李维汉进一步组织了工学世界社的社员们在蒙达尼中学召开会议，进一步讨论和纠正了部分社员信奉无政府主义、国家主义、工学主义等倾向。经过思想的改造和组织的完善，工学世界社成为了一个带有社会主义性质的团体。

在蔡和森等新民学会会员改造工学励进社为工学世界社的时候，以赵世炎和李立三为核心的另一留法勤工俭学的学生群体也在法国的克鲁邹地区组织了劳动学会这一具有社会主义性质的团体。

赵世炎，1901 年出生在重庆酉阳。他成长在一个思想进步的家庭里，他的二哥赵世珏早年参加同盟会，积极参加孙中山领导的民主革命，十分注意向弟妹们灌输民主革命的思想，赵世炎小时候就深受他的思想影响。1915 年，赵世炎通过考试进入北京高等师范学校附中学习，受陈独秀等人主办的《新青年》的影响，思想日渐进步。在新文化运动中，他表现积极，被师大附中的学生们选为学生会干事长，参与领导了师大附中学生们的爱国运动。1917 年，赵世炎结识了李大钊，在李大钊的影响下，他的爱国主义思想有了新的发展，开始逐步接受了革命民主主义思想。1919 年，在李大钊介绍下，赵世炎加入中国少年学会，在其中表现十分活跃，组织出版了《少年》半月刊，宣传进步的思想。五四运动之后，伴随着劳工神圣的呼声和留法勤工俭学的热潮，赵世炎决定参加赴法勤工俭学，进一步探求救国救民的真理。1919年秋，他进入吴玉章主办的北京法文专修馆学习法文，为赴法勤工俭学做准备。

1920年4月，赵世炎结束了在法文专修馆的学习，5月9日，他和一百多位赴法勤工俭学的青年们，在上海搭乘法国“阿芒贝尼克号”船启程去法国。经过近两个月的航行，6月底他们到达了巴黎，经过短暂的休息，他就进入了法国的钢铁工厂里做工。此时的法国，深受战后经济萧条的影响，工厂经营状况普遍堪忧，工人大批失业，赵世炎也不可避免地失业了。但是短短几个月的工厂生活，让赵世炎对资本主义社会有了更深刻的认识。他通过深入工厂和工人，认识到当时盛行的无政府主义并不能够达到救国救民的目的，劳动阶级是伟大的，工人之中蕴藏着巨大的力量。要改造当时军阀混战的中国社会，需要走俄国十月革命的道路。当时的留法青年有一千二百多人，生活颇为困顿，大多数学生面临无工可做的局面，许多人面临着要不要坚持勤工俭学的困扰。在这种局面下，赵世炎一边安慰大家，找不到工作只是暂时的，一边团结广大的勤工俭学学生，主张大家组织在一起，共渡难关。于是，他联系了李立三、陈公培、刘伯坚、袁庆云、鲁易、周钦岳、熊自难等人，发起组织了“劳动学会”，来团结广大的留法勤工俭学同学。劳动学会刚刚成立的时候，准备定名为“共产主义同盟会”，但是由于此时会员们的信仰并不统一，有的信仰马克思主义，有的则信仰无政府主义、工读主义等思想，因此兼顾各种意见，才取名叫“劳动学会”。

“劳动学会”成立之后，非常重视工人运动，积极在工人中扩大影响。当时在法国，由于第一次世界大战爆发后，法国国内劳动力缺乏，有大批的华工来法，这些华工大多数是来自河北、山东、江苏、广东等省的贫苦农民。战争期间，他们承担了繁重的军事劳役，第一次世界大战结束之后，他们的大多数没有回国，继续参加着法国的战后重建工作。虽然他们为法国的建设作出了巨大的贡献，但是在当时的法国，他们仍然处在社会的最底层，经济上生活窘迫，政治上没有地位。看到这种状况，赵世炎等决定在华工中间活动，把他们组织起来。赵世炎和李立三在组织"华工组合书记部"作为领导华工的核心的同时，还在华工中建立了"消费合作社"、"工余读书会"等组织。主办了《华工周报》，用以动员和鼓励广大华工团结起来，为反掠夺、争自由而战。他们还通过文娱活动、教识字、讲课等多种方式，利用"五一"节和"双十"节，组织勤工俭学学生到各地的华工中去演讲，提高华工的思想觉悟。① 当时的劳动学会会员，每个人都必须找一个在法的华工做朋友，去了解他，并以此为基础，扩大劳动学会的影响。他们"每星期日去他们住的工棚，谈谈生活工作状况，国内外时事，帮助他们写写信，或替他们办点临时托办的事"②，通过这些举动，劳动学会在华工中迅速扩大了影响。

在注意团结工人的同时，赵世炎等人积极地进行了马克思主义的宣传。在赵世炎等人的宣传下，马克思主义在华工和留法勤工俭学学生中得到了广泛的传播，许多人开始抛弃无政府主义、工读主义等思想，转而相信马克思主义。当年留法勤工俭学的同志回忆说："如果没有世炎同志经常向大家讲解，我们对马克思主义不可能懂

① 彭承福：《赵世炎》，重庆出版社 1983 年版，第 18 页。
② 张洪祥：《留法勤工俭学运动简史》，黑龙江人民出版社 1982 年版，第 72 页。

得那么快。"①正是在赵世炎等人的努力下，劳动学会的成员们逐步成了马克思主义的信仰者。在劳动学会会员思想转向马克思主义的时候，赵世炎积极努力，扩大马克思主义在留法学生组织中的影响。他以劳动学会为核心，联合勤工俭学同盟、勤工俭学互助团、劳人会、工学实践团等在法勤工俭学学生组织，组成以"工读、互助、改造社会"为宗旨的勤工俭学学会。勤工俭学学会人数众多，陈独秀的儿子陈延年、陈乔年以及王若飞、张伯简、罗汉等都是该组织的重要成员。勤工俭学学会是一个具有马克思主义信仰的组织，他在赵世炎的领导下，以劳动学会为核心，积极地进行工人运动，在工人中颇有影响。

赵世炎在赴法勤工俭学的前夕，就在上海加入了党的早期组织，到了法国之后，他还和国内的陈独秀、李大钊等人保持着联系。在国内各地中共的早期组织纷纷建立的时候，赵世炎深深地感受到在欧洲建立一个统一信仰的共产党组织的迫切。1921 年爆发的"二二八"运动恰好为在法的留学生组织的团结提供了一个契机，经过"二二八"运动之后，以蔡和森、李维汉、张昆弟为首的"蒙达尼"派和以赵世炎、李立三为首的"劳动学会"派认为消除两者之间的隔阂，实现留法勤工俭学学生的团结，必须提上日程了。据李立三回忆："在巴黎时，我和世炎同志研究过一个问题，即与蔡和森等同志的团结问题。我们始终认为和森、蔡畅、李维汉、李富春等同志虽未参加勤工俭学会，但他们和我们同是主张革命的，而且当时和森同志明确宣传马克思主义。他们当时组织了工学世界社。因此，决定主动地和他

① 王元年:《赵世炎与"中国少年共产党"》，摘自《史学集刊》1983 年第 4 期，第 52—53 页。

们联系,由世炎同志给和森同志写信。”[①]此后,赵世炎在去克鲁邹工厂的时候绕道蒙达尼,与蔡和森面对面地交换了意见。经过两三天畅谈,赵世炎和蔡和森消除了彼此间的分歧,取得了一致意见,“双方都表示争论已经过去,今后共同研究问题,共同革命,大家都谈马克思主义”[②]。与蔡和森达成共识之后,赵世炎和李立三等人为了更好地在华工和留法勤工俭学学生中开展工作,认为必须组织一个共产主义同盟会,来统一领导华工和留法勤工俭学学生。为此,赵世炎写信给蔡和森征求意见,蔡和森非常高兴地回了信。在信中,蔡和森建议这一组织取名叫“少年共产党”,赵世炎对此表示同意。在这频繁的交流中,中国少年共产党的成立逐步提上了日程。

此后,由于蔡和森、陈公培、李立三、陈毅等人因参加进占里昂中法大学的运动被法国当局遣送回国,负责召集欧洲各地信仰共产主义的同志在法国开会的任务就落在了赵世炎、周恩来等人身上。1921 年底,赵世炎和周恩来发起,邀请在法国的部分团体代表相聚巴黎,商讨组织“中国少年共产党”事宜。经过激烈讨论,代表们就“中国少年共产党”的组织、纲领等达成了协议,并进行了在欧洲各地发展和建立“中国少年共产党”基层组织的分工,决定赵世炎、李维汉等留在法国,派张申府、周恩来等去德国,聂荣臻、刘伯坚等去比利时,分别扩大影响,发展组织。

1922 年上半年,赵世炎、周恩来等人进行了紧张的筹备和组织工作。在当时十分困难的情况下,赵世炎、周恩来等人用自己高度的

① 清华大学中共党史教研组编:《赴法勤工俭学运动史料》,北京出版社 1981 年版,第 437 页。

② 《李立三同志对赵世炎同志的回忆》,摘自《“一大”前后》,人民出版社 1980 年版。

热情，与各方面进行沟通和协调。赵世炎通过已被法国当局遣送回国的陈公培和国内的党中央进行联系，积极汇报情况，取得指导。1922年4月25、26、30日，他连写三封信给国内的陈公培，介绍情况，并告诉说："1.欧洲方面决定成立一个青年团（大约一月以内可以完成，因为现在开会地址是很难觅）。2.青年团的开始仍取极端严格手续，将来是否做公开的运动，可由成立开会时决定之，决定后再报告国内。现在人数因系严格，大约法国二十人，比国七八人，德国六七人。但现在工学世界社维汉、世伦诸人务要强迫全社加入，在该社以去就力争。我本只请求他们出以个人行动，但他们务要如此，因此人数殊不可予定，一切将来自有报告。3.支部暂时决不提及，况现已有代表团（申府等在德发起的，我亦承认），有事以此与人接洽便是；况青年团不久亦告成。我们已认定青年团之内幕即少年共产党，故与国际党人接洽有青年团亦可。"①

在这些通信中，赵世炎详细询问了国内党、团组织的情况，如提出："a.青年团有否总机关，并除章程外尚有其他规约或印刷品否？如有请即转告速寄来（暂时先寄我）。b.凡关于CP之重要印件，亦请你随时寄我。c.青年团对CP之关系如何？常有何义务与责任？应与何机关接洽？国内青年团是以地域建立，抑只总的一个？执行委员会如何组织法？产生法？或还有其他详情，都望一一见告。d.在欧组织后，大家都是靠做工生活的，故公共经费必不充足，然将来向国内购书报为第一要事，绝无疑义，而且不能迟延。我以为此事既属有益，你能否先向'出版机关（或发行机关或总部）代为要求，即开

① 赵世炎：《赵世炎选集》，四川人民出版社1984年版，第72页。

始将书报等陆续寄来（暂时亦可直寄我）?”①通过和国内挚友的通信联系，赵世炎对于团与党的关系以及团组织机构的建立原则等一系列重大问题有了一定的了解。1922 年 5 月 1 日，赵世炎从法国北方回到巴黎，随后为了做好建团的准备工作，他日夜奔走于蒙达尼、里昂和准也儿等地，同各地进步分子联系磋商。② 周恩来也为此进行了大量宣传和组织工作，他不顾辛劳，频繁往来于德国和法国之间，向在德、法两国的勤工俭学青年们作形势报告，结合当时的现实，用马克思主义的理论来介绍当时劳工问题。他认为革命能否深入，就在于能不能建立一个以共产主义思想为指导的、代表无产阶级利益的“先驱”和“前卫”的组织。经过这些宣传，广大勤工俭学青年意识到建立旅欧革命组织的重要性和迫切性。

1922 年 6 月，“中国少年共产党”成立大会在巴黎西郊的布伦森林中举行。出席这次会议的有赵世炎、周恩来、李维汉、王若飞、陈延年、刘伯坚、余立亚、袁庆云、王凌汉、陈乔年、傅钟、萧朴生、萧子暲、汪泽楷、李慰农、郑超麟、尹宽、任卓宣（叶青）等 18 人。③ 这其中赵世炎、李维汉、王若飞、萧朴生、萧子暲等人来自法国，周恩来来自德国，刘伯坚来自比利时。这 18 位会议出席者代表了当时在欧洲信仰共产主义的进步分子三四十人，其中，“大约法国二十人，比国七八人，德国六七人”。④ 开会的地点选在布伦森林中的一片小空场上，一个经常在那里主持露天咖啡茶座的老太太租给代表们十八把椅

① 赵世炎：《赵世炎选集》，四川人民出版社 1984 年版，第 72 页。
② 彭承福：《赵世炎》，重庆出版社 1983 年版，第 23 页。
③ 鲜于浩：《留法勤工俭学运动史稿》，巴蜀书社 1994 年版，第 256 页。
④ 赵世炎：《赵世炎选集》，四川人民出版社 1984 年版，第 71 页。

子，赵世炎和周恩来一起组织了这次成立大会。赵世炎向大会作了筹备工作报告，周恩来则向大会报告了他起草的组织章程。经过三天的充分讨论，会议决定正式成立“中国少年共产党”，作为信仰马克思主义的旅欧勤工俭学青年中统一的革命组织。经过民主选举，与会代表决定由赵世炎、周恩来、李维汉三人组成中国少年共产党执行委员会，赵世炎任书记，周恩来负责宣传工作，李维汉负责组织工作。三人分别以“乐生”、“伍豪”、“罗迈”的化名对外开展工作。此外，为了保密，参会的其他人员也以化名开展工作，如陈延年化名“林木”，王若飞化名“雷音”，陈乔年化名“罗丝”等。

中国少年共产党执行委员会的办公地点设在位于巴黎 13 区意大利广场附近戈德弗鲁瓦街 17 号的一个小旅馆内。中国少年共产党的成立，使留法勤工俭学运动的斗争揭开了新的篇章，旅欧勤工俭学生和华工有了统一的共产主义组织。

中国少年共产党成立后，即组织了“马克思主义研究会”，积极宣传马克思主义，在旅欧勤工俭学生和在欧华工中，开展了一系列对中国革命具有深远影响的活动。在周恩来等人的主持下，“少共”对宣传工作格外重视，1922 年 8 月 1 日，“少共”机关刊物——《少年》出版了。这一刊物由赵世炎和陈延年亲自编写刻印，共刊出 13 期。《少年》系油印刊物，每期 30 页左右，每期最初售价包括邮费为 0. 5 法郎。《少年》月刊对深入宣传马列主义发挥了巨大作用，在《少年》的封面上，经常印有马克思、恩格斯、列宁等人的教导，在正文中也刊有许多马克思列宁主义的著作，如列宁的《共青团的任务》，马克思的《历史要走到无产阶级专政》（《法兰西内战》的一部分）、《离开政治的性质》（马克思 1873 年写作于伦敦），此外还有许多介绍革命导师生平与学说的文章，如《马克思——共产主义创造者》、《马克思主义辩证法底几个规律》等。针对当时旅欧勤工俭学青年们的思想状况，《少年》登载的相当一部分文章集中论述了在中国实行马克思主义的迫切性。当时在欧洲，第二国际主张的改良主义甚嚣尘上，他们主张通过议会斗争的方式使工人阶级逐步登上政治舞台，对旅欧青年的影响颇为巨大。因此，教育广大旅欧青年脱离这种改良主义信仰，认清中国必须走共产主义道路是极为迫切的任务。在《少年》第 2 期上，周恩来著文《共产主义与中国》，文章认为：中国要富强，就必须解决经济问题和政治问题，在经济上不能走资本主义"开发实业的道路"，因为那样只会把中国变为外国资本主义舶来品的销售场，或者把中国的资源、设施间接直接都归到外国人手里，造成中国困苦颠连，以至历劫难复。……只有一个办法——就是搞共产主义革命，才能够担当起改革经济、政治的重任。① 《少年》还以大量的篇幅与无政府主义、国家主义、基尔特社会主义、胡适的"好政府主义"、张君劢的"德意志社会民主主义"以及法国工团主义等各

《少年》杂志

① 张洪祥、王永祥：《留法勤工俭学运动简史》，黑龙江人民出版社 1982 年版，第 110 页。

种非马克思主义的思潮进行了针锋相对的斗争。

现在研究这段历史，我们应该看到，“旅欧中国少年共产党是社会主义青年团一类的组织，而不是中国共产党的旅欧支部。”①笔者对这一观点深表赞同。

中国少年共产党成立之后，即将会议的情况向国内的团中央作了汇报；1922 年 11 月 20 日，又委派李维汉回国，向团中央正式接洽，要求将中国少年共产党附属于国内的社会主义青年团，作为它的旅欧支部。1923 年 1 月初，“少共”接到中共中央的指示信，要求他们“依中央第 10 次会议议决国外组织的办法加入青年团”。② 于是，在 1923 年 2 月 17 日至 19 日，中国少年共产党在巴黎西郊的一个小镇的礼堂中召开了一次临时代表大会，参加这次会议的代表共 42 人，其中有袁子贞、马志远等从华工领导人中发展的代表。在这次会议上，中国少年共产党更名为“旅欧中国共产主义青年团”（又称“中国社会主义青年团旅欧支部”），因为赵世炎、王若飞、陈延年等一部分人即将赴苏联学习，这次会议选举周恩来、尹宽、汪泽楷、任卓宣、萧朴生为执行委员。周恩来在这次会议上接替赵世炎当选为书记，尹宽、汪泽楷、萧朴生、任卓宣等人则分别负责“共产主义研究会”、“学生运动委员会”、“华工运动委员会”及“出版委员会”，刘伯坚、袁子贞、王凌汉三人当选为候补委员，由他们组成领导机构——旅欧共青团执行委员会。1923 年 3 月 13 日，周恩来写了《报告第一号》，向国内的团中央汇报了临时代表大会的内容、经过和相关情形。在此过程中，他们收到了中央的回信，正式同意他们加入中国社会主义青年

---

① 鲜于浩：《留法勤工俭学运动史稿》，巴蜀书社 1994 年版，第 256 页。

② 郑名桢：《留法勤工俭学运动》，山西高校联合出版社 1994 年版，第 85 页。

1923年2月，中国少年共产党临时代表大会在巴黎召开。这是与会代表在巴黎郊外布伦森林合影。

团。见信之后，周恩来兴奋地说："我们现在已正式为'中国社会主义青年团'的旅欧成员了，我们已立在共产主义的统一旗帜之下，我们是何等荣幸！你们希望我们'为本团勇敢忠实的战士'，我们谨代表旅欧全体团员说：'我们愿努力毋违'！"①

此后，旅欧中国共产主义青年团即积极地活跃在旅欧勤工俭学学生和华工之中，他们先后成立了"共产主义研究会"、"华工运动委员会"，开办华工夜校、华工俱乐部，举行各种报告会、演讲会，设立"学生运动委员会"。通过这些组织活动，他们提高了华工和勤工俭

① 郑名桢：《留法勤工俭学运动》，山西高校联合出版社1994年版，第85页。

中国社会主义青年团旅欧区第五次代表大会的代表在法国巴黎合影（1924年）

学学生的思想觉悟，旅欧中国共产主义青年团逐渐成了组织广大华工和勤工俭学学生的领导核心。在旅欧中国共产主义青年团的影响下，旅欧勤工俭学青年在法、德、比等国建立的共产党小组也得到了迅速发展，这就为统一的中共旅欧支部的成立创造了条件。

由于当时中国共产党尚处于成立初期，党员人数很少，在欧洲的党员就更少了。1922年6月，陈独秀写给共产国际的报告中说，此时旅欧的中共党员“留法国二人，留德国八人”①。据此我们知道，当时在欧洲的中共党员人数是较少的。因此，中国共产党旅欧支部的正式成立反而比旅欧的共青团组织——中国少年共产党成立要晚一

① 中央档案馆编：《中共中央政治报告选辑》（1922—1926年），中共中央党校出版社1981年版，第1页。

1921 年春，周恩来加入中国共产党。这是他和入党介绍人张申府（右一）、刘清扬（右二）在柏林万赛湖。

些。中国共产党旅欧支部的成立和法国、德国、比利时三国的共产党小组的发展是息息相关的。在中国少年共产党成立并稳步发展的过程中，法国、德国、比利时三国的中国共产党员人数也在不断地增加。当然，法、德、比三国的共产党小组成立和发展经历了一个逐步演化的过程，而这一演化过程和旅欧勤工俭学的先进青年们是分不开的。

早在 1921 年春，在法国巴黎，已经有了秘密的共产党小组，这一组织的成员包括张申府、刘清扬、周恩来、赵世炎、陈公培等人。1920 年 11 月，北京中共早期组织的发起人之一张申府准备赴法。在赴法前，张申府拜会了陈独秀，并受到陈独秀的委派，在欧洲筹建共产党的组织。1921 年春，他先介绍了刘清扬入党，接着他们两个人又作为周恩来的入党介绍人，介绍周恩来入党。而此时，先期到达法国的赵世炎、陈公培是在上海入的党，他们又通过陈独秀的关系，联系上了张申府。1921 年 3 月，中共留法小组在他们五个人的发动下成立了。随后，中共留法小组得到中共中央的通知，从此他们成为了中国共产党的组成部分。当时在国内秘密出版的《共产党》月刊等刊物也经常通过秘密的渠道寄给他们，使他们能够了解国内的中共中央的动态。就这样，中共留法小组和国内党组织的联系日益加强。中共留法小组成立之后，就积极地在旅法勤工俭学学生中开展工作，希望建立一个统一的共产党组织。其中，除陈公培因参加 1921 年 9 月进占"里大"的斗争而被法国当局遣送回国外，其他四名成员都是稳定的，没有脱离组织的现象。他们联系密切，不定期地举行小型的聚会，探讨交流自己对马克思主义的学习。他们一开始即明确自己是共产党的组织，这一点，它和国内的几个共产党的发起小组是一样的。据张申府后来回忆说："我和周总理、刘清扬、赵世炎、陈公培成立了小组。没有正式名称。成立以后报告了陈独秀。"巴黎共产主义小组成立以后，"小组一直是五个人，后来小组的事，就由周总理他们管了，我不怎么管。"由此，我们可知，周恩来和赵世炎在中共留法小组中发挥着重要的作用。

1922 年春，因为当时德国的生活费用相比法国要低廉一点，周恩来、张申府、刘清扬等人就从法国迁居到了德国柏林。在德国，他们和早已到达这里的中共党员张伯简（他是在国内入的党）、熊雄等取得了联系，组成了中国共产党旅德小组。这时，新由国内到达德国的共产党员李季也和他们进行了联系，加入了这一小组。这样，旅欧的中共小组就由法国扩展到了德国，人数上也由原来的四人增加到了十人左右。后来成为红军总司令的朱德就是在这个时候加入的中国共产党。1922 年 9 月，朱德和好友孙炳文踏上了去欧洲的旅程，

1923年，在德国哥廷根留学时的朱德

他们辗转到达巴黎，“在巴黎，他们住在一个中国商人家里。他们听说中国留法勤工俭学学生最近建立了中国共产党旅欧支部，就千方百计地去打听这个支部的负责人是谁。几经周折，终于打听到了：旅欧支部的领导人叫周恩来，住在德国柏林。他们兴奋极了，急忙从巴黎乘火车赶到了柏林。……经过长时间的交谈，朱德那种旺盛的革命热情和追求真理的顽强精神，使周恩来深深感动了。周恩来表示同意介绍他入党。不久，经过党组织批准，朱德正式加入了中国共产党，并作为一个秘密党员参加了党的活动。”① 按照当时中国共产党的组织规定，在党员人数较少的情况下，需设立“通讯员”与中央机关保持联系。因此他们商定由赵世炎任中共中央驻巴黎通讯员和中共留法组组长，张申府任中共中央驻柏林通讯员。

中共留法组、中共留德组相继成立后，1923年春，在比利时，旅比的中国勤工俭学学生，也组织了中共留比组，其成员有刘伯坚、聂荣

① 纪承：《老一辈无产阶级革命家故事——朱德》，山东人民出版社1984年版，第42页。

臻、汪泽楷、熊味根等人。对此，聂荣臻曾回忆："一九二三年初，我由赵世炎、刘伯坚同志介绍，参加了中国共产党。"①

这样，在法、德、比三国都建立了中国共产党的小组，使得在欧洲的中共党员人数逐步增加，截至1923年春，中共留德组的成员有张申府、刘清扬、周恩来、朱德、高语罕、孙炳文、郑大朴、熊雄、熊锐、廖焕星、王圭等，中共留法组的成员有赵世炎、王若飞、陈延年、陈乔年、萧三等，中共留比组的成员有刘伯坚、聂荣臻、汪泽楷、熊味根等，他们构成了中国共产党旅欧支部的雏形。

考察这一时期的中共旅欧支部，可以看到当时中共旅欧支部的大部分成员都同时担任着"少共"的领导工作，因此现今的许多研究容易把两者混淆。对于这段史实，我们要了解旅欧党、团组织的互动与合作。

在旅欧支部成立的过程中，由于它的大部分的成员都是原来"少共"的成员，因此它的成立和发展与"少共"的成立和演化息息相关。在许多事情上，旅欧党团组织是相互配合的。对此，聂荣臻曾回忆，1923年初，他由赵世炎、刘伯坚介绍入党，因为"当时旅欧学生中的党员很少，在比利时就只有刘伯坚、熊味根和我三个人。在整个欧洲，也只有一个共产党的小组，附在团组织里面，一切公开活动，都用团的名义，党组织从不出面。后来我们到莫斯科，国内去的同志听说我们旅欧学生中党员很少，就说，你们入党的条件掌握得也太严了，其实你们的团员，大多数都够党员的条件。因此，我在莫斯科学习时，党组织经过酝酿，确定把旅欧的团员，全部转为党员。"②由此，我

① 陈汉民：《聂荣臻回忆录》（上册），解放军出版社1984年版，第29页。
② 陈汉民：《聂荣臻回忆录》（上册），解放军出版社1984年版，第28—29页。

们可以看出，在当时的条件下，旅欧党团组织的活动，许多时候，存在“一套人马，两套系统”的情景，许多党支部的成员同时也是团支部的成员，而团支部的成员在符合条件的情况下，也可以由党员介绍加入党的组织。

由于中国共产党自成立之日起就是一个有着严密纪律的党，因此中国共产党旅欧支部这一名称的演变也是严格依照党章来进行的。考察中共成立早期的章程我们可以看到：

1922 年 6 月党的“二大”通过的《中国共产党章程》规定的基层组织为“组”；1923 年 7 月党的“三大”通过的《中国共产党第一次修正章程》规定，“党员五人至十人均得成立小组”。结合法、德、比三个小组的活动和当时的中共党员人数，我们知道，此时旅欧支部的雏形已经具备了，但是正式的旅欧支部还没有成立。1924 年 10 月，中共留法组织接到中共中央有关留德、留法组织合并的指示。遵照中共中央的指示，1925 年 3 月，德、法两个共产党小组进行了合并，改称中国共产党留德法组。1925 年 1 月，中共四大通过的《中国共产党第二次修正章程》中规定：“凡有党员三人以上均得成立一支部，每支部公推书记一人。”①根据这一变化和国内的指示，1925 年 3 月 11 日，中国共产党留德法组改为中国共产党旅欧支部，并选举任卓宣为书记。随后，1925 年 4 月 22 日，中共旅欧支部执行委员会决定支部书记一职由萧朴生担任。截至 1925 年 5 月，中共旅欧支部共发展党员 70 名，其中正式党员 25 名。党员的分布状况是：德国 13 名，

① 《中共中央文件选集》（第一册），中共中央党校出版社 1989 年版，第 312 页。

奥地利1名，比利时3名，法国53名。[①] 由此，我们看到中共旅欧支部的成立是经历了一个逐步演化的过程，而这一过程又深受国内中共中央的影响。尽管法、德、比三个共产党小组的活动使得中共旅欧支部的成立早早地具备了雏形，但是中共旅欧支部这一名称的正式确立其实要到1925年。当然，法、德、比等几个共产党小组作为中共旅欧支部的雏形，在其存在及逐渐统一为中共旅欧支部过程中，积极宣传马克思主义，引导旅欧勤工俭学青年在信仰上完成了向马克思主义的转变。

中共旅欧支部的成立，是周恩来、赵世炎等人实践马克思主义建党思想的成果，他们不但组建了旅欧党团组织，而且领导了其工作。中共旅欧支部为响应国内党的活动和革命斗争，先后展开了一系列重要的革命活动，从而有力地推动了建党初期马列主义的传播，积累了建党工作的宝贵经验，并为中国革命事业输送了大批优秀的共产主义战士。他们深刻认识到："只有造成强固的共产党"，"公开的共产党，强有力的共产党，极有训练的共产党，万众一心的共产党，中国事乃有可为。"在领导旅欧党团组织的实践中，周恩来非常强调党的思想建设，注重培养党员注重实际的精神，在党内主张建立民主集中制，对中共的理论建设作出了宝贵的贡献。毛泽东评价说，国内筹组共产党时，"在法国许多工读学生们组织了中国共产党"，"它的成立差不多是和在中国国内的组织同时开始的"，并把周恩来、蔡和森等称为中国共产党的"发起人"。可见旅欧党团组织的建立，是中国共产党创立活动

---

① 《中共旅欧支部书记萧朴生关于归国去俄学习等问题给中共旅莫支部信》，1925年5月22日。

的重要组成部分，在中国共产党的历史上具有不可替代的作用。

中共旅欧支部在其成立的前前后后，做了许多的工作来宣传马克思主义，进一步促进了广大旅欧勤工俭学青年的思想觉醒。

《赤光》杂志

在宣传上，由于革命形势的转变，1923 年 12 月《少年》半月刊停刊，改为《赤光》半月刊，并在 1924 年 2 月 1 日发行首刊。《赤光》的印刷数量和发行范围比《少年》更大，战斗力也更强。在《赤光》第一号卷首发表的《赤光的宣言》一文中，详细阐述了用《赤光》代替《少年》的原因以及《赤光》的办刊宗旨。其中写道：

首先，我们知道，我们远处欧洲的中国国民，对于我们故乡的政治经济现状常有隔膜而不谙内情的苦闷，为要助大家解此苦闷，我们不但要评论中国时事，且更愿为大家指出他的乱源所在和他的解脱之方。

次之，我们很知道现时的中国已成为列强共管的半殖民地了。若是我们对于国际情势还不能十分熟习且更不知其万恶之源何在，则拯救中国的方法也必不能找到是处。

再则，我们又知道旅居在欧洲的国人大都具有充分的救国热诚，只以救国之方多未能趋于一致，且常有因囿于一隅之见而深拒固绝的反对国民联合。我们现愿诚恳而忠实地给大家指示出救国的唯一道路和其他转弯拐角迂拘而不可能的途径。

总此，我们所认定的唯一目标便是：

反军阀政府的国民联合。

反帝国主义的国际联合。

但我们这种鼓吹，也决不是武断的主张。我们是要以科学的方法综合而条理出各种事实来证明我们的主张无误。本此，便是我们改理论的《少年》为实际的《赤光》的始意，同时也就是《赤光》的新使命了。①

据此，我们可以知道，把偏重于理论的《少年》半月刊，改刊为注重于实际斗争的《赤光》杂志，是因为中共旅欧党团工作更加重视革命斗争，这和国内的反帝反封建的革命热潮是紧密相连的。《赤光》创刊后，周恩来、李富春、邓小平、萧朴生、蔡畅等人在《赤光》上发表了许多的文章。仅周恩来在《赤光》上就发表了三十多篇重要文章，如《军阀统治下的中国》、《国际帝国主义乘火打劫的机会又到了》、《救国运动与爱国主义》、《列强共管中国的步骤》、《革命救国论》、《三百多条生命换来这样三条要求》等，对中国社会各阶级和中国革命进行了具体深刻的分析。在《军阀统治下的中国》的一文中，周恩来说："新旧军阀既都不足恃，所可待以救中国的，只有全中国的工人、农民、商人、学生联合起来，实行国民革命。而现时中国国民党实在此国民革命群众的地位上。……许多的革命潮头已渐涌起于冷净

① 王永祥、孔繁丰、刘品青：《中国共产党旅欧支部史话》，中国青年出版社1985年版，第120页。

无波的中国民众海中，我们相信不久全中国的工人、农民、商人、学生将会崇尚前锋来做弄潮人。”①在《救国运动与爱国主义》一文中，周恩来说：“我们为救国而倒军阀，倒国际帝国主义，但我们心中却不容丝毫忘掉与我们受同样苦痛的全世界无产阶级和弱小民族，亦即全世界的被压迫阶级。并且我们若认清事实，果想将军阀打倒，国际帝国主义打倒，我们也非与全世界被压迫阶级联合一致来打此共同敌人不可，故我们的救国运动乃建立在国际主义上面。”②在《赤光》的宣传下，旅欧的勤工俭学青年们对马克思主义和日渐兴起的国民革命有了更深刻的了解。

《赤光》上的文章题材有论文、通讯、诗歌等，形式多样，同时它还开辟了“读者论坛”，发行“专号”、“特刊”等，这些都赢得了广大读者的喜爱。通过这一系列的手段，《赤光》对中国革命的现状、中共的方针政策，以及民主革命的要求和步骤等，进行了广泛的宣传。从《少年》到《赤光》，中共旅欧党团组织的主张得到了迅速的传播，而这都是在极其困难的条件下完成的。当时这些刊物的编辑部设在巴黎南部意大利广场附近的一个简陋的小旅馆之中，刊物的编辑工作是在大家的齐心合力之下完成的，赵世炎、周恩来、陈延年、陈乔年、李富春、邓小平，以及傅钟③、李大章④等同志都倾注了很大的心

① 清华大学中共党史教研组：《赴法勤工俭学运动史料》第三册，北京出版社1981年版，第361—362页。

② 清华大学中共党史教研组：《赴法勤工俭学运动史料》第三册，北京出版社1981年版，第367页。

③ 傅钟，中国人民解放军高级将领，开国上将。1920年冬，同周恩来等一起，远渡重洋，赴法国勤工俭学。

④ 李大章，中共中央统战部原部长，1920年赴法国勤工俭学，1922年由穆青介绍加入中国少年共产党。

血在杂志的编辑上面，邓小平更是因为在印刷、排版《赤光》中的出色表现而获得了“油印博士”的称号。他工作的时候非常认真，刻的字工整秀丽，印刷的时候非常清晰，和铅印本不相上下，获得大家的一致好评。《少年》和《赤光》理论透彻，对时事的评价切中要害，因而使得越来越多的旅欧青年成了其忠实读者，对宣传党的主张和政策，团结旅欧青年和华工，作出了巨大的贡献。

在创办《赤光》杂志的同时，中国共产党旅欧党团组织此时还进行了一项重要的活动，即协助和推动了国民党旅欧总支部的成立。

随着国内革命形势的发展，1922 年 8 月，孙中山派国民党内的左派分子王京岐到法国筹建国民党旅欧支部。王京岐，浙江嵊县人，早年赴法勤工俭学，参加过 1921 年 10 月的“进占里昂中法大学”运动，运动失败后，被法国当局遣送回国。1922 年，王京岐加入了国民党。这时，根据国内中共中央的委托，周恩来主动和王京岐取得联系，协助他开展工作。此时的国内，国共合作的大潮已经兴起。1922 年 7 月，中国共产党召开“二大”，通过了《关于“民主联合战线”的决议案》。8 月，在杭州西湖，中国共产党召开了会议，决定根据共产国际的指示，与国民党组成联合阵线，共同进行革命，共产党员可以以个人名义加入国民党，史称“西湖会议”。在国共合作的推动下，中共旅欧党团组织也积极地开展工作，协助孙中山领导的中国国民党在欧洲成立国民党旅欧支部。

1923 年 6 月 16 日，周恩来、尹宽、林蔚等与王京岐在法国里昂进行了商谈，双方同意旅欧的中国共产主义青年团团员以个人身份参加国民党旅欧组织。双方达成协议：旅欧中国共产主义青年团员八十余人全部以个人身份加入国民党。此后不久，孙中山和国民党总部委任周恩来为国民党巴黎通讯处(后称巴黎分部)筹备员。①1923年3月,王京岐回国复命,他向孙中山详细汇报了周恩来等旅欧共产党人对两党合作的原则以及党务发展的方略。孙中山深表赞许,并委派周恩来筹组中国国民党巴黎通讯处,负责在欧洲全面组党。

1923年11月,国民党驻欧支部在法国里昂成立,由于周恩来等人对国民党驻欧支部成立的积极帮助,在成立的国民党驻欧支部执行部中,周恩来当选为总务科主任,李富春当选为宣传科主任,熊锐(革命烈士,1922年2月加入周恩来组建的中共旅德小组)当选为政治委员会委员长。在王京岐回国期间,周恩来代理他的执行部长职位。

1924年1月,国民党成立巴黎通讯处,聂荣臻当选为通讯处处长。此后,在法国马赛、比利时布鲁塞尔、德国柏林相继成立了国民党的支部。当时,许多的旅欧共产党员参加过这些组织的活动,如高语罕(1923年在国内加入中国共产党,8月同章伯钧等赴德国留学,入哥根廷大学深造,在此期间,参加了中共旅德小组的活动)、朱德、熊锐、刘鼎(1924年赴德国勤工俭学,曾任旅德青年团支部书记)等人就曾在国民党驻德支部中担任职务。

1924年6月,王京岐由国内返法。6月6日,旅欧国民党大会召开,国民党法国支部(统辖巴黎、里昂、马赛的分部)、比利时支部、德国支部决定联合组成国民党驻法总支部,并且选举了王京岐为总支部主席。不久,中共党员施益生当选为总支部副主席。7月20日,国民党驻法总支部在巴黎召开第二次代表大会,正式宣布国民党驻

① 中共中央文献研究室编:《周恩来年谱》(1898—1949),人民出版社1989年版,第60页。

法总支部是旅欧华人“在欧洲大陆上的正式的革命派机关”，号召全体党员“加强在欧洲的锻炼，待回国后准备承担革命重担”。[①] 由此，在旅欧中共党团组织的协助之下，国民党驻欧支部得到了快速的发展，这客观上促进了国内轰轰烈烈的国民大革命在欧洲的传播，也使革命的统一战线观念深入到了广大旅欧的勤工俭学学生以及留欧华人心中。

随着国内国共合作的开展，孙中山逐步确立联俄、联共、扶助农工的三大政策，中国共产党旅欧党团组织此时还做了另一项重要的事情，即选送旅欧的党团员分批、分期去苏联学习。1923 年 3 月 18 日，赵世炎、陈延年、陈乔年、王若飞、余立亚、高风，陈九鼎、王凌汉、郑超麟、袁庆云、王圭、熊雄等 12 名中共党员和共青团员由巴黎启程，途经柏林赴莫斯科。此后，先后赴苏联的有：1923 年 11 月，刘伯坚、李慰农、袁子贞、汤儒贤、萧复之、马玉林、李合林、尹宽、汪泽楷等人被选送赴俄。1924 年 9 月，聂荣臻、李林、熊味根、范易、傅烈、穆青等二十余人；1925 年 8 月，朱德、孙炳文、李大章、房师亮等人；1925 年冬，刘鼎；1925 年 10 月，施益生；1925 年 12 月，王极知、许少灵、许祖熊、周文楷、敬克明、杨士彬；同年还有林蔚、林修杰；1926 年 1 月，傅钟、邓小平、李俊哲（疑为李俊杰，即李卓然）、萧鸣、周介涟、戴坤忠、何嗣昌、胡伦、覃仲霖、陈家齐、傅汝霖、宋法明、滕功成、邓绍圣、汪泽巍、季苏、孙发力、傅继英、欧阳泰、岳少文；1926 年 8 月，刘明俨、胡大才、朱增祥、汪庭贤、余树屏、宗真甫、乔丕成；1926 年 9 月，江泽民（克明）、谢泽源、方至刚、胡大智、杨品荪、覃远猷、汤振

① 浙江省政协文史资料研究委员会编：《浙江文史资料选辑》第 41 辑，《风雨忆同舟——浙江著名爱国民主人士史料专辑》，浙江人民出版社 1989 年版，第 3 页。

坤、海荆州;1927 年春,陈微明(即沙可夫)。[①] 大量先进的旅欧中国青年远赴苏联学习,掀起了近现代史上一股留苏学习的热潮。

从中共旅法小组的成立,标志着中国共产党旅欧组织的萌芽,到中国少年共产党的成立,再到在法、德、比等共产主义小组基础上成立的中国共产党旅欧支部,中共旅欧党团组织紧密配合,互相影响,积极宣传马克思主义和无产阶级革命,推动旅欧勤工俭学青年的信仰向马克思主义转变,为中国共产党造就了一大批优秀的人才。在国共合作的大革命的基础上,中共旅欧党团协助王京岐等国民党人建立了国民党驻欧支部,扩大了国内轰轰烈烈的国民大革命在欧洲的影响。同时,中国旅欧党团组织派遣大批旅欧青年奔赴苏联学习,也为中国共产党培养了专业的军事和政治人才。中共旅欧党团的这一系列成就,在中国共产党的历史上书写了辉煌的一页。

① 鲜于浩:《留法勤工俭学运动史稿》,巴蜀书社 1994 年版,第 300—301 页。

# 第四章 大浪淘沙，不同声音的激烈论战

## 一、李石曾、吴稚晖和无政府主义

大清帝国已然是没落了，然而，用何种理论来救国，先进的知识分子似乎还未达成一致。有人主张资本主义，有人则赞扬共产主义；有人渴望无政府主义，有人则强调国家主义。站在繁华的巴黎街头，这些旅欧的青年知识分子感到迷惘。在欧洲，不同的主义激烈论战，最终大浪淘沙，使旅欧青年们看清楚了它们的本质。在这里，笔者以无政府主义为起点，向大家娓娓道来。

李石曾，晚清重臣李鸿藻的第三子。从小就目睹了清政府腐败的李石曾希望留学海外，学习西方的先进思想。1901 年，在其父亲的门生黄思永的介绍下，他认识了拥有共同理想的张静江，很快成为好朋友并约定一起留学海外成就一番事业。1902 年，李石曾、张静江、夏坚仲等人以随员的身份，跟随清政府派往法国的驻法公使孙宝琦随船前往法国。留法临行前夕，李石曾在上海拜谒了志趣相投的吴稚晖。阅历丰富的吴稚晖，深刻地认识到国库的空虚，腐败的清政府不可能也拿不出太多的钱来补助学生，于是便告诫李石曾

李石曾（1881—1973），河北高阳人，著名教育家，故宫博物院创建人之一，国民党四大元老之一。

到法国之后要勤工俭学，学习救国之法。为了实现心中的理想，吴稚晖也于1903年同几名志同道合的同学赴英苦读，留学海外。

刚到法国的李石曾希望能够学习法国先进的军事科技，他认为改变中国首先就要在军事上足够强大。但在考虑到身体的实际状况及兴趣之后，李石曾最终选择了农业。三年后，李石曾以优异的成绩毕业，其中生物科学成绩尤为出色。在随后的几年里，李石曾先后进入巴斯德学院和巴黎大学理学院等，跟随柏尔唐教授学习生物化学。在这段求学的时间里，李石曾一直潜心研究大豆。李石曾在学习生物化学之外的时间里，阅读了大量的西方书籍。他对陆谟克的生物进化哲学感悟颇多，同时又对克鲁泡特金的互助论、以蒲鲁东为代表的社会学思想表现出浓厚的兴趣。其中，19世纪中期到20世纪初在西方流行的无政府主义思想对李石曾影响很大。

无政府主义政治思潮产生于近代自由资本主义时期，它认为政府是各种社会问题爆发的主要根源，主张在没有国家强制干预的前提下，由人民自主组织社会，目的在于实现人的完全自由。从严格意义来讲，无政府主义思潮并不是完全统一的思潮。它包含多个方面，其中既有极左翼的无政府主义，也有极右翼的无政府主义。极左翼的无政府主义者期望通过集体主义的自愿合作来实现共产主义，极右翼的无政府主义者则崇拜个人主义，希望实现完全自由放任的资本主义。虽然无政府主义并没有成长为西方社会的主流思潮，但它却源远流长，一直顽强地在近代西方资本主义社会传播，表现出一定的生命力和影响力。

吴稚晖（1865—1953），联合国"世界百年文化学术伟人"荣誉称号获得者。中国近代资产阶级思想家、政治家、教育家、书法家，中央研究院院士。

虽然说无政府主义产生于近代西方社会，但它的思想根源可以追溯到古希腊时期。古希腊时期的思想家如芝诺等，就曾经公开宣扬建立一个没有政府的社会，在这样的社会里，法律是应该被废除的。无政府主义否认国家统治存在的必要性，认为在没有国家的社会里，个人自由才能求得充分解放，它在中世纪欧洲基督教的神学异端思想里也有一定的体现。在当时神学异端思想的观点里，基督教会没有存在的必要，个人完全可以通过自己实现自我救赎。它不仅否认基督教会的地位，而且也否认世俗权威存在的必要性。无政府主义的一些思想在文艺复兴和宗教改革时期得到进一步发展，在启蒙运动及美国、法国国内革命时期，发展得尤为迅速。

无政府主义产生于近代西方社会，有其深刻的社会思想根源。从1640年英国开始资产阶级革命，到资本主义制度在欧洲的普遍确立，再到19世纪。在这几百年时间里，人们认识到了资本主义制度的众多弊病。这就使得在资产阶级革命过程中提出的理性国家的设想，开始在人们脑海中破灭。一些人又重新审视资本主义制度，开始反对资本制度。这就使得主张重新建立一种社会制度的各种社会思潮、不同的派别开始活跃，在下层人民和工人阶级中间广泛地传播开来。在无政府主义产生、发展的过程中，各式各样的共产主义、社会主义、自由主义、个人主义等政治思潮都对它产生过影响。从某种意义上来讲，无政府主义同自由主义之间有着很强的相似性，它们都对政府心存戒心，都强调个人自由的重要性，自由主义者常常被君主论者认为是“无政府主义者”。在工业资产阶级取得统治地位以及资本主义制度最终建立之后，从政府不干预经济中演化出来的自由放任主义原则开始在西方社会中占据统治地位，这就在一定程度上推动了无政府主义思潮的发展。在无政府主义思潮发展的过程中，社会主义思潮对它也产生过重要影响，甚至有些人认为它是社会主义思潮的一个分支。在这种特定的社会背景下，由自由主义和社会主义等思想合力形成的无政府主义是小生产者的政治思潮，是没有出路的。

无政府主义作为一种政治思潮存在，它的产生有其深刻的社会历史根源。18世纪末19世纪初，欧洲工业革命在推动社会经济发展的同时也造成了社会阶级的分化，这就为无政府主义的产生提供了社会历史根源。18 世纪后半期至 19 世纪前期,工业革命席卷欧洲,大量的农民、小业主、手工业者等小生产者失去工作,无以为生。大批失去土地的农民被迫涌入城市,游荡街头,遍寻工作而不得。他们的境遇非但没有得到政府的同情、社会的帮助,反而遭到法律的责罚。在这样的社会背景下,陷入绝境的小生产者自然而然地会对政府、对社会产生怨恨,这为无政府主义的产生提供了阶级基础。

尽管有很多无政府主义者如彼得·克鲁泡特金等,希望能够通过宣扬芝诺等古希腊思想家来动员人们批判国家的无能、政府的干预,弘扬个人道德,但是这些思想是七零八落的,并没有形成一个完整的、系统的理论体系。一直到 19 世纪前半期,无政府主义才以一种完整的、对社会有较大影响的政治思潮的形式而存在。有的学者认为威廉·葛德文是无政府主义的创始人,但是,我们一般认为比埃尔·约瑟夫·蒲鲁东才是无政府主义的创始人。蒲鲁东思想流行时期,正好也是无政府主义思潮形成的重要时期。蒲鲁东的一些理论著作如《革命和教会的公平》等,奠定了无政府主义的一些基本理论体系和原则,为之后的无政府主义者推崇备至。著名的俄国无政府主义者巴枯宁称其为“我们大家的导师”。

19 世纪后半期至 20 世纪初期,无政府主义得到了迅速发展。无政府主义在这一时期不仅形成了完整、系统的理论,而且也渐渐地在工人运动中发挥作用,对工人运动产生影响。同样是在这一时期,无政府主义在真正意义上走进了学者的视野,成为一种比较有影响力的政治思潮。这一时期涌现出一批又一批著名的无政府主义者,如英国的威廉·莫里斯,意大利的马拉泰斯塔,美国的艾玛·戈德曼,俄国的克鲁泡特金、巴枯宁等,在他们的宣传和推动下,无政府主

米哈伊尔·亚历山大罗维奇·巴枯宁，俄罗斯早期无产阶级革命者，著名无政府主义者。

义在西方社会得到了较为广泛的传播和发展。

巴枯宁和克鲁泡特金是在这一时期表现得最为突出的无政府主义者。在无政府主义发展的早期，巴枯宁是仅次于蒲鲁东的无政府主义者，他的思想被人们称为巴枯宁主义。同大多数无政府主义者一样，巴枯宁也反对任何权威和权力，期望消除国家，建立一个人人平等、自由的无政府社会。巴枯宁认为国家是绝对的恶，是剥削、私有制、继承权等一切祸患的根源，不管国家以何种形式存在，它总是同无产阶级的自由相悖。站在巨人的肩膀上前行，克鲁泡特金在借鉴和吸收了巴枯宁的理论和达尔文的进化论后，提出了互助理论。克鲁泡特金认为，在漫长的生物进化过程当中，那些留存下来的物种是因为合作的本能，而不是因为竞争。正是因为合作的本能，物种才能不断地向前进化。在此基础上，克鲁泡特金得出结论，互助是人类避免竞争的一种手段，在自愿的基础上进行合作是人类社会的天然组织形式。

同马克思主义者一样，像巴枯宁、克鲁泡特金等这样的无政府主义者也对资本主义制度进行了深刻的批判。无政府主义者同马克思主义者在许多方面有着相似性，两者的基本目标都是为了消除国家的存在，两者都把保守派和右翼势力作为自己的政治敌人。但是无政府主义者更加强调用公社的形式来保护个人自由的重要性，与此同时,无政府主义者也更加看重工人实现自我管理的机构。无政府主义者同马克思主义者在这一问题上的分歧最终演化成为巴枯宁同马克思之间的争议。马克思的设想是用不同的等级结构来实现工人组织的管理,但是巴枯宁却厌恶这样的想法。1872 年,无政府主义者同马克思主义者的冲突达到了顶点,结果,在同年的第一国际海牙大会上,马克思主义者投票将巴枯宁及巴枯宁主义者驱逐出第一国际。

在 20 世纪政治思潮发展演化的过程中,现代无政府主义占有重要地位。无政府主义运动贯穿整个 20 世纪,无政府主义者参与到社会的方方面面,在劳工纠纷、女权运动、反对法西斯、学生运动、民权以及反对全球化等方面发挥了极大作用。

现代无政府主义发展演变的过程主要可以分为三个阶段:20 世纪初到 20 世纪 30 年代为第一阶段;20 世纪 30 年代到 20 世纪 60 年代为第二个阶段;20 世纪 60 年代至今为第三个阶段。在现代无政府主义发展的第一个阶段中,它的表现形式主要为无政府工团主义。

彼得·阿历克塞维奇·克鲁泡特金,俄国地理学家、无政府主义运动的最高精神领袖和理论家。

无政府工团主义是早期无政府主义在思想上的延续。无政府工团主义更加看重工会的作用,它认为工人可以通过工会来改善自己的待遇,通过工会来和不公正的旧社会秩序作斗争从而瓦解旧政权,建立工人阶级自己的政权,建立新的社会、新的秩序。由于种种的历史原因,无政府工团主义在意大利、法国、西班牙等国家的影响力最大，在美国和南美的一些国家也有一定的影响。在中国由于李石曾、吴稚晖等人的宣传，对当时中国知识分子也有一定的影响。无政府工团主义在这一时期的代表人物主要有法国的乔治·索列尔、英国的鲁道夫·拉克等。20世纪30年代，无政府工团主义达到鼎盛，在西班牙发展成为一股重要的势力，甚至一度控制了西班牙第二大城市巴塞罗那，其在西班牙的组织成员曾高达两百多万。

在现代无政府工团主义发展的第二个阶段，全球性经济危机和第二次世界大战爆发，欧美相继进入最困难的时期。社会主义和资本主义阵营的对峙，欧洲的战后重建以及马克思主义在全球范围内的胜利使得无产阶级紧紧团结在其政党的领导下，无政府主义的发展陷入了低谷。无政府主义在全球许多国家如西班牙、意大利等几乎销声匿迹，在美、英等一些国家虽然还存在着，但也仅仅限于教育、文学艺术以及科学等领域的少数人里。

在现代无政府主义发展的第三个阶段，无政府主义在一定程度上得到了复兴。西方社会发生的种种变化，如社会矛盾的激化、贫富差距的拉大等，都使得无政府主义获得了一定的市场。在这一时期，无政府主义者纷纷开始著书立说，宣扬无政府主义的主张。因此，无政府主义在这一阶段在理论上得到了一定的发展。这一时期，无政府主义的主要代表人物有乔治·莱基、乔治·伍德科克、默里·布克勤、默里·罗斯巴德等。这一时期的无政府主义又被称为新无政府主义。它同早期无政府主义一样，主张建立一个无政府的理想社会，但是它在批判的内容和实现理想的手段上根据社会变化作出了一些调整，提出了一些新的主张。例如，实现理想的手段，新无政府主义者是反对使用恐怖手段的，他们更注重通过改变社会的道德观念来实现社会制度的变革。

无政府主义在发展过程中，还产生了多个流派。正如当代学者M.珀林所说："有多少无政府主义者，就有多少无政府主义。"①主要分为无政府工团主义、无政府女权主义、基督教无政府主义，还可以分为无政府个人主义、无政府集体主义、无政府共产主义、后无政府主义、无政府复古主义、精神无政府主义等。其中，对20世纪初中国青年知识分子影响最深的是无政府工团主义、无政府共产主义等。

前面通过对无政府主义的发展演化的介绍，我们已经基本上理清了无政府主义的来龙去脉。那么1902年，当李石曾、张静江等人到达法国时，正好赶上无政府工团主义在法国的盛行，法国无政府工团主义的理论大家乔治·索列尔的理论就是这一时期的。李石曾等人此时到达法国后，有意无意地就会接触到无政府工团主义的理论，阅读到乔治·索列尔的著作，从而受其影响。李石曾与其他人不同，他出生于官宦世家，能够更多地接触到清政府内部的一些东西，更清楚清政府的运作。作为一个有志青年，李石曾也在思考中国如何才能赶上世界列强的脚步。正是因为知道在清政府的统治下，中国已不可能战胜列强，李石曾才更容易接受无政府主义的一些主张，但由于其家庭和年代所限，终究在认识上还有一些局限性。1903年赴英的吴稚晖在英国接触的最多的，应该也是无政府主义的一些理论。吴稚晖是清朝的举人，他自身就参与到清政府的日常运作之中，作为当事人的他在一些事情上和李石曾的感触是相同的。英国是无政府工团主义发展的另一个大国，又有鲁道夫·拉克的影响，吴稚晖接触

① 珀林：《当代无政府主义》序言，商务印书馆1984年版，第1页。

到的无政府主义理论也不少。无政府主义在中国知识分子中间的传播就只欠东风了！

张静江，国民党四大元老之一，曾任国民党中央执行委员会常务委员会主席。

李石曾、吴稚晖、张静江等无政府主义者，就是这股在青年知识分子中间传播无政府主义的东风。作为留学海外的青年学子，他们是最能感受到中国与西方列强差距的，他们留学的目的也是为了探寻挽救中华的方法。1906年，吴稚晖来到法国。和李石曾、张静江等人的思想不谋而合，几个人当即决定建立一个组织、创办一份刊物，在中国知识分子中间宣扬无政府主义，以期救中华于危难。同年，李石曾、吴稚晖、张静江三人发起组织了世界社，世界社的目的就是为了沟通中国与西方。世界社以发展学术致用社会为宗旨，提倡世界各国间的互助，推动世界主义的传播，实现世界的大同。为了实现这一目标，他们所设想的是创办大量的文化机构，推动其在国内的传播与普及。个人的力量总是有限的，在世界社的推广过程中，李石曾深有体会。1906 年 8 月，在张静江的介绍下，李石曾加入了中国同盟会。

1907 年 6 月，李石曾、张静江、吴稚晖等人又创办了一份著名的无政府主义周刊《新世纪》（《新世纪》从 1907 年 6 月创刊至 1910 年

5月停刊，连续发行了三年，共发行了一百二十一期）。《新世纪》采用新的纪年法“新世纪七年”，并且采用阳历来标注日期，用这种方式来表示对清政府的反抗以及对清廷的不承认。李石曾、张静江、吴稚晖等人在《新世纪》上发表了大量的关于无政府主义的文章，向中国知识分子介绍无政府主义，介绍蒲鲁东、巴枯宁、克鲁泡特金等人的主张，介绍工团主义。《新世纪》周刊号召人们进行政治革命，反抗清政府的腐朽统治以及君主专制。它同时号召工人阶级反抗资本家的剥削，进行社会革命。《新世纪》还提出了其他一系列主张，如博爱、自由、平等、互助奋斗、反对帝国主义列强侵略、倡导科学、反对封建迷信、提倡男女平等，在当地华人华侨和中国留学生中间引起强烈共鸣，极大地解放了他们的思想。正如国内早期无政府主义者刘师复所说：“《新世纪》继续出版三年，编辑李君（李君即李石曾，笔者注）不但热心，且精研学理，多与法、比党人游，凡克鲁泡特金及其他诸大家之著述，时时译为华文，复别刊传播小册子多种……中国无政府主义之种子，实由此传播之矣。欧洲之中国留学生感受其思想者殊众。”①

在法国，李石曾、吴稚晖负责与旅欧青年学生以及勤工俭学密切相关的里昂中法大学和华法教育会，他们利用职务之便，在青年知识分子中间大力推销与无政府主义相关的书籍。在华法教育会办公的地方，就会有各种各样的无政府主义读物。他们还利用手中的权力，在经济等方面给信奉无政府主义的学生以特权，从而诱导青年学生信奉无政府主义。除此之外，李石曾还利用其创办的豆腐厂，向工人

① 刘师复：《致无政府党万国大会书》，载《师复文存》，上海书店1927年版，第258页。

大力宣扬互助论等无政府主义思想。

李卓、华林等人来到法国后，李石曾、吴稚晖等积极向他们宣传无政府主义，并安排他们进入里昂中法大学学习，且给予勤工俭学的机会。在李石曾等人的影响下，李卓、华林等人逐渐转变为狂热的无政府主义者。1921 年秋天，李卓、华林等在法国的无政府主义者又成立了自己的组织“工余社”，宣扬无政府主义。工余社的成员主要就是在法国勤工俭学的留学生，他们每周都有一次聚会，交流各自学习无政府主义理论的心得体会。李石曾、吴稚晖等人在思想理论上给予工余社极大的帮助。1922 年 1 月 15 日，工余社又在巴黎创办了《工余》杂志，作为他们的机关刊物宣扬无政府主义。

也许是无政府主义者的努力，也许是社会环境的影响，无政府主义在青年知识分子中产生了一定的影响：

第一，揭示了中国封建军阀黑暗，抨击了旧制度旧思想，也对资本主义制度提出了批判，促进了人们的思想解放。

无政府主义者积极地揭露中国社会存在的问题，揭示出社会的另一面。《新世纪》杂志曾刊登出文章，指责历朝历代的帝王，“称天为治，操握一国之政权，以肆行专制”，国计民生，没有一定的准则，全“凭独夫民贼之私意，……从之则免，犯之责罚，顺之责生，逆之则死。而无数之贪官污吏则，从而逸法作弊，暴虐人民，不遗余力，其无人道矣。”①因此，人民必须推翻这样的专制政权。《天义报》是女子复权会的机关报，也是我国最早宣传无政府主义的刊物之一，其发起人为张旭、何震、周怒涛、徐亚遵、陆恢权等。该报把斗争的矛头指向

① 张枬、王忍之：《辛亥革命前十年间时论选集》（第二卷，下册），生活·读书·新知三联书店 1960 年版，第 921 页。

清政府,指责其为恶政府,因此,呼吁人民群众推翻君主专制,废除这样的政府。无政府主义除了抨击君主专制,也对资本主义制度提出了批评。无政府主义者同情劳苦大众,他们认为西方的资产阶级政府就是殖民政府。这些殖民政府牺牲劳苦大众的财富,只是为了维护少数资产阶级的利益。所谓的自由选举,都是些资产阶级在行使,普通民众只有名义上的选举权。因此,无政府主义者认为,全世界的劳动者应该联合起来,夺回被资产阶级掠夺的财富。无政府主义的这些言论,在一定程度上促进了人们的思想解放。

第二,在一定程度上揭露了帝国主义在中国的罪恶行径。

无政府主义者除了批评君主专制和资本主义,还揭露了帝国主义在中国犯下的罪恶。无政府主义者就第一次世界大战后流行的公理战胜强权的观点展开辩论,他们认为列强都是为了各自的利益参战的,"就一方面言之曰:'抵抗强权',就他方面言之曰:'互争势力'。罪恶五十步与百步之比耳。吾人须知同盟之胜利,非平民之胜利也,协约之胜利,亦非平民之胜利也。"①无政府主义者还对日本资本帝国主义侵略朝鲜提出批评。无政府主义的这些言论有助于中国人民看清帝国主义的本质。

第三,在中国宣扬了俄国的十月革命。

无政府主义者除了在其刊物上宣扬无政府主义、工读互助主义等思想,还刊登马克思主义的一些思想观点。在国内封锁俄国十月革命的时候,无政府主义者就开始在其刊物上介绍、赞扬十月革命。无政府主义者认为,法国大革命孕育出19世纪的西方文明,俄国的

① 黄有东:《吾人将何为乎》,《自由录》1918年第5期。

十月革命必将改变20世纪的世界格局。作为俄国的近邻，中国人民也开始进行这种社会革命了，这是世界的大趋势。虽然无政府主义者是按照自己的理解来传播十月革命、宣扬马克思主义的，但其结果是为中国进步青年带来了俄国十月革命的信息，为马克思主义、社会主义在中华大地的传播创造了条件。

第四，对于五四时期中国青年知识分子的思想转变起到了一定的积极作用。

五四运动时期是各种思想激烈交锋的时刻，各种理论、学说在中国传播。新、旧资产阶级民主革命交替之际，也是马克思主义者成长的重要时期。无政府主义者批判资本主义、君主专制、帝国主义，有利于马克思主义者看清资本主义、君主专制、帝国主义的本质，不再心存幻想。其传播马克思主义、十月革命，又有助于马克思主义者了解马克思主义，了解世界其他地方进行的社会主义革命。毛泽东、周恩来、恽代英等青年知识分子也曾在一定程度受到过无政府主义的影响，他们怀揣挽救中国的志愿，奋勇探索。正是在对各种社会思潮的不断比较、鉴别过程中，在反复思考中，一批有志青年区分开来了马克思主义同无政府主义的本质不同，从而坚定地把科学社会主义作为了自己的革命理想。

正是因为无政府主义具有的积极作用，它才会影响到青年知识分子，比如毛泽东早期也受到过无政府主义的影响，提出了呼声革命、无血革命等主张。虽然无政府主义在青年知识分子中传播有一定进步意义，但其也有自身的局限性。它在揭露封建统治、传播十月革命和新思潮等方面起过一定的积极性，但是在反对一切权威和一切国家的同时，也反对一切暴力革命和政治斗争。它在反对中国反动政权的同时，也反对无产阶级专政和马克思主义的国家学说等等，在青年知识分子中间也产生了一些消极的影响。在欧洲，中共旅欧的马克思主义者扛起了同无政府主义论战的重任。

## 二、曾琦、李璜和国家主义、国家主义派

19 世纪末 20 世纪初的中国积贫积弱，在与西方的对比中处于劣势。西方的坚船利炮打开了中国的大门，在给中国人民带来沉重灾难的同时，也让中国先进的知识分子看到了中国的落后与西方国家的强大。无数仁人志士踏上了向西方学习的旅途。康有为、梁启超、谭嗣同等推动变法，谭嗣同、刘光第等戊戌六君子为此甚至付出了生命。李石曾、张静江等开启的赴法之旅，并大力在中国知识分子中间宣扬无政府主义。孙中山、宋教仁等资产阶级革命派则建立资产阶级政党，希望在中国建立资本主义制度，实现国家独立富强。李大钊、陈独秀等早期共产主义者则在中国宣传马克思主义。除了这些，还有一些政治思潮在近代中国社会上产生了较大影响，国家主义就是其中的一个。

在近代中国，提起国家主义和国家主义派，有几个人物不得不提，比如曾琦、李璜、左舜生、余家菊等，他们是国家主义和国家主义派的主要代表人物。那么什么是国家主义，国家主义派又是什么？

在搞清楚国家主义之前，要先了解几个基本的概念，民族、国家和民族国家。正如我们通常说的那样，民族就是指拥有共同的宗教、语言、种族、传统、风俗习惯、历史以及其他共同特征的一个群体。国

家由人民、领土、文化和政府等要素组成。所谓国家，就是指拥有一定的领土、人民、法律结构、政治权力以及政治结构的地域共同体。只有把国家和民族两个概念结合起来，才能建立一个完整的民族国家。

国家主义学说是近代西方社会在战争背景下，产生的一种国家至上的学说。其实早在古希腊时期，柏拉图及其学生亚里士多德等人就曾深刻地探讨过国家主义学说。国家主义学说的重新兴起，是在近代欧洲脱离宗教神学的束缚、民族国家兴起之后。这个时期的国家主义学说从自然法的角度出发，再配合社会契约论的思想来解释国家的起源。英国的霍布斯、洛克，法国的卢梭等都是这样。在社会契约论的基础上建立的国家，需要用法律来维护社会秩序。在霍布斯看来，国家就是一个强大的政治机构，具有强大的权威。国家在本质上就是人民意志相统一的一个独立人格，国家主权即国家的最高权力，是至高无上的、不容侵犯的。在此基础上，霍布斯认为，人民对主权的所有者即君主必须是绝对的服从！在继承霍布斯等人思想的基础上，洛克在坚持国家主权至上的前提下，提出把国家的最高权力转移到最大多数人民的立法权上。在洛克的思想中其实也包含了人民主权论的思想。卢梭在此基础上提出人民主权论，国家的最高权力属于人民。国家的最高权力是人民的公共意志，它其实也包含了每一个人的意志，因此人民必须服从公共意志。人民服从公共意志，在某种意义上来说就是服从他们自己的意志，因此人人就都获得了自由。

德国的思想家们继承了卢梭的思想，他们保留了卢梭思想中关于人民主权、自由平等、天赋人权等方面的内容，去除了关于个人主义、社会契约论等方面的思想，在此基础上产生了新的理论体系。这种理论体系与德国的国家分裂及其受到外敌欺凌的社会环境是分不开的。这种理论的过渡是从康德开始的，费希特在此基础上进一步地发展了这种理论，黑格尔在继承前人思想的基础上完成了理性政治论。

康德继承了卢梭关于契约论方面的思想，但是不同于卢梭的契约论，康德的契约论是建立在人的理性的普遍意志的基础上。在这里，康德通过概念的转换，成功地将普遍意志改造成为理性意志，在此基础上，康德认为法律就是理性意志的体现。作为国家的一员，公民必须服从法律，法律在本质上就是为了保护个人自由同时兼顾他人自由，人们的行为和意志都必须符合这种道德法则的要求。康德认为他所追求的这种自律的道德是人民应尽的义务。这种带有强制性色彩的道德，常常被民族主义者利用，所谓的国家主义派也是改造了康德的这种道德思想，提出了国民道德的主张。

费希特转变成为一个国家主义者与他自身的经历是分不开的。18世纪末，拿破仑登上了法国的政治舞台，法国开启了对外的征战之旅。作为法国的近邻，德国时常被法国欺压。外部环境的改变激起了费希特强烈的民族自尊心，费希特开始放弃社会契约论的思想，走上国家主义的道路。费希特认为，民族精神是一个民族的灵魂，民族的兴衰在于民族精神。他认为德国的衰败和分裂是与德国人缺乏民族自尊心和民族精神的意识分不开的，因此，他认为国家根本的任务就是在于发展国民教育，最终目标就是全体的社会成员同心同德，高度一致。费希特的这种思想在一些落后、弱小的国家影响巨大。

黑格尔是在德国的历史上又一个影响巨大的哲学家，他对德国民族主义思想的发展具有不可磨灭的贡献。黑格尔严厉地批判了卢梭的社会契约论，他认为国家是理性、精神的产物，是社会伦理精神高度发展的一种结果。按照黑格尔的这种论述，人们可以看出国家是理性和普遍意志的东西，具有至高无上的权力。在黑格尔看来，个人只有成为国家的一员才能够实现其权利、自由和人格，所以作为个人必须崇拜国家。黑格尔认为，人民必须把保护国家独立和主权、保卫国家的普遍利益作为普遍目的，为此，公民应该牺牲掉一部分个人的特殊利益。黑格尔把国家的权威绝对化了，从根本上否定了个人主义。同康德、费希特一样，黑格尔的理论也与德国内部的分裂、外部的欺凌分不开。至此，国家主义学说在西方社会形成了一套完整的理论体系。德国的这种强化国家的政治哲学中心原则为德国的统一和强大提供了理论支撑，但不可否认，它对法西斯主义理论的形成也具有不可推卸的责任。

国家主义这种政治思潮从19世纪中叶开始，逐步引起了社会在多个方面的变化，在许多国家都有进一步的发展。除了德国，国家主义在日本的发展也是尤为迅速。众所周知，日本是一个岛国，领土面积狭小。19世纪初的日本同清朝一样闭关锁国，十分落后。黑船事件之后，日本开始同西方贸易，日本自此之后进行了一系列的运动与改革。岛国心态使得日本需要寻找强大的理论来为改革提供支撑，强化国家的凝聚力。加滕弘、西村茂树等人纷纷著书立说，宣称国家至上，宣扬国家主义的一系列思想。《强者的权力竞争》、《道德法律进化之理》、《日本道德论》等著作纷至沓来，为日本之后的明治维新提供了理论支撑。

总之，20世纪以来，中国先进知识分子纷纷留学欧美与日本，费希特、黑格尔、加滕弘、西村茂树等人的思想不可避免地就会影响到他们。我们透过国家主义派的一些著作、宣传等，不难看出其中的关联。

中国的国家主义派是在近代旅欧青年中诞生的。在中国的旅欧青年中，有这么一个政治派别，那就是以曾琦、李璜、左舜生等为代表的中国青年党。他们宣称自己信仰"国家主义"，把国家主义作为自己的理论旗帜，他们并没有公布自己"中国青年党"的正式称谓，只是把"中国国家主义青年团"作为自己对外联络的称呼。因此，人们习惯性地将他们称呼为"国家主义派"。国家主义派自成立开始，就在旅欧的华人华侨中间活动，它的总部和机关报设在法国，它的党魁和骨干分子也大部分都在西欧留学。从这个角度来看，那些旅欧的早期共产主义者实际上处于反对国家主义派斗争的第一线。

国家主义派从形成、发展到成熟是有一个过程的。五四运动之后，中国先进的知识分子在中国未来的发展方向问题上出现了分歧。曾琦、李璜、左舜生等国家主义派的代表人物，在五四运动前后的爱国群众运动中十分活跃，它的主要成员也大都来自"少年中国学会"，这是当时十分著名的进步团体。但是，随着时代潮流的发展，国家主义派没能够与时俱进。在反帝反封建成为时代主流的时候，国家主义派没有认清发展方向，错误地站在了资产阶级右翼政治势力的立场上。当国家主义派的成员到达欧洲后，他们成立了"少年中国学会巴黎分会"，并以此继续进行团体活动。尽管说，他们当时并没有形成完整的思想体系，但当他们知道马克思主义开始在中国传播，了解到俄国十月革命后的道路和方向时，却表现出了明显的反对和不赞成的态度。在他们看来："中国目前之大患，不在列强之压迫，军阀之专横，议员之无耻，而在多数国民无国家之自决心"，只有"国家主义的教育"，"树立为国家服务的精神"，①中国才能够真正的强大起来。如果现在就在中国实行马克思主义的"阶级战争"，必然会使国内"失于猛烈"；对外也"当然与外国的资本权力冲突，土地便立刻被外国资本家的军队占领"，为了"不要再蹈俄国的覆辙"，"近代中国的改革主张还该与外国人有个商量的余地"。② 他们认为，反对帝国主义就会立刻灭亡中国，反对封建主义就会"闹出岔子"，"平民未获其利，先受其害！"③为此，李璜、余家菊等人都提出来要想改造中国，得先用十五年左右的时间来做教育工作。这显然与中国革命的要求是背道而驰的。

中国共产党在1921年7月宣告正式成立，中国革命掀开了崭新的一页。对此，李璜、曾琦等人表现出极大的不满，他们认为在中国建立政党不符合中国革命的特点和程序。他们提出，中国的变革先从政治方面开始不如先从社会方面开始，先从社会方面开始首先就要先从改造人们的思想着手。他们试图把厌弃政党而不与政党接近，以及严禁个人参加政治活动，作为民众行动的准则，要求人们遵守。李大钊、邓中夏等人对此提出了严肃的批评，他们指出，希望用"不干涉政治的'小学教师'式、'园丁'式的社会运动"来改造中国，"真是甚于希望以若干人的唾沫便可扑灭燎原之火"。④ 作为少年中

① 陈启天：《新国家主义与中国前途》，《少年中国》第四卷第九期。
② 李璜：《破坏与建设及其预备功夫》，《少年中国》第三卷第八期。
③ 李璜：《留别少年中国学会同人》，《少年中国学会会务报告》第一期。
④ 李大钊等：《北京同人提案》，《少年中国》第三卷第十一期。

国学会巴黎分会的一员，赵世炎就曾经在该学会的一次聚会上指出，“国内外形势紧迫，空谈无补于时艰”，“不主动的往前去，就必定要被动朝后退。”①李璜、曾琦等人不但不接受反而认为，“共产主义运动亟宜设法预防”②，并且提出要戳穿共产主义的谎言，从理论上肃清共产主义的学说。就这样，他们一步步地由对共产主义的不满、抵触发展到了公开的敌视与抵抗。他们的理论武器就是当时在西方十分流行的国家主义，由于前面已经对国家主义作了基本的梳理，在此就不再赘述了。

李璜，学者，政治活动家，国家主义派人士，中国青年党创始人之一。

1922年，曾琦、李璜等人分别撰写了一些有关国家主义的文章。8月，他们又将这些发表在各个杂志上的文章进行了重新整理，编成了一本名为《国家主义教育》的文集，对国家主义的思想理论体系作了初步总结。这本文集出版后，他们就将其分发到全国各地。以这本书的出版为标志，他们正式举起了“国家主义”这面大旗。与此同时，他们又以欧洲的“少年中国学会巴黎分会”为基础，招募志同道合者，国家主义派在组织上也初具规模了。

① 《文史资料选辑》第五十八辑，文史资料出版社1979年版，第65页。

② 陈启天：《寄园回忆录》，商务印书馆1965年版，第137页。

国难当头，革命运动在旅欧华人华侨中间也悄然酝酿着，中国共产党的旅欧支部和共青团的旅欧支部相继成立，在当地的华人华侨中高举共产主义的伟大旗帜，积极地向他们宣扬马克思主义及中国共产党的革命纲领、政策等。与此同时，他们还积极地同各种错误的思潮作斗争。在他们的努力下，共产主义者的队伍不断壮大，影响力也与日俱增。面对这种突如其来的状况，一向宣扬自己不与政党接触的曾琦开始积极地筹备建党了。他在日记中这样写道："组织政党，本为今日时势之所需……而欲革命，则又非先有能患难之死党不可。"①

1923年1月，曾琦就开始"构思，拟发起中国青年党"，并"拟与同志商榷之"。② 1923年春假期间，曾琦、李璜与余家菊三人来到巴黎郊外的一个小山丘上，他们又共同商讨了"组织政党问题"③。不久之后发生的一件事情，是促使他们加速建党的另一个重要原因。1923年7月，在"旅法华人反对帝国主义共同管理中国铁路大会"上，国家主义派抹杀中国社会的基本矛盾，否定反帝反封建的革命纲领。国家主义派的言论引起各界爱国侨胞的不满，周恩来等中国共产党人对其进行了严厉的批判。国家主义派受到沉重打击，而中国共产党人的革命主张则得到了广大群众的支持。在这场大会上的较量使得曾琦等国家主义派对共产党的强大力量十分震惊，"更深感无严密组织不足以应付反对党有组织的进攻"，于是遂加快了建党

① 曾琦：《旅欧日记》，载《曾琦先生文集》（下册），台北"中央研究院近代史研究所"，1993年，第1368页。

② 曾琦：《旅欧日记》，载《曾琦先生文集》（下册），台北"中央研究院近代史研究所"，1993年，第1352页。

③ 余家菊：《回忆录》，中华书局1927年版，第49页。

的步伐。在回顾这一段历史的时候，曾琦说：“国内发生山东临城匪案，……时中国共产党已成立，得俄之援助，大肆活动于国内外……予深知大乱将作，国命或为之一展，因决意另组新革命党。”①曾琦在这里提到的新革命党就指的是中国青年党。经过长时间的酝酿、策划，到1923年11月中旬，国家主义派的骨干分子在意见上逐渐趋于一致。此后，以曾琦为核心，

曾琦，民国政治家、中国青年党创始人之一。

开始在为正式组党而紧张地活动起来。他的忙迫之情，可以通过其在这一段时间的日记窥得一二：

> 十一月十三日　午后……访张子柱谈组党事，晚偕张君往访梁志尹、胡国伟交换意见，两君皆极赞成予之主张，谈至十一时。
>
> 十一月二十二日　是夜宿于子柱家，相与谈组党事，至十二时寝。
>
> 十一月二十三日　午后二时有胡国伟、梁志尹、黄晃、周宗烈等齐集子柱家，相与商量组党事，众皆赞成予议，定名为“中

① 《愚公自订年谱》，载《曾琦先生文集》（下册），台北“中央研究院近代史研究所”，1993年，第1553—1554页。

国青年党”。宗旨则定为“以外抗强权，力争中华民国之独立与自由，内除国贼，建设全民福利的国家为宗旨”，并定于星期日再约幼椿诸友继续讨论。

十一月二十五日　上午赴张子柱处续商组党事，午回寓用膳后，赴张子柱处与李不韪、何鲁之、周道、胡国伟、梁志尹、黄晃、周宗烈等正式会议，至六时顷，幼椿亦来，晚饭后续议，至十时半始散。

十一月二十九日　午后……起草中国青年党政纲。

十一月三十日　上午修改昨日所草中国青年党宣言，对于文化派、共产党、国民党皆有所驳。

十二月一日　午后……赴子柱处商量中国青年党党章，其严密为向来各党所未有。晚归阅报，子柱偕其同乡郑家康来访，续谈组党事至十一时，因明日将开会讨论，正式成立也。

十二月二日　上午赴张子柱处，与何鲁之、李不韪、黄晃、胡国伟、梁志尹、周燮元等续议组党事，因幼椿迟到，故候至午后二时始正式会议，先讨论予所拟之宣言及党纲，经众次第通过之后，复议子柱所起之章程，亦逐条表决。晚八时复开会议于子柱家，旋移往一咖啡店，众复推予为党务主任，子柱为宣传主任，议至十二时始散，于是中国青年党遂正式成立矣。①

中国青年党成立之后，其原为国家主义派的成员在西欧创办的华文报纸《先声周报》（1922 年 12 月在巴黎创刊，主持人为胡国伟、张子柱、周燮元、黄晃等国家主义派人）就成为了青年党的机关报，

---

① 曾琦：《旅欧日记》，载《曾琦先生文集》（下册），台北“中央研究院近代史研究所”，1993 年，第 1381—1383 页。

该报是国家主义派的宣传阵地和重要喉舌。

1924年4月20日,中国青年党在巴黎哲人大厅召开了第一次代表大会,大会选举曾琦为中国青年党中央执行委员会委员长,选举李璜、张子柱等为中国青年党中央执行委员。大会决定将中国青年党的总部设在法国,同时在德国、比利时等地设立中国青年党的支部。

在中国青年党成立的最初几年,他们对自己的党名十分保密,仍然以中国国家主义青年团的名义进行对外活动,因此人们仍然习惯性地称其为国家主义派。由于其主要力量和活动中心都在法国,因此反对国家主义派的斗争重任就落在了中共旅欧支部和旅欧青年团的肩上。

## 三、没有硝烟的战斗,欧洲大陆的论战

在旅欧的中国进步青年知识分子中,中共旅欧支部和旅欧青年团的诞生是一件有标志性意义的大事,从此,他们就有了自己的战斗组织和堡垒。他们学习宣传革命理论,在留学生中传播马克思主义,同各种思潮作斗争。在这些优秀的青年知识分子中,周恩来、李富春、邓小平等人脱颖而出,成为反对各种错误思潮的中坚力量,并在斗争中逐渐成熟,成为了坚定的马克思主义者。他们为马克思主义的传播扫清了障碍,有力地支援了中国的国内革命斗争。

为了更好地同各种思潮作斗争,在留学生和当地华人华侨中传播马克思主义,介绍俄国十月革命和研究中国问题,中共旅欧支部和旅欧青年团就需要有自己的舆论阵地和宣传刊物。在这种背景下,1922年8月1日,中共旅欧党团组织编辑出版了自己的机关刊物

《少年》。1923年12月10日，根据国内团中央的指示，中共旅欧党团组织决定把《少年》改为《赤光》。1924年2月1日，《少年》正式更名为《赤光》。《少年》、《赤光》的发行，极大地提升了旅欧党团组织在论战中的地位。

这场没有硝烟的战斗在同无政府主义的论战中拉开了序幕。正如前面所讲，在20世纪初期，无政府主义的政治思潮在旅法华人华侨中颇有市场。李石曾、吴稚晖、张静江等人利用《新世纪》杂志刊登世界上著名的无政府主义著作的中文译稿，宣扬无政府主义。华林、李卓等无政府主义者创立工余社，创办《工余》杂志，继续宣扬无政府主义。值得一提的是，《工余》杂志不仅宣扬无政府主义，而且还用大量的篇幅来攻击马克思主义，批判苏俄的无产阶级专政和中国马克思主义者的革命主张。无政府主义者公开宣称中国共产党及其宣扬的无产阶级专政理论，以及俄国的十月革命后所建立的社会主义国家是人类的罪恶，是目前面临的大敌。

面对无政府主义者的大肆攻击，周恩来等旅欧的马克思主义者针锋相对，予以严厉反击。论战主要是围绕着马克思主义与宗教精神、劳工专政与绝对自由、产业国有与自由生活、苏俄的革命是胜利还是失败等四个方面展开的。

**“马克思主义与宗教精神”的争论**

1922年8月，区声白、刘无为、刘抱蜀等人编写的《无所谓宗教》的小册子，在旅欧的华人华侨及留学生中泛滥成灾。该书极其错误地声称，共产党就好比是一个宗教，共产党人就是宗教中的一员，他们奉马克思为教祖，视《共产党宣言》和《资本论》为《圣经》，首领则是他们的牧师。该书认为，共产主义者视马克思主义为信仰是迷信的、盲从的、不讲理性的！

面对无政府主义的抨击，旅欧共产党人予以严厉反击。周恩来在《少年》杂志发表评论文章《宗教精神与共产主义》，该文对无政府主义的论调予以驳斥。周恩来首先对马克思主义的来龙去脉作了阐述，同时又阐明了马克思主义全部经济学的实质。他指出马克思主义不是宗教教义，而是革命的科学，因为它为人民提出了切实可行的、即通过革命实现人类真正解放的方法，而不像宗教那般用不切实际的梦幻天国来迷惑人心，只是理想上的乌托邦。在周恩来看来，共产主义者就应该对马克思主义学说具有坚定不移的信仰，因为马克思主义是共产主义者的行动指南，指导共产主义者的一切行动。因此，共产主义者把马克思的著作视为经典是无可厚非的，这也绝不是什么迷信！再者，迷信和信仰是有本质区别的！理论能否运用于实践，换句话说就是是否符合科学精神，是其区别所在。而马克思主义是经得起实践检验的科学理论，历久弥新。周恩来的文章击碎了无政府主义者的谎言，赢得了广大革命群众的支持。

**“劳工专政与绝对自由”的争论**

旅居欧洲的中国无政府主义者在反对封建军阀的同时，也把反对的矛头指向了苏俄的“劳工专政”。他们反对一切形式的国家和权威，强调个人在思想和行动上拥有绝对的自由。在无政府主义者看来，国家就是损害个人利益和破坏人民幸福的工具，并且常常被证明是一切不正义行为的归宿。所以国家在本质上不会因一个劳工专政的国家而有所改变。无政府主义者认为，苏俄这几年来实行的劳工专政，其实质就是共产党一党专政，而且党的权力则是集中在少数几个首领手中，所以把无产阶级专政称为共产党之首领专制更为合适。照此看来，人民的言论、集会、结社、出版、选举的自由权利就全部被取消了。无政府主义者的这种认识，既是一种荒唐的逻辑推理，又是对苏维埃俄国无产阶级专政的一种误解。

在无政府主义者这套荒唐逻辑的迷惑下，人们很容易对无产阶级专政产生困惑，怀疑它的性质和作用。面对这种情况，《少年》杂志连续发表多篇文章来为人们答疑解惑，深入系统地阐述了劳工专政和无产阶级国家政权的性质、作用等问题。正如文章指出的那样，资产阶级在被推翻后会不甘心失败，会想尽一切办法来恢复旧制度，因此无产阶级在推翻资产阶级之后必须实行无产阶级专政，建立自己的国家。周恩来的文章这样写道，在当今这个世界，强调个人在思想和行动上的绝对自由，只能是一种不切实际的幻想，在这个无产阶级进行社会革命的时代，宣扬绝对自由，只会帮助反对派。周恩来还结合苏俄的实际情况，全面地论述了无产阶级专政的作用、性质及人民的民主权利。周恩来指出，苏俄无产阶级专政下的最高领导人是服从苏维埃的、中央执行委员会及人民委员会的决议的。无产阶级专政下的人民群众是有权撤换苏维埃代表的，怎么会如无政府主义者说的那样“以首领之意旨，强迫人民服从”呢？当今世界，除了苏维埃俄国，其他国家都处于旧制度旧思想的禁锢之下，毫无自由可言！旅欧的共产主义者还就无产阶级专政下民主与专政的关系作了比较系统的阐述，既坚持和宣扬了马克思主义的国家观，又揭示了无政府主义者所谓绝对自由的本质。

**“产业国有与自由生活”的论争**

无政府主义者在反对无产阶级专政的同时，也对国家实行计划经济和产业国有提出了批评。无政府主义者认为，在苏维埃俄国实行“产业国有”的条件下,“工人自己之生活不能够自己支配”,“工人之不乐意作工与处于资本制度之下无异”,结果就是“其产业必日渐衰落”。① 有鉴于此,无政府主义者就宣扬“工人自由合作”,所有的一切由人民自己支配,“饥则耕而食,寒则织而衣,劳则筑而居,何待统治者来指挥?”②

针对无政府主义者的此种言论,周恩来这样驳斥道:“‘产业国有’是生产集中的必然现象,俄国这几年的经济恐慌正是因为他生产运输机关的集中还未做到十分好处,不是因为他不能碎分产业而生出的反动结果。”③周恩来认为,在无产阶级专政的国家实行计划经济和产业国有是十分必要的,“共产主义所主张的劳动会议制度和最高经济会议的组织,乃正是使工人于工厂管理,农人于田庄共产之外能得到个相当的集中和联结机关以便运用。”④无政府主义者追求的“饥则耕而食,寒则织而衣,劳则筑而居,何待统治者来指挥”,是违背社会历史发展规律的,只能是一种空想。这样的话说出来不好听,但其实质就是生产趋向说。历史是不会重复的,如果非要碎分生产机关,回到远古社会的生活状况,就会因为生产的落后而引起更大的恐慌。如果人们连吃穿用住都得不到满足,又怎会去谈论自由呢!周恩来还就无政府主义严重脱离实际的空谈作了新的剖析,他说:“无政府主义在中国已有了十年以上的历史,他利用中国人的惰性和容忍,竟与一些思想堕落者结成了不解之缘。他们都自命为提倡科学的人,其实他们只会高谈那空想的艺术,高谈几个‘真’‘善’

① 三泊:《俄国共产主义失败之原因及其补救的方法》,《工余》第九号。
② 三泊:《俄国共产主义失败之原因及其补救的方法》,《工余》第九号。
③ 伍豪(周恩来化名):《俄国革命失败了吗?——质工余社三泊君》,《少年》第六号。
④ 伍豪:《共产主义与中国》,《少年》第二号。

'美'的名词，论到实在的开发实业的方法，恐怕除掉毁坏大规模生产、反对集中制度外竟无什么具体主张。"①周恩来的文章对无政府主义的空想作出了十分中肯的批评。

**"苏俄的革命是胜利还是失败"的论争**

中国旅欧的共产主义者同无政府主义者的论战涉及方方面面，他们就苏俄的革命作了探讨。先是无政府主义者在《工余》杂志上发表文章《同志凌霄的一封来信》（《工余》，第十六号），向社会传播无政府主义者黄凌霄对苏俄的一些看法和批评，并加上了编辑部志的字样以示重视。编辑部志中提到黄凌霄亲自到过苏维埃俄国，所以他的看法和批评是真实的，中肯的。黄凌霄在这封来信中写道，"我来到俄国有半年之久了，接触到的人，除了共产党外，百分之九十九的民众都是不赞成劳农政府的。当今的俄国已然是恢复了资本主义，大街小巷皆是为利往来的现象渐渐与各国相同，所谓的革命者，估计已经不存在了。"另一个化名"三泊"的无政府主义人士，也在《工余》杂志发表文章《俄国共产主义失败之原因及其补救的方法》（《工余》，第九号），对苏俄的新经济政策提出批评，认为苏俄是在恢复资本主义，并且断言共产主义在俄国的实验已然失败。

在这种情况下，《少年》杂志连续发表多篇文章，驳斥了无政府主义者的言论，同时又揭示出苏俄革命形势的实质及其方向。在《俄国革命失败了吗？——质工余社三泊君》（《少年》，第六号）这篇文章中，周恩来指出，俄国在革命胜利后，把铁路、银行、大产业等收归国有，把土地交给了农民耕种，基本上消除了沙皇政权和资产阶

① 伍豪：《共产主义与中国》，《少年》第二号。

级遗留下来的制度，这些都属于共产主义的经济政策；更为重要的是，俄国实行无产阶级专政，劳动会议掌握了政权，只有这样才能铲除旧制度遗留下来的弊病，防止国内叛乱，同时又可以抵抗住国外强敌的侵犯。从阶级斗争来看俄国的共产主义，分明是成功了，哪里来的失败！无政府主义者从苏俄的新经济政策入手，利用其中允许重建私人小工商业一条，得出结论，说苏俄放弃了公有制，共产主义革命失败了。面对这种情况，马克思主义者指出，我们必须看到苏维埃俄国的经济发展水平还远不足以实行共产主义，从目前来看，它仍处在资本主义向共产主义的过渡阶段。在这样的过渡时期，恢复和发展私人小工商业是不足为惧的，是有益的。周恩来还引用了列宁在《答〈曼彻斯特卫报〉记者阿·兰索姆提出的问题》中的讲话，俄国恢复和发展私人小工商业，就像伦敦夜市中的小贩，和政治没有多大关联。何况苏俄的政权牢牢地掌握在工人阶级手中，为经济发展提供了保障。所以说，实行新经济政策，恢复和发展私人小工商业，只要是在国家资本主义的引导下，就不会妨害共产主义革命。并且从实行新经济政策一年来的实际效果看，它确实增加了社会主义国家的国民收入。因此，新经济政策是苏俄向共产主义过渡的一条捷径，而不是无政府主义者所说的是苏俄革命失败的佐证。除此之外，马克思主义者还亲赴苏俄，向社会传达其在苏俄的所见所闻，用丰富的事实说话，使无政府主义者的言论不攻自破。

除去上述所列，马克思主义者还就社会革命、阶级斗争、政治活动、国家制度、革命政党等一系列基本问题同无政府主义者展开论战。在一次次的论战中，广大的华人华侨及青年留学生逐渐看清了无政府主义的本质，对于他们选择中国社会的革命道路起到了很大的推动作用。

1923年末，马克思主义者在反对无政府主义者的斗争中，取得了决定性胜利。原来许多信仰无政府主义的人，有的加入了马克思主义者的队伍；有的脱离了无政府主义，重新探索挽救民族危亡的道路。1924年，《工余》杂志出版了其最后一期后，便销声匿迹了。喧嚣一时的无政府主义没落了，马克思主义进一步地扩大了在旅欧华人中的影响。

当时，用何种理论来救国是摆在中国先进知识分子面前的一道难题，每一种理论的代表者都渴望用其理论来救国，不可避免的各方就会产生争论。前面，我们已经了解了马克思主义者同无政府主义者之间的论战，现在，让我们再次回到那个没有硝烟的战场，感受马克思主义者同国家主义派之间那唇枪舌剑的论战场面。

国家主义派在宣传其理论主张时，时常会使用一些具有感染力的词汇。国家主义派人士说："我们主张国家主义，则我们的爱，当然范围于国家。"①国家主义派以一种虔诚的爱国主义者的形象出现在青年知识分子面前，宣扬本民族的优越性，强调国家至上。因此，国家主义派把马克思主义的无产阶级国际主义主张作为批判对象。国家主义派的代表人物曾琦在论述国家主义时曾说："国家主义乃反乎国际主义而言。"②熟悉曾琦的人都说他是一个坚定的国家主义派，以至于在日常言行中，他都把内诸夏而外夷狄、非我族类其心必异等挂在嘴边。国家主义派把中国共产党联合俄国及世界上其他国家的无产阶级，坚持无产阶级专政，比作是"无异于吴三桂的故伎"③。国

① 转引自李富春：《反帝国主义的国际联合之新发展》，《赤光》第十七期。

② 曾琦：《五四运动与国家主义》，《曾慕韩（琦）先生遗著·附曾母宋太夫人诗稿》，台北文海出版社1971年版，第138页。

③ 转引自《赤光》第十七期。

家主义派的这些打着爱国名义的言论,在那个中国被列强侵略的年代,很容易引起青年知识分子的共鸣,因而影响也很大。青年知识分子思想上颇感困扰,是相信国家主义还是马克思主义?

为了解答青年知识分子的疑惑,也为了更好地在中国青年知识分子中传播马克思主义,旅欧的马克思主义者发表了大量文章对国家主义派的言论作出批判。周恩来在《赤光》上发表了题为《救国运动与爱国主义》、《革命救国论》等文章,他运用马克思主义关于阶级和阶级分析的观点,对国家主义派的言论作了分析。他说,全世界凡是有资本主义足迹的地方,都存在着两大阶级:压迫阶级和被压迫阶级。压迫阶级就是指列强中的资产阶级,一些落后国家的封建势力,那些封建势力也不过是为列强中的资产阶级服务的。被压迫阶级就是指无产阶级和那些殖民地半殖民地的弱小民族,他们处于被压迫的地位。在这种情况下,全世界的被压迫阶级就应该联合在一起,反抗压迫阶级。

针对国家主义派的民族优越性、国家至上等言论,周恩来指出:"我们倡言救国运动,是根据于国际政治经济情势,弱小民族地位,非内倒军阀、外倒国际帝国主义不足以图存的见地而来,绝非狭义的爱国主义运动。狭义的爱国主义运动的流弊,至少对内会造成法西斯蒂的局势,对外会养成帝国主义的野心。"①

针对国家主义派内"诸夏而外夷狄、非我族类其心必异"等言论,旅欧马克思主义者李富春,运用大量的具体事例予以反驳。在李富春看来,我们目前面临的是一种国际帝国主义联合侵略中国的局面,在这种情况下,中国人民要想取得反侵略斗争的胜利,就必须联

① 伍豪:《救国运动与爱国主义》,《赤光》第三期。

合全世界一切被压迫阶级、民族。李富春还从具体事例入手，列举了俄国、英国、法国等国家的工人阶级在言论和行动上对中国人民反侵略斗争的支持。李富春强调说，帮助我们的都是一些国际主义者，他们就是工人和共产党人。那些宣扬国家主义的政党、报纸，都是一些像青年党的人，损人利己。那些宣扬国家主义的外国人不仅不帮助我们，而且同帝国主义者一样，主张在中国内乱之时，干涉中国。李富春希望青年知识分子能够看清国家主义的本质，在这些鲜明的对比中，判断出、分辨出“国家主义好，还是国际主义好?”①从而与国家主义划清界限，拥护马克思主义的国际主义主张。

针对国家主义派提出的，坚持马克思主义的国际主义与坚持爱国主义是否矛盾的提问，旅欧的马克思主义者系统、全面地阐述了自己的观点。他们认为，坚持国际主义与坚持爱国主义是统一的。正如周恩来所说：“我们为救国而倒军阀，倒国际帝国主义，但我们心中却不容丝毫忘掉与我们受同样苦痛的全世界无产阶级与弱小民族，亦即是全世界的被压迫阶级。并且我们若认清事实，果想将军阀打倒，国际帝国主义打倒，我们也非与全世界被压迫阶级联合一致来打此共同敌人不可。故我们的救国运动乃必须建立在国际主义上面。”②正是因为中国革命同世界革命之间的必然联系，我们才更要坚持爱国主义与国际主义相统一。在周恩来、李富春等旅欧的马克思主义者的共同努力之下，广大的青年知识分子逐渐看清了国际主义与国家主义的本质区别，从而更加拥护国际主义。

在国家主义派的言论中，还有一种主张在青年知识分子中影响很

① 李富春：《反帝国主义的国际联合之新发展》，《赤光》第十七期。
② 伍豪：《救国运动与爱国主义》，《赤光》第三期。

深,那就是“外抗强权,内除国贼”。在风云变幻的五四运动中,与之相类的口号曾经让无数人热血沸腾。在这个口号的鼓舞下,中国的知识分子取得了一连串的胜利。几年之后,国家主义派又重新定义了这个口号,转移了斗争的方向,把斗争转移到了反苏反共上。这种新的释义可能会将革命引入了歧途,造成知识分子在认识上的混乱。在这种形式下,马克思主义者看到了问题的严重性,从而与之展开了论战。

那么国家主义派所谓的“外抗强权”是什么?是反抗帝国主义的侵略吗?显然不是。中国共产党早就提出过打倒帝国主义,推翻国际资本主义在华统治等口号,但是对此,国家主义派是持反对态度的。国家主义派认为,世界上有英国、美国、日本、法国等帝国主义,但是没有所谓的国际资本帝国主义。在此基础上,国家主义派对马克思主义者提出的打倒国际帝国主义提出了批评,他们认为这种主张有干涉他国内政之嫌。为了号召人们反对这样的主张,国家主义派宣扬用东方文化去感化帝国主义者弃恶从善。国家主义派认为:帝国主义国家“是不了解东方文化而才来侵略中国底国家”,只要经过他们“宣传东方文化”,就能够“使欧美知黄种之不可欺”。①

既然国家主义派的外抗强权不是指反抗帝国主义的侵略,那么其外抗强权究竟指的是什么?曾琦在《“内除国贼外抗强权”释义》一文中,给出了答案。他把“强权”解释为把种种压力强加给个人或者国家的国家。在这里,他特别强调强权来自帝国主义列强之外,是那些非资本主义国家,依靠武力靠近我们、强占我们的领土、对我们发号施令的国家。显而易见,曾琦在这里所说的强权就是指苏联。国家主义派认

① 转引自《赤光》第十八期。

为，苏联将会和素来具有侵华野心的日本结成联盟，出兵中国。他们甚至认为，同中国政府进行谈判的苏联代表实际上就是苏联的军事间谍。

在国家主义派的误导下，一部分人对中国共产党和苏联产生了误解。面对这种情况，中共旅欧党团组织以《赤光》杂志为舆论阵地，对国家主义派的错误言论予以严厉反击。马克思主义者首先联系中国的实际遭遇，指出五四运动以来中国被帝国主义国家侵略的事实，以此证明国际帝国主义是客观存在的，“试看巴黎和会因对远东问题的分赃不均，美国竟负气不签合约，结果乃有华府会议，使中国代表为调解英、美、日、法的远东利益冲突而自行承认‘门户开放’，‘利益均沾’诸原则，以遂英美共同宰割中国的阴谋。……我们认清此国际情势，外交现象，我们便知现今毫不客气地侵略中国，压迫中国人民的，决不专限于某一国，或属某一民族，而乃是国际间的资本帝国主义的列强。”①至于国家主义派所说的打倒国际帝国主义就是在干涉他国内政，更是无稽之谈。因为在这里，马克思主义者强调的打倒国际帝国主义，“当然是打倒在中国来侵略中国底国际帝国主义，不是开兵到英美法日各国去打倒他们，何云‘干涉他国’。”②《赤光》杂志还发表了大量文章揭露帝国主义的侵略本质，驳斥了国家主义派用“宣传东方文化”去应对帝国主义侵略的错误主张。文章指出：“国际帝国主义之侵略中国，是它们资本主义发展到最高度所不得不然，绝不是它们不了解所致”③，假如宣扬东方文化就可以使帝国主义幡然悔悟，不侵略中国，那么像埃及、印度等这些同中国一样，都是文明古国的

① 周恩来：《旅法各团体敬告国人书》，《少年中国》第四卷第八期。
② 《驳曾琦君底〈“内除国贼外抗强权”〉释义》，《赤光》第二十一至二十二期。
③ 《在评宣传东方文化》，《赤光》第十八期。

国家，“便不会为国际帝国主义所吞灭所保护了”①，但现实是它们早已沦为这些帝国主义国家的殖民地半殖民地或附属国了。由此可见，国家主义派希望用宣传东方文化来抵制帝国主义列强对中国的侵略，实在是无异于“叫老虎不吃人，何其梦想之至啊！”

对于国家主义派的反苏言论，马克思主义者指出，作为刚刚诞生的社会主义国家，苏联是那些弱小民族的朋友，它不仅废除了在中国的不平等条约，取消了在中国的法外治权，而且退还了中国的庚子赔款，其驻华大使更是“立在帝国主义列强的一班公使的相反地位为中国说话，为被压迫民族说话。”②这么一个帮助中国、为中国说话的国家，说它是中国的敌人，显然是不成立的。

国家主义派的口号是“内除国贼，外抗强权”，那么内除国贼又指的是什么？众所周知，国家主义派对中国共产党提出的“消除内乱，打倒军阀，建设国内和平”是全力反对的，他们认为搞阶级斗争就是在无理取闹，破坏社会安宁，打倒军阀就是在煽动自己的同胞自相残杀。这样就会分散人民的力量，减少抗击外敌的战斗力，最终耽误国家大事。因此，国家主义派主张用内除国贼来代替打倒军阀。那么国贼指的是什么？国家主义派的代表人物曾琦认为国贼“即其行为有背于国民之公意，有害于国家之生存也”③。在列举各类国贼时，他特别强调有“假借外力，争夺政权之政党”④。国家主义派的另一位代表人物左舜生更是直接点明，“所谓‘国贼’大概便以共产党

① 《在评宣传东方文化》，《赤光》第十八期。

② 周恩来：《中俄协定的签字后》，《赤光》第十期。

③ 曾琦：《“内除国贼外抗强权”释义》，《国家主义论文集》第97页。

④ 曾琦：《“内除国贼外抗强权”释义》，《国家主义论文集》第97页。

为主体。”[①]国家主义派就是在内除国贼这样的幌子下，把中国共产党列为敌人，对其进行大肆攻击的。

面对这种情况，马克思主义者据理力争，批判国家主义派的荒唐言论，向社会传达打倒军阀的正确性。旅欧马克思主义者指出，如今的中国，已经沦陷为帝国主义列强的半殖民地了，但是如果没有内贼，外贼何以如此猖狂！正是因为“有了这一干图私的新旧军阀——封建余孽——再加以专做牵线人的外交系，做掮客的洋行买办和趋炎附势的滥官僚，于是卖国的勾当乃越发做得兴旺。”[②]在这种严峻的形式面前，期望通过阶级合作来改造中国是不可能的，是达不到救亡图存目的的！那么，中国的未来究竟在何方？旅欧的马克思主义者认为，“必须推翻国内军阀，打倒国际资本帝国主义。”[③]总而言之，“非革命不足以图存！”[④]在旅欧马克思主义者的严厉批驳下，国家主义派反苏反共的意图逐渐暴露在广大公众面前。在论争中，旅欧马克思主义者的主张赢得了广大华人华侨的支持。

马克思主义者同国家主义派争论的另一个焦点，是围绕国共合作和革命统一战线展开的。1923年6月，在周恩来和国民党左派人士王京生的共同努力之下，国共两党的旅欧组织实现了合作。同年7月，在反对帝国主义列强共管中国铁路的斗争中，旅法的各团体联合会诞生了。自此，一个以国共合作为核心，以广大的旅法华人团体为群众基础的革命统一战线形成了，它有力地推动了旅欧华人革命

---

① 左舜生：《万竹楼随笔》，台北文海出版社1967年版，第293页。
② 伍豪：《革命救国论》，《赤光》第二期。
③ 《旅法华人反对列强共管中国铁路纪事》，《少年中国》第四卷第八期。
④ 伍豪：《革命救国论》，《赤光》第二期。

运动的发展。但是对此,国家主义派是持反对意见的。他们在各个方面对国共合作和革命统一战线提出批评。

国家主义派的攻击首先是从国共两党的关系开始的。国家主义派编造谣言说,共产党对国民党"始而利用,继而篡夺,终而打倒"①,"共产党之依赖国民党者,是靠着国民党帮他革命,大功告成,就要鸠占鹊巢,杀孙中山来祭红旗"②。他们企图通过这些危言耸听的言论,动摇国民党左派人士同共产党合作的决心。国家主义派还非难中国共产党人说,共产主义者以个人身份加入国民党是"混合",既然加入了国民党,共产主义就应该被三民主义所左右、改变,否则就暂时先不要谈主义。

面对国家主义派的种种非难,旅欧共产党人以机关刊物《赤光》为阵地,批判了国家主义派的种种谬论,揭穿其破坏革命统一战线的真实面目。周恩来说:"不错,我们共产主义者是主张'阶级革命'的,是认定国民革命后还有无产阶级向有产阶级的'阶级革命'的事实存在。但我们现在做的国民革命却是三民主义革命,是无产阶级和有产阶级合作以推倒当权的封建阶级的'阶级革命',这何从而说到'国民革命'是'阶级妥协'?且非如此,共产主义革命不能发生,'打破私有制度','无产阶级专政'自也不能发生。不走到第一步,何能走到第二步?"③与此同时,周恩来还批驳了国家主义派所谓的"混合"论调。他说,国共两党的合作是建立在革命统一战线基础

① 曾琦:《国共两党决裂后吾人对国民党之态度及忠告》,载《中国青年党》,档案出版社1988年版,第171页。

② 转引自《赤光》第十八期。

③ 恩来:《再论中国共产主义者之加入国民党问题》,《赤光》第九期。

上，是国共两党在政治上的共同行动。这种政治上的共同行动，共产主义者是可以加入的。何况加入国民党的是共产主义者，而不是共产党，因而不存在说两党合作就是两党在组织上的混合。至于国家主义派所说的共产党人在加入国民党之后就不应该再谈主义的论调，周恩来指出，要想解决社会在政治经济问题上的纠纷，就必须以主义为指导，除非是不想解决纠纷。周恩来说，无产阶级革命者必然要把共产主义作为自己的信仰，如果因此就拒绝他们加入国民革命的队伍，"则你只有寻找那必然要信仰资本主义而口中讳言资本主义的有产阶级为伍了。"①在旅欧的马克思主义者的共同努力下，广大的华人华侨逐渐看清国家主义派"内除国贼，外抗强权"的本质，从而坚定了支持马克思主义者的主张。

国家主义派在理论辩论失败后，又开始在行动上向共产党人展开进攻。国家主义派利用旅法各团体联合会的名义，在旅法华人中散布谣言，编造事实，误导旅法华人，攻击共产党人。1924 年中华民国国庆节（10 月 10 日是中华民国国庆日）期间，这出闹剧达到了高潮。国庆日前夕，国家主义派在《先声周报》刊文，宣称代表旅法华人成立了国庆筹备处，国庆当日，又以旅法各团体联合会的名义，四处散发国庆节开会程序。国庆当晚，国家主义派又召开了一个所谓的国庆纪念晚会。在此之后，国家主义派到处宣扬自己成功举办了国庆纪念晚会，不仅有旅居法国的各界华人，而且还有二百多名法国民主人士到会，此举有利于增进中法人民的感情，有利于法国人民了解中国等。

为了使广大的旅法华人了解事情的真相，认清国家主义派的这

① 恩来：《再论中国共产主义者之加入国民党问题》，《赤光》第九期。

种欺骗行为，旅法的共产党人一边宣传中国共产党的正确主张，一边在《赤光》杂志上发表文章，批判国家主义派的错误行为。其中，邓小平在《赤光》杂志上发表的两篇文章《请看反革命的青年党之大肆其捏造》、《请看〈先声周报〉之第四批造谣的新闻》，文风尖锐，直指问题本质，很具有代表性。邓小平在文章中这样写道："青年党说他们的'国庆纪念'是'旅法华人'的，当晚'侨法各界人士约四百余人'到会。其实，当晚全数的五百人，大多是青年党人嫖的法国窑子，吊的法国膀子和其法国房东等要占其半……下剩的多是青年党人，'音韵悠扬'地'奏''乐'，'肖妙之至'地'扮''演'，'体态活泼'地'跳舞'。他们干了一夜。这本是青年党底十月十日俱乐会，'跳舞会'，他们偏说是旅法华人底国庆纪念会。请看，这是何其的捏造！何其的欺骗！……以至于说与二百多法国娼妓和房东跳舞，就叫'联络法国人民之感情'，音乐戏剧乐一场就可'使'他们'了解我国之真相'，不是与三岁孩子说底话么？他们叫法警来捉共产党人，反被在门旁底共产党人说退了。当国内直皖战于南，奉直战于北底时候，而他们反歌舞于花都，我们更不知这是谁在'贻笑外人'，'暴露中华民族之丑态'？请大家想一想。"①邓小平说，利用《先声周报》来散布其捏造的新闻是国家主义派的惯用手法，因此，他提醒那些"为看新闻而读《先声》的人，应知反革命派就在迎合你们的需要，捏造新闻，来宣传你们，欺骗你们呢！"②

经过这一系列的重要论战，旅欧华人逐渐看清了国家主义派反苏反共的本质，纷纷表示"国民革命是目前的主要工作，联合战线是

① 希贤：《请看反革命的青年党之大肆其捏造》，《赤光》第十八期。
② 希贤：《请看〈先声周报〉之第四批造谣的新闻》，《赤光》第二十一至二十二期。

国民革命的必要策略"，对此"绝不怀疑"①。同时，旅欧华人谴责了国家主义派的这种欺骗、造谣的行为，克鲁邹的华工刊物《新工人》在给《赤光》杂志社的一封信中写道："贵刊与青年党报《先声》的论战，揭破若辈爱国的假面具与法西斯蒂的阴谋，尤为同人所拍手称快。"②这样的自发行为还有很多。

在这种局势下，1924 年，曾琦、李璜等国家主义派纷纷返回中国。1925 年，国家主义派又将中国青年党的总部迁回国内。至此，与国家主义派的斗争以旅欧马克思主义者的胜利而暂时告一段落，尽管还存在着一些国家主义派的残余势力，但是斗争的主战场已经转移到国内了。旅欧马克思主义者的这一胜利，为在国内进一步开展反对国家主义派的斗争，奠定了基础。

旅欧的马克思主义者，在一次次的反对无政府主义、国家主义等政治思潮的过程中日趋成熟。他们胸怀祖国，坚定了对马克思主义、共产主义的信仰，在一次又一次的论战中越发坚强。在他们的努力下，马克思主义在旅欧华人中大放异彩，并最终取得了在欧洲大陆上的论战胜利。旅欧马克思主义者在论战中的胜利，有力地支援了国内反对无政府主义、国家主义等政治思潮的斗争。站在莱茵河畔，望着奔腾而去的河水，旅欧的马克思主义者不再迷惘、不再彷徨，而是心怀梦想，坚定地走向远方。

---

① 《读者论坛》，《赤光》第二期。

② 《欢迎〈新工人〉重新出版》，《赤光》第十七期。

# 第五章 众流合一，汇流于国内革命浪潮

回顾旅欧勤工俭学的中国青年们的发展轨迹，可以看到，他们的发展大致分为以下三个途径：一、以蔡和森、李立三、陈毅、陈公培、罗学瓒、张昆弟为代表的一批青年因为参加进占里昂中法大学的斗争被遣送回国，随后积极地投身于国内的革命洪流，参加了国共合作的国内大革命；第一次国共合作破裂之后，继续投身于中国共产党领导的革命事业，许多人甚至为此献出了自己宝贵的生命。二、以赵世炎、邓小平、李富春、聂荣臻、王若飞、蔡畅等为代表的一批具有马克思主义信仰的先进青年们离开欧洲，远赴苏联，进入以莫斯科东方大学和莫斯科中山大学为代表的苏联学校学习。他们在苏联积极学习革命理论，学习军事文化知识，在大革命期间和大革命之后，相继返回国内，用自己所学的知识投身于中国共产党领导的革命事业。三、以萧朴生为代表的一批人选择继续留在欧洲求学，他们中的许多人最终学有所成，在许多领域成为了知名的专家学者。

## 一、遣送回国，积极探索革命道路

1921年9、10月间，由于参加了进占里昂中法大学的斗争，蔡和森、李立三、陈毅、陈公培等104人被法国当局遣送回国，经过一个多月的航行，他们回到自己的祖国。这些旅欧勤工俭学青年中的杰出代表，回国后也没有放弃自己在欧洲逐步形成的马克思主义信仰，以极大的热情，积极探索革命的道路，身体力行地投入到了中国共产党的革命事业之中。

蔡和森，1921年底被遣送回国，在上海见到了陈独秀，并在陈独秀和陈公培(吴明)的介绍下，加入了中国共产党。入党不久，蔡和森即被陈独秀留在中共中央，进行理论宣传工作。在进行中共中央安排的宣传工作的同时，蔡和森也积极地参加中国社会主义青年团的工作。1922年5月，中国社会主义青年团第一次代表大会在广州召开，在这次会议上，蔡和森被选为团中央执行委员。这次会议之后，蔡和森积极协助团中央进行机关报《先驱》的编辑工作，针对当时社会上流行的各种改良主义思想，他用马克思主义的观点进行了批判，引起了广大青年的注意。

当时，以胡适等人为首的改良主义者提出“好政府主义”，在他们看来，当时的中国必须有一个“好政府”，即先有“宪政的政府”、“公开的政府”、“有计划的政府”。有了这样的“好政府”，就可以让那些“好人”、“优秀分子”出来与“恶势力”斗争。[①] 他们的这一种好

① 中共双峰县委员会:《蔡和森传》，湖南人民出版社1980年版，第83页。

政府主义的倾向，实际上是反对工农革命，主张通过资产阶级政府自身的修正，来达到改变社会的目的。针对这种改良倾向，蔡和森进行了批判。在《批评“好政府”主义及其主张者》一文中，他指出，所谓“好”、“坏”只是一种政治现象，绝不是实行政治改革的目标。“比如专制政治之下，也有好政府或坏政府，民主政治之下，也有好政府或坏政府，这种政治现象问题，我们当作别论，万不可拿他当作政治改革目标。否则，容易混淆是非，上所谓‘好政府’主义者的当。”“即使有所谓‘好人’，又谁来支持他们上台、组织‘好政府’？把中国搞得一团糟的袁世凯、段祺瑞、曹汝霖、陆宗舆等，不正是帝国主义和封建军阀支持他们上台的吗？在他们霸占的政治舞台上能组成‘好政府’，未免太空想，太滑稽，而且太不‘努力’了”，“真正的‘好政府’从哪里来？要彻底推翻腐朽的统治阶级才能建立。英、法资产阶级的‘好政府’，是经过一两个世纪的革命，推翻了封建地主阶级的统治才实现的。在中国，不想动摇任何统治阶级的权力，而希望‘好政府’的出现，这实际上不过是站在军阀的幕内唱唱清调，借以欺骗民众而已。”①由于蔡和森具有很强的理论功底，因而他的文章很有说服力，广大青年通过他的宣传，对“好政府”主义的本质有了更深刻的认识。

在1922年7月召开的中国共产党第二次代表大会上，蔡和森当选为中央委员，并被推举为大会宣言起草委员会成员之一，和陈独秀、张国焘一起起草大会的宣言。在此期间，他积极地协助陈独秀的工作，提出了许多宝贵的意见。二大之后，依据斗争需要和蔡和森的出色才能，党中央指派蔡和森负责编辑党的机关报《向导》周报，代

① 中共双峰县委员会：《蔡和森传》，湖南人民出版社1980年版，第84页。

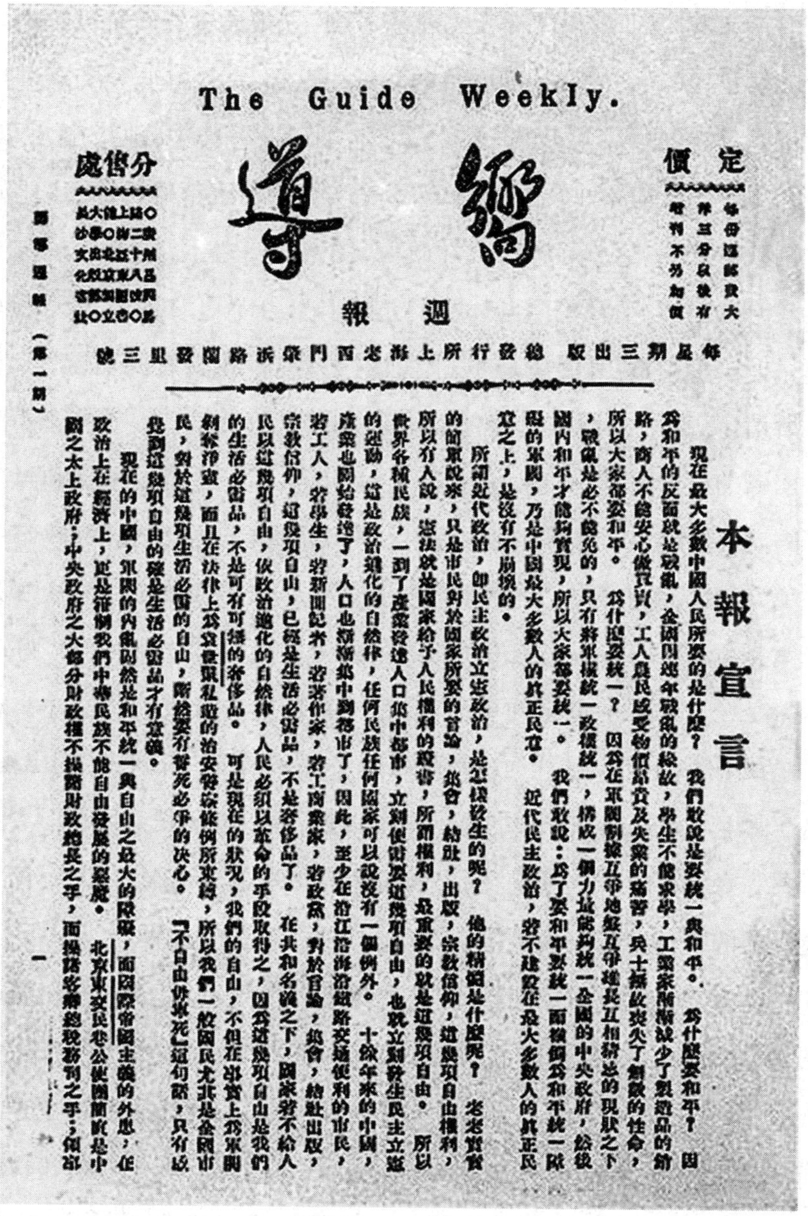

The Guide Weekly.

嚮導 週報

定價：每份連郵費大洋三分以後有增刊不另加價

每星期三出版 總發行所上海老西門肇浜路蘭發里三號

（第一期）

本報宣言

現在最大多數中國人民所要的是什麼？我們敢說是要統一與和平。為什麼要和平？因為和平的反面就是戰亂，全國因連年戰亂的緣故，學生不能求學，工業家漸漸減少了製造品的銷路，商人不能安心做買賣，工人農民感受物價昂貴及失業的痛苦，兵士擲棄了寶貴的性命，所以大家都要和平。為什麼要統一？因為在軍閥割據互爭地盤互爭雄長互相猜忌的現狀之下，戰亂是必不能免的，只有將軍權統一政權統一，構成一個力量能夠統一全國的中央政府，然後國內和平才能夠實現，所以大家都要統一。我們敢說：為了要和平要統一而推倒為和平統一障礙的軍閥，乃是中國最大多數人的真正民意。近代民主政治，若不建設在最大多數人的真正民意之上，是沒有不崩壞的。

所謂近代政治，即民主政治立憲政治，是怎樣發生的呢？他的精髓是什麼呢？老老實實的簡單說來，只是市民對於國家所要的言論，集會，結社，出版，宗教信仰，這幾項自由權利，所以有人說，憲法就是國家給予人民權利的證書，所謂權利，最重要的就是這幾項自由。所以世界各種民族，一到了產業發達人口集中都市，立刻便需要這幾項自由，也就立刻發生民主立憲的運動，這是政治進化的自然律，任何民族任何國家可以說沒有一個例外。十餘年來的中國，產業也開始發達了，人口也漸漸集中到都市了，因此，至少在沿江沿海沿鐵路交通便利的市民，若工人，若學生，若新聞記者，若著作家，若工商業家，若政黨，對於言論，集會，結社，出版，宗教信仰，這幾項自由，已經是生活必需品，不是奢侈品了。在共和名義之下，國家若不給人民以這幾項自由，依政治進化的自然律，人民必須以革命的手段取得之，因為這幾項自由是我們的生活必需品，不是可有可無的奢侈品。可是現在的狀況，我們的自由，不但在事實上為軍閥剝奪淨盡，而且在法律上為袁世凱私造的治安警察條例所束縛，所以我們一般國民尤其是全國市民，對於這幾項生活必需的自由，斷然要有誓死必爭的決心。『不自由毋寧死』這句話，只有感覺到這幾項自由的確是生活必需品才有意義。

現在的中國，軍閥的內亂固然是和平統一與自由之最大的障礙，而國際帝國主義的外患，在政治上在經濟上，更是箝制我們中華民族不能自由發展的惡魔。北京東交民巷公使團簡直是中國之太上政府；中央政府之大部分財政權不操諸財政總長之手，而操諸客卿總稅務司之手；領事

一

《向导》周报

替《共产党人》月刊来宣传马克思主义。

1922年9月,《向导》周报在上海创立。在创刊宣言中,《向导》周报即开宗明义地提出了反帝反封建、实行民主主义革命的思想。在宣言中,蔡和森等人用鲜明的材料证实:“必须推倒国内和平统一障碍的军阀与反对中国自由与独立的障碍——国际帝国主义。以国民革命解除国内外的一切压迫,建设民主的全国统一的政府。这就是当前绝大多数中国人所迫切需要作的事情。”①随后,以《向导》周报为阵地,蔡和森发表了大量的文章,来宣传国共合作和国民革命。

1923年6月,蔡和森和挚友毛泽东一起参加中国共产党第三次代表大会,并在大会上当选为中央委员。在此期间,他以极大的热情投入到了国共合作的大革命之中,对京汉铁路大罢工等工人运动进行了翔实的报道,对军阀政治和帝国主义的侵略进行了深刻批判。在1925年1月召开的中国共产党第四次代表大会上,蔡和森连任中央委员。在这一年,五卅运动爆发,蔡和森参与领导了五卅运动,他提出要放手发动各社会阶层的人民群众,实行工人罢工、学生罢课、商人罢市的“三罢”斗争策略,要运用一切力量实现总罢市,实现上海工、商、学总联合的反帝运动。蔡和森还以中国共产党的名义发表了《告全国民众书》,在中国共产党的推动下,这场斗争发展到了广州、香港等城市。1925年10月,在国共合作的大背景下,蔡和森受中共中央委派赴莫斯科,参加共产国际第五届执委会第六次会议,会后,他担任了中国共产党驻共产国际的代表。1927年4月,中国共产党在武汉召开第五次全国代表大会,在这次会议上,蔡和森当选中

① 中共双峰县委员会:《蔡和森传》,湖南人民出版社1980年版,第87—88页。

央委员、中央政治局委员，并且兼任中央宣传部部长。

在国民党实行“清共”政策之后，蔡和森没有被吓倒，而是以饱满的热情投入到了党的革命事业之中，在八七会议上，他支持毛泽东提出的坚持武装斗争的意见，主张开展土地革命，以挽救革命事业。八七会议后，作为中央的特派员，他奔赴天津，开展革命工作，参与了建设和领导中共中央北方局的工作。

随后，在1928年6月至7月莫斯科召开的中共六大上，他被选为中央政治局委员、常委，并且仍兼任中央宣传部部长。1931年6月，由于顾顺章的叛变，中共中央的组织机构受到了巨大破坏，一大批党的领导人被捕入狱，蔡和森也在参加香港海员工会会议时被捕。在监狱中，他受尽酷刑但坚贞不屈，进行了顽强的抗争。1931年冬天，蔡和森被广东军阀陈济棠在广州残忍杀害，年仅36岁。

李立三，1921年10月，因为参加留法勤工俭学生进占里昂中法大学的斗争，他被法国当局遣送回国。11月下旬，刚刚回国不久的李立三就接受时任中国劳动组合书记部湖南分部负责人毛泽东的委派来到了安源，指导安源路矿工人的罢工运动。李立三到达安源后就积极地开展工作，在工人积极分子中发展中国共产党的党员和团员。1922年，安源建立了党支部，共有党员6人，李立三当选为第一任支部书记。此后，李立三等人在安源路矿工人中组织了工人俱乐部来团结广大工人。在工人俱乐部中，他们开办了工人消费合作社，经营米、面、油、盐等生活必需品，由于价格亲民，深受广大工人的拥护。

1922年，安源路矿当局连续几个月拖欠工人们的工资，导致工人生活紧张，人心浮动。在听闻汉阳钢铁厂等地方的工人罢工成功的消息之后，安源路矿的工人们也决定组织起来，进行罢工，他们提出如下要求：一，发放拖欠了几个月的工资，保护工人俱乐部。二，路矿两局每月给予工人俱乐部津贴二百元。但是，发放拖欠工资的要求被路矿两局以财政困难为借口拒绝。

1922 年 9 月初，毛泽东来到安源，他在一个党员的家里主持了安源党支部的会议，认为安源地区具备罢工的条件，遂对罢工作了具体的安排，并要求刚从苏联回国不久的刘少奇和李立三一同来领导安源地区的罢工。

罢工开始后，路矿当局采取威逼利诱等种种手段促使工人们复工，先是派总监工王鸿卿对工人进行利诱，对他们说只要下矿，不干活也有工资，妄图分化罢工工人，但在工人俱乐部的斗争下未能得逞。利诱失败后，王鸿卿秘密策划，准备派人刺杀李立三等领导人，工人们听到消息后，日夜保护李立三等领导人的安全，同时又严正警告路矿当局这样做后果很严重。看到工人们的斗争这么坚决，路矿当局电请赣西镇守使在安源设立戒严司令部，妄图以武力相要挟，让工人们开工。刘少奇作为代表和戒严司令李鸿程进行了针锋相对的斗争，在广大工人的支持下，李鸿程态度也软了下来，表示愿做调解人，使事态逐步平息下来。

在李立三、刘少奇等人的领导下，在安源路矿工人的坚决斗争和社会各界的帮助下，路矿当局被迫承认了罢工工人提出的大多数条件，安源路矿大罢工取得了胜利，工人俱乐部的人数也迅速扩展到了一万多人，中国共产党在工人中的威望得到了提升。

此后，在第一次国共合作期间，李立三曾任中共上海区委职工运动委员会书记，在邓中夏、刘华等人的帮助下，他创办工人补习学校，在上海成立工友俱乐部和工人进德会。1925 年五卅惨案发生后，他

安源路矿大罢工

当选为上海市总工会委员长，成为著名的工人运动领袖，他领导工人展开了积极的抗争，有力地支援了北伐战争。

1921年11月，由于在法国参加进占里昂中法大学的斗争，陈毅被押送回国。回国之后，他就和黎纯一作为四川籍学生请愿代表，到四川向四川各界人士陈述留法学生惨状，以及这次被迫回国的悲惨遭遇，请愿运动因为当时的四川政局错综复杂而失败。随后，陈毅参加了中国社会主义青年团成都支部组织的“四川民权运动大同盟”，并作为“四川留法勤工俭学生同学会”四川代表参加大同盟的活动，担任文书的工作。1923年10月，陈毅到达北京，几经波折，在北京进入蔡元培、李石曾等为收留被迫回国的留法勤工俭学学生而创办的中法大学。在中法大学学习期间，陈毅实现了自己人生的重大转变。此前,在1922年秋,经蔡和森介绍,陈毅加入了中国社会主义青年团,而这时他实现了从团员向党员的转变。1923年11月,经颜昌颐、肖振声二人介绍,陈毅从中国社会主义青年团转为中国共产党正式党员,在党旗下宣誓。年底,他还担任了中国共产党北京西部区中法大学支部书记。国共合作期间,陈毅积极地投身国民大革命,以共产党员的身份加入国民党,在李大钊主持的国民党北京党部中工作,并担任北京学生总会的党团书记。这年年底,陈毅从中法大学毕业,从一个先进学生转为一个职业革命者,在陈毅等的积极努力下,国民党北京特别市党部已成立了9个区党部、90个区分部,已领有党证的党员2600多人,加上已填志愿书的约有4000余人,其中农业大学的国民党第9区党部,是陈毅和郭春涛等人亲自去创建的。① 一时间,许多北京市的先进青年都聚集在了国民大革命的潮流之中。

北伐战争开始后,他在1927年曾担任武汉中央军事政治学校的中共委员会书记。大革命失败后,陈毅没有动摇自己的信仰,毅然投身于革命事业,参加了著名的八一南昌起义,在部队被打散之后,他跟随朱德上了井冈山,在革命年代任劳任怨,成为中国共产党和中国人民解放军的重要领导人。

陈公培,在被法国当局驱逐回国之后,于1921年底赴海南省,参与建立了海南的中共党组织,在海南期间,他创立琼海师范学校并任校长。在国共合作的时代大潮中,他积极投身于国共合作的国民大革命,1924年他报考黄埔军校,并进入黄埔军校第二期学习,发起组织火星社。在黄埔军校学习期间,他曾参加了两次东征。北伐时期,他任

① 刘树发:《陈毅年谱》(上卷),人民出版社1995年版,第70页。

国民革命军第四军政治部副主任，在北伐军中进行政治工作。他还曾担任武汉工人运动讲习所教员，积极组织广大农民起来进行革命。

大革命失败后，他在1927年参加南昌起义。南昌起义部队退出南昌后，他和党组织失去联系，一度脱党。1933年福建事变爆发，他作为十九路军的代表与中央苏区的红军进行联络。在福建事变失败之后，他寓居天津、上海等地。新中国成立后，他曾任政务院、国务院参事和第二至四届全国政协委员。

罗学瓒，1921年10月因为参加进占里昂中法大学的斗争，被法国当局强行遣送回国。同年底，他来到上海，加入中国共产党。1922年初，受党中央委派，他回到长沙从事工人运动。此时，毛泽东正在建立湘区党委，他积极协助毛泽东的工作，创办了工人夜校，除了自己讲课之外，还邀请夏明翰、郭亮等革命者来学校里讲课。通过这种方式，他先后培养了谭汉俊、郭运泉、宋万龄、贺有戡、李盛初、沈保田等工人积极分子入党，建立起人力车党支部——长沙地区第七支部。① 并于同年10月，组建长沙人力车工会。此后，他多次领导了长沙人力车工人进行反剥削反压迫的斗争，大大提高了他们的地位。1923年，他参加湖南人民为支援收回旅大和废除"二十一条"而成立的湖南外交后援会，并担任文书主任的工作，带领学生和工人进行了查抄和焚烧日货的斗争。1923年以后，他担任过湘区党委委员，湖南省委委员兼组织、宣传部长等职，还经常以特派员的身份去湘潭、醴陵等地活动。国共合作时期，他来到湘潭，帮助这里建立国民党县党部；与杨晤植一起领导这里的工运、学运、妇运和抵制英日货轮在

① 杨福茂：《先驱的足迹》，浙江人民出版社1988年版，第118页。

湘潭码头卸货的斗争，带领学生宣传队到马家河农村去宣传三大政策和反帝反封建的道理。① 北伐战争期间，他积极组织湖南的农民支援北伐军，在泗汾桥战役中有力地配合了北伐军作战。他以教员身份为掩护，培养了一大批农民运动的骨干。1927 年毛泽东回湖南考察农民运动，他陪同毛泽东走遍了湖南的许多县市，为毛泽东后来撰写《湖南农民运动考察报告》提供了大量的素材。大革命失败后，罗学瓒以中共湖南省委委员兼湘潭工委书记的身份来到湘潭，恢复和发展党的支部，他领导县工委经过几个月的艰苦工作，使易俗河、茶园铺、中路铺、朱亭、株洲、石潭、姜畲等地的党组织很快恢复起来，共建立了三十多个党支部，农民武装也有了发展，仅东一区（株州）就有四百余人的工农武装。②

此后，他曾被党中央派往山东进行工作，1929 年还被派往中共浙江省委进行工作，并曾担任浙江省委书记。在浙江工作的时候，由于叛徒的出卖，他被捕入狱，面对敌人的严刑拷打，坚贞不屈，最终被敌人残忍杀害，为革命事业献出了自己宝贵的生命。

张昆弟，著名工人运动领袖。1921 年因参加进占里昂中法大学的斗争被法国当局遣送回国。这年年底，他从香港来到上海，1922 年春，他由上海来到北京，加入了中国共产党，随后受李大钊委派从事工人运动，担任正太铁路总工会特派员。他来到石家庄总机厂，和工人同吃同住同劳动，拉近了和广大工人的距离，在此期间，他积极宣传党的主张，在这里结识和培养了孙云鹏、施恒清、赵永庆等工人运动的领袖。1922 年 9 月，他组织厂里的九十多名工人代表召开大

① 杨福茂：《先驱的足迹》，浙江人民出版社 1988 年版，第 123 页。

② 杨福茂：《先驱的足迹》，浙江人民出版社 1988 年版，第 130 页。

张昆弟

会，成立了正太铁路第一个工会——总机厂工人俱乐部。1922年10月，在他的领导下，正太铁路总工会成立，他参加了成立大会，并代中国劳动组合书记部赠送了“劳动万岁”的锦旗。会上发表工人《宣言》，点燃了石家庄工人斗争的熊熊烈火。[①] 1923年2月，京汉铁路线上的工人举行大罢工，他积极组织正太铁路的工人参加罢工运动。“二七”大罢工失败之后，张昆弟担任北京地委工农部部长，继续领导北方各省的罢工运动。国共合作之后，1925年初，受党的委派，张昆弟和屈武、李震瀛等人到河南发展工人运动。在郑州，他们积极开展工作，相继恢复了京汉、陇海、道清铁路总工会，使得河南省的工人运动又重新发展了起来。紧接着，他们在焦作、六安河、新安煤矿，安阳、新乡纱厂和开封的兵工厂中都建立了工会组织，使得工会会员的人数达到了三万人以上。1925年10月，河南省总工会成立，张昆弟由于领导工人运动的突出才能当选为总工会的委员长。此后，受党的委派，他奔赴山东开展工人运动和建设党的组织，在他的努力下，山东的工人运动也取得了蓬勃发展。

① 中共益阳地委党史办、中共益阳地委宣传部合编：《益阳英烈》，第9页。

大革命失败后，张昆弟没有被敌人的屠刀吓倒，受党的委派，继续在北方从事工人运动，领导河北、山东、河南等地的铁路工人开展斗争，他曾先后任中华全国铁路总工会党团书记、中共顺直省工委书记和中共河北省工委书记等职。1931年，由于当时的“肃反”扩大化，张昆弟被杀害。

除了他们这些典型人物之外，和他们一起被遣送回国的其他人，也有许多人以自己的实际行动投身到了国共合作的大革命之中，积极进行工农运动和学生运动，在北伐战争期间，组织广大劳动人民配合国民革命军的北伐，为轰轰烈烈的大革命作出了突出的贡献。大革命失败之后，他们中的许多人没有放弃自己的共产主义信仰，在中共中央的指示下，积极地进行了党、团组织的建设活动，许多人为此献出了自己的生命。

## 二、从旅欧到留苏

1924年，在中国共产党的帮助下，孙中山对中国国民党进行了改组。中国国民党的改组，在很大程度上得益于苏联的帮助，得益于早期国内的马克思主义者如李大钊、陈独秀等人对国民大革命的传播。由于改组之后，孙中山确定了联俄、联共、扶助农工的三大政策，一时间，先进的中国青年们掀起了留学苏联的高潮。在中国共产党旅欧党团组织的宣传下，旅欧勤工俭学的先进青年们纷纷从欧洲奔赴苏联，寻求革命真理。

广大旅欧勤工俭学青年最初奔赴苏联学习，和莫斯科东方大学的创办是分不开的。十月革命胜利后，列宁领导的俄共（布）非常重视殖民地半殖民地的革命运动，希望通过它们的革命运动减轻当时苏俄面临的恶劣外部环境，同时促进无产阶级革命在世界的传播，因此列宁非常支持这些国家革命运动的发展。推动革命的发展，就需要有充足的革命干部，为了培养各国革命干部，一所培养殖民地半殖民地地区革命干部的大学就开始了紧锣密鼓的筹划。

莫斯科东方劳动大学旧址

1921年上半年，俄共(布)为了培养革命干部，创立了一所政治大学，即东方大学，全称是东方劳动者共产主义大学。东方大学开办之初不仅为苏俄东部地区培养民族干部，而且对中国、朝鲜、蒙古、伊朗、土耳其、阿富汗的革命者、侨民开放，为国外东方各国培养革命工作者。① 东

① 孙耀文：《风雨五载——莫斯科中山大学始末》，中央编译出版社1996年版，第4页。

方大学内部开办党的工作和政治教育、工人运动、经济、行政法律等系，学制最初为七个月，后来根据形势变化改为三年。它招收的学生多数为农民和工人。东方大学根据学生的来源进行编班，中国学生当时在学校的中国班。在课程内容设置上，也很有特点，据肖劲光回忆："学习的主要内容是政治理论和俄文。记得政治理论课学习《共产党宣言》、列宁的《青年团的任务》、布哈林的《共产主义 ABC》、波格丹诺夫的《政治经济学》，还有西方革命史、俄国十月革命、中国革命史以及关于工会运动的小册子。"①

1923 年 3 月，根据中共中央和共产国际的决定，旅欧勤工俭学的一部分中共党员和共青团员陆续从欧洲来到苏联，进入东方大学学习，他们之中有赵世炎、陈延年、陈乔年、王若飞、熊雄、郑超麟、佘立亚、高风、陈九鼎、王凌汉、袁庆云、王圭等人。同年 11 月，又有一批人从欧洲来到苏联进行学习，他们中有刘伯坚、袁子贞、李慰农、尹宽、汪泽楷、汤儒贤、萧复之、李合林、马玉林等人。他们当中的许多人，都是当时在欧洲进行勤工俭学的共产党骨干。到苏联后，他们中的一部分人进入莫斯科东方大学学习，大大加强了东方大学的中国共产党组织。在莫斯科东方大学，这些旅欧勤工俭学学生们认真学习了马克思列宁主义的知识，例如赵世炎，"课堂上，他的笔记记得很认真仔细，课后又常和王若飞等一起核对课堂笔记，交流学习心得，讨论大家共同关心的问题。……除了阅读课堂上讲授的书籍和参考书以外，赵世炎还阅读一些德、法、英等国文字的马克思主义书籍，除了订阅《国际通讯》、《共产国际》、《经济与政治》、《人道报》

① 肖劲光：《肖劲光回忆录》，解放军出版社 1987 年版，第 24 页。

外，他还常到共产国际远东部去借阅英法等国的报刊杂志。”[①]如刘伯坚，“在东方大学一面刻苦攻读《十月革命史》、《俄共（布）党史》、《世界革命史》，《工人运动史》、《政治经济学》外，还努力研究苏联红军建军经验和军队政治工作经验。”[②]如王若飞，“在东方大学学习时，精力充沛，每天学习在十二小时以上。他系统地学习了马克思主义政治经济学、唯物史观、党的建设、共产主义ABC、国际时事、苏联革命经验与俄文等课。……除学好规定课程外，还研读了大量的马、恩原著，阅读《国际通讯》、《共产国际》、《经济与政治》等刊物，还经常到东大和共产国际东方部阅览室阅读英、法等国报刊杂志。”[③]在东方大学的学习，大大加深了旅欧勤工俭学青年的马克思主义理论素养，对他们以后进行的革命事业起了重要的推动作用。

随着1924年国民党一大的召开，国共合作正式形成，除了旅欧的中共党团向苏联进行了人才输送之外，当时的国民党旅欧支部也向苏联输送了大量人才。由于当时中共以党内合作的方式和国民党进行合作，因此当时旅欧勤工俭学生中被派去苏联的很多人，既是中共党员或共青团员，又是国民党党员。当时在欧洲的勤工俭学学生是依托国民党驻欧支部和中共党团组织积极进行革命活动，因而他们之中的许多人受到法国、德国、比利时等国警察的监视，警察不停地搜集他们进行革命活动的证据，然后对他们进行迫害和驱逐，因此当时的许多学生也倾向于去相对比较安定又可以进行学习的苏联。

---

① 姚仁隽：《赵世炎传》，中共党史出版社1998年版，第100页。
② 陈永久：《刘伯坚将军传》，解放军出版社1987年版，第104页。
③ 陈志凌、贺扬：《王若飞传》，上海人民出版社1986年版，第51页。

据不完全统计，在这一时期被选派赴莫斯科的人员有：聂荣臻、李林、熊味耕、范易、傅烈、穆青、朱德、孙炳文、李大章、房师亮、刘鼎、施益生、王极知、许少灵、许祖熊、周文楷、敬克明、杨士彬、林蔚、林修杰、傅钟、邓小平、萧鸣、周介涟、戴坤忠、何嗣昌、胡伦、覃仲霖、陈家齐、傅汝霖、宋法明、滕功成、邓绍圣、汪泽巍、季苏、孙发力、傅继英、欧阳泰、岳少文、刘明俨、胡大才、朱增祥、汪庭贤、余树屏、宗真甫、乔丕成、江泽民（克明）、谢泽源、方至刚、胡大智、杨品荪、覃远猷、汤振坤、海荆州、陈微明（即沙可夫）。这么多旅欧勤工俭学青年选择奔赴莫斯科，除了国共合作的大背景之外，和1925年孙中山逝世之后，苏联创办了莫斯科中山大学也有很大的关系。

1925年3月12日，一生致力于中国革命的孙中山因病在北京逝世，在国民党实行联俄、联共，国民大革命轰轰烈烈的大背景下，孙中山的逝世不啻一重大损失。为了纪念去世的孙中山，并加强对中国革命的支援，苏联政府决定在莫斯科建立一所以孙中山名字命名的大学，为国共两党培训既懂得革命理论又能进行政治工作的政治人才。苏联为建立这所大学付出了巨大心血，无论从人员还是资金上都给予了全力支持。当时成立的校董事会可谓人才济济，其中包括曾任苏俄驻华代表的越飞，即将出任联共（布）中央政治局委员、《真理报》主编布哈林，校长拉狄克，苏俄副教育人民委员克鲁普斯卡娅（列宁夫人），工会中央理事会主席托姆斯基等著名人物，这些重量级人物的参加说明当时的联共（布）中央对这所大学十分重视。在资金方面，大体上，莫斯科中山大学的办学经费都来自苏联的支持，“中山大学同其他大学不同的地方还在于，它不向学生收学费。而且对所有的学生都免收膳宿费，甚至还发给服装和零用钱。”①由于广州国民政府面临的财政经济状况比较紧张，没有材料表明当时正忙于国内大革命的国民党在财政上对莫斯科中山大学进行过支持。

莫斯科中山大学旧址

1925 年 10 月，在莫斯科中山大学的筹备工作基本完成时，当时苏联派往中国国民党的政治顾问鲍罗廷在国民党中央政治会议上向与会代表们宣布了莫斯科中山大学已经成立，为了推进革命的进行，他建议国民党选派学生去莫斯科中山大学进行学习。会议还决定由谭延闿、古应芬、汪精卫三人组成选拔委员会，由鲍罗廷担任委员会顾问。稍后在广州，对于新成立的中山大学的目的和宗旨，鲍罗廷作

① 孙耀文：《风雨五载——莫斯科中山大学始末》，中央编译出版社 1996 年版，第 6 页。

了进一步阐释:"孙文大学的目的是什么呢?他们要使一般学生了解中山先生的主义,去继续中山先生的工作,以完成中国的国民革命。将来在此校毕业之学生,可以代替在帝国主义的学校受过教育的留学生,担任改造中国的社会(的重任)","中国的问题,只有革命的方法可以解决。所以全靠诸君本着革命党人的精神,为革命学说与经验的研究,将来回国之后,便可用之以达我们解放中国的目的。"①

莫斯科中山大学成立后,国共两党即开始选拔人员,派往莫斯科进行学习,这在当时的中国兴起了一个留苏学习的高潮。在鲍罗廷保荐下,一批国民党要人的子女进入莫斯科中山大学学习,他们之中有蒋介石的儿子蒋经国、于右任的女儿于秀芝和女婿屈武、邵力子的儿子邵志刚、叶楚伧的独生子叶楠、李宗仁的弟弟李宗义和内弟韦永成、冯玉祥的儿子冯洪国、女儿冯弗能等。黄埔军校当时也选拔了一批人进入莫斯科中山大学学习,他们之中有黄埔一期学生邓文仪、张镇、刘咏尧,黄埔二期学生郑介民、聂绀弩(聂甘雨),黄埔三期学生康泽等。中国共产党也在上海和京津等地选拔了大批的先进青年去莫斯科中山大学学习。他们之中有俞秀松、伍修权、董亦湘、张闻天、孙冶方、王稼祥、恽雨棠、吴亮平、张琴秋、乌兰夫(蒙古族)、马骏(回族)、张锡瑗、刘少文、李翔梧、李培之等人。这一时期,除了国内选拔先进青年进入莫斯科中山大学学习之外,旅欧的一批国民党员和共产党员也被国民党中央和中共中央派到莫斯科中山大学进行学习。当时,国民党方面派去的有在欧洲留学的谷正纲、谷正鼎、王奇

① 孙耀文:《风雨五载——莫斯科中山大学始末》,中央编译出版社1996年版,第7—8页。引自莫斯科中山大学学生盛岳的回忆。

奖等人；中共方面派去的有在欧洲进行勤工俭学的邓小平、傅钟、任卓宣、李俊哲、周达明、卜士奇等人。

1925 年 11 月，莫斯科中山大学举行开学典礼。为了保密的需要，学校对外不进行公开，在莫斯科也找不到挂学校名称的牌子，开学典礼进行之后，苏联的报纸都没有报道。依据学生到达的时间，莫斯科中山大学对他们的学号进行了编号，如李培之编号为 1，乌兰夫为 51，伍修权为 73，邓小平为 233，李伯钊为 394，江泽民（江克明）为 400。以至于若干年后，伍修权将军还能够回忆道，“记得李培之同志的学生证是第一号，我是第七十三号。我一生有两个号码记得最清楚，一个是这个七十三号，还有一个是‘文化大革命’中关‘牛棚’时的四十二号。”①

除了学号，为了保密的需要，当时在学校里，每个中国学生都起了一个俄文名字，如俞秀松的俄文名是纳利马诺夫，董亦湘的俄文名为奥林斯基，邓小平在校的俄文名是多佐罗夫，王明（陈绍禹）的俄文名字叫克劳白夫，秦邦宪被称为波戈列洛夫（博古这一化名来源于此），张闻天被称为伊思美洛夫（洛甫这一化名来源于此），王稼祥则叫康莫纳尔，乌兰夫的俄文名叫拉谢维奇，伍修权俄文名叫皮达可夫。当时在莫斯科中山大学学习的蒋经国也起了一个俄文名字叫叶利扎罗夫（全称尼古拉·弗拉吉米罗维奇·叶利扎罗夫）。

莫斯科中山大学开学之后，由于学生的教育背景差异较大，在编班时就依据个人的教育水平和语言水平等进行了班级设置。“根据文化程度不同，学校把我们编成几个班，每班约二十多人。从法、德

① 伍修权：《我的历程》，解放军出版社 1984 年版，第 25 页。

等国来的同学外语水平较高，编为法语、德语班。从中国去的英语较好的则编成英文班，直接用外语上课。”①由于有很强的目的性，因此当时的学生们学习的内容是很新颖的，主要学习马克思主义哲学、政治经济学、历史、世界经济地理、列宁主义、俄语、军事学等。这些课程的开展，使得当时的留学生们学会了用历史唯物主义和辩证唯物主义的方法来思考中国的现实状况，对中国和俄国的革命运动史有了更深入的了解，对无产阶级和工人运动在世界的发展有了更清晰的认识。莫斯科中山大学开设的军事学课程，也是区别于其他大学的一大亮点。校内设有专门的军事教研室，里面有供学生训练用的各种武器，如步枪、机关枪、手榴弹、大炮、坦克和作战指挥用的地形沙盘等等。这些军事理论和实践课程大大加深了学生们对军事的认识，为以后国共两党培养了大批的军事人才。当然，当时的教学之中不可避免的带有一点教条主义的倾向，开设的许多课程和中国的革命实际有脱节的状况。

当时，许多由欧洲奔赴苏联的勤工俭学学生在莫斯科中山大学进行了认真的学习。如邓小平，“1926 年 1 月 7 日，22 岁的邓希贤（即邓小平）和傅钟、邓绍圣等人受党的指派，乘火车离开法国前往苏联，几经辗转，他们来到了莫斯科，……在莫斯科，邓希贤一直在中山大学学习，他很用功，担任第七班党小组组长，……邓小平在中山大学学习一年，参加了该校学生会的领导工作。他不但认真读书，钻研马列主义基本理论。而且很关心同学中展开的有关与国民党合作问题的辩论。”②在莫斯科中山大学存在的短短五年之中，总共为国

① 伍修权：《伍修权将军自述》，辽宁人民出版社 1998 年版，第 29 页。

② 龙平平：《邓小平与他的事业》，福建教育出版社 1997 年版，第 44—46 页。

共两党培养了八百五十多名学生，这些学生中的大部分回国后积极参加了国内的大革命。从这里走出的学生，日后在国共两党中发挥了重要的作用，对中国的革命进程产生了重要影响。

在国共合作的大潮流下，除了莫斯科东方大学和莫斯科中山大学，还有大量的苏联红军学校招收了中国的先进青年们，在欧洲勤工俭学的许多中国学生来到苏联，就进入了这些红军学校学习。例如朱德曾回忆说，“我先在东方大学念了几个月，随后我去避过暑，学习打野营，学习军事，野营归来以后，我就到一个秘密的军事训练班去继续了六七个月。”①如聂荣臻，从欧洲到了东方大学后，在东方大学学习了几个月，即进入了红军学校学习军事知识。“我是第一批进红军学校学习的，叶挺同我编在一个班里。第一批学员还有熊雄、范易、颜昌颐等同志，一共二三十个人。这批人几乎都在革命斗争中牺牲了，至今在世的，只有我一个。”②如傅钟（1955 年 9 月，被授予中国人民解放军上将军衔），1925 年底入莫斯科中山大学学习军事，1927 年转入列宁格勒军事政治学院学习，直至 1929 年底。在这些军事学校的学习，使得当初旅欧的勤工俭学学生们有了较高的军事理论素养，为以后中国革命作出了重要贡献。

由欧洲奔赴苏联学习的勤工俭学学生，通过在苏联的学习，对马克思主义有了更深刻的认识，苏联学校开设的军事和政治等课程，也使得他们中的许多人具备了较高的军事和政治素养，这对他们回国之后开展革命工作产生了重要作用。由欧洲奔赴苏联学习的勤工俭学生之中，也涌现出了一大批中国共产党的杰出领导人物。比如：

---

① 中央文献研究室二部编：《朱德自述》，解放军文艺出版社 2003 年版，第 95 页。
② 聂荣臻：《聂荣臻元帅回忆录》，解放军出版社 2005 年版，第 30 页。

赵世炎，1923年从巴黎出发，经过柏林、立陶宛等地的停顿，于3月份到达莫斯科，进入莫斯科东方大学学习。赵世炎到达苏联的时候，苏联刚刚战胜帝国主义侵略和国内反革命武装叛乱不久，但是在列宁新经济政策的指引下，苏联人民满怀信心地建设着自己的家园。苏联人民展现的建设社会主义的热情，给了赵世炎极深的印象。他深深地感觉到，中国人民要摆脱贫穷落后的面貌，必须向苏联学习，走十月革命的道路。到达莫斯科之后，赵世炎就向中国共产党驻莫斯科支部进行了工作汇报，详细介绍了在欧洲的中国勤工俭学学生的状况。在莫斯科东方大学学习期间，"赵世炎除了学好老师在课堂上讲的内容和布置的参考书外，还大量阅读德、法、英等文版的马克思主义书籍。他自己订了很多种报刊杂志，还经常到共产国际远东部去借阅英国、法国及其他国家的报刊杂志。他阅读的内容相当广泛，收集的资料相当丰富。他把学习的东西都认真记载下来并经常和别的同志进行讨论，互相传阅学习笔记，交流学习中的心得体会。"①除系统地学习马克思主义的基本知识外，赵世炎还系统地研究了苏联和美国、英国、法国等资本主义国家政治、经济、历史等各方面的知识。

除了积极学习马克思主义的理论知识之外，赵世炎还积极地参加党的活动。1924年5月，共产国际第五次代表大会和赤色职工国际大会在莫斯科召开。李大钊作为中国共产党的代表出席了这次大会。赵世炎在此期间，积极协助李大钊工作，作为列席代表参加了这次大会。对于大会提出的建设布尔什维克党的问题，赵世炎很感兴

① 彭承福：《赵世炎》，重庆出版社1983年版，第28页。

趣，积极搜集了各方面的材料。在整个会议过程中，赵世炎除了认真倾听大会报告和发言外，还经常到德国组、法国组、意大利组旁听，并认真把这些组讨论的情况以及争论的问题记录下来，加以整理综合后向李大钊等同志汇报。为了汲取和学习国际无产阶级组织领导工人斗争的经验，赵世炎还积极地参加了“赤色工联国际第三次大会”。认真听取了欧洲各国无产阶级政党关于如何领导工人阶级进行斗争的报告，并满怀激情地翻译了罗若夫斯基在大会上的演说《罢工的战术》全文。① 通过这次大会的历练，赵世炎对领导工人运动有了更深刻的体会。这次大会结束之后，由于国共合作的局面逐渐形成，为了支援国内的大革命，党急需大量的人才，赵世炎因为理论水平高、工作能力又强，又具有旅欧勤工俭学和旅苏学习马克思主义的经历，被李大钊点名回国，参加党的领导工作。1924 年，经过漫长的旅行，赵世炎回到了阔别已久的祖国。

赵世炎回国后，被任命为中共北京地委书记、北方区执行委员会宣传部长，协助中共北方区委负责人李大钊开展工作。在这个时期，他特别注意党组织的建设，发展了大批的同志入党。他和过去在西欧时一样，亲自深入工人群众，培养发展党员，把群众运动中涌现出来的积极分子吸收入党。著名的工人运动领袖苏征兆和他在法文专修馆学习时的老师吴玉章等，都是这个时期由赵世炎亲自介绍加入中国共产党的。在赵世炎等人的直接培养教育下，一些向往革命真理的蒙古族青年在政治思想上迅速成熟起来，如乌兰夫、奎璧等都先后加入了党组织，成为蒙古族的第一批共产党员。② 赵世炎还采取

---

① 彭承福：《赵世炎》，重庆出版社 1983 年版，第 31 页。
② 姚仁隽：《赵世炎传》，中共党史出版社 1998 年版，第 114—115 页。

各种方法在青年学生中宣传马克思主义和国共合作的大革命，引导他们参加革命。为此，他多次到北京大学、北京女子师范大学及他的母校北京高师附中作公开演讲，开座谈会，鼓励学生们阅读进步书籍，积极参加反帝反封建的活动。

赵世炎还特别注意党的宣传工作。中共北方区委成立后，建立了一所秘密党校，用来培训党的干部，这是中国共产党的第一所党校。由于赵世炎曾经在欧洲和苏联学习，又有很深的马克思主义理论功底，因此他经常被邀请去这所党校授课。在这里，他讲过“列宁主义”、“帝国主义论”、“殖民地半殖民地的民族解放运动”、“职工运动”、“无产阶级革命和无产阶级专政”及“共产党在民主革命阶段的任务”等课程，深受大家的欢迎。在此期间，他还组织编辑了北方区委机关刊物《政治生活》，这份刊物以其鲜明的革命立场，激励了一批又一批的工人、学生和知识分子参加革命。

五卅运动爆发之后，赵世炎领导北方区委迅速行动起来，领导广大工人、学生和知识分子投入到这场轰轰烈烈的爱国运动中。在赵世炎等人的努力下，在6月3日、12日、25日，北京各界群众连续三次举行了示威游行，参加的群众由最初的5万人激增到30万人。6月30日，北京五百多个团体于天安门前联合举行“全世界被压迫民族国民大会”，邀请德国、瑞士、日本、朝鲜、印度、土耳其等国的代表出席会议并发表了演说。会上，“全世界被压迫民族团结起来！”“打倒帝国主义！”“打倒军阀！”等口号声响彻云霄。① 赵世炎等人领导的这几次示威游行，有力地支援了上海的反帝斗争。

---

① 姚仁隽：《赵世炎传》，中共党史出版社1998年版，第136页。

此后，赵世炎历任中共江浙区委兼上海区委组织部长、江浙区委第二书记、上海总工会党团书记、第五届中央委员等职，参与领导上海工人三次武装起义，成为著名的工人运动领袖，为国共合作的国民大革命作出了重要的贡献。

王若飞，1923 年 4 月由欧洲奔赴苏联，进入莫斯科东方大学学习。在莫斯科东方大学，他系统地学习了马克思主义政治经济学、唯物史观、党的建设、共产主义 ABC、国际时事、苏联革命经验与俄文等课。他不爱在课堂听课，喜欢自学。上课老师大多是用俄语讲课，王若飞开始听不懂，由在莫斯科的老同学翻译，听一段翻译一段，很不方便。后经刻苦学习俄语，他渐渐能不用翻译直接听讲了。王若飞除学好规定课程外，还研读了大量的马、恩原著，阅读《国际通讯》、《共产国际》、《经济与政治》等刊物，还经常到莫斯科东方大学和共产国际东方部阅览室阅读英、法等国报纸杂志。①

除了学习之外，王若飞还特别喜欢思考问题，并积极地和赵世炎、陈延年等人讨论。在莫斯科东方大学学习期间，王若飞还积极地参加党组织的活动。在党的小组讨论会上，王若飞经常负责记录。他的记录字体工整、内容准确，在小组的记录评比上总是获得第一名。此外，由于王若飞在欧洲勤工俭学时就是学生中的活跃分子，加上他为人热情和善，和同学们处得关系很好。

1923 年底，中国共产党旅莫支部负责人彭述之回国，经过党员投票选举，王若飞被补选为旅莫支部委员。在 1924 年秋的共产国际第五次代表大会和赤色职工国际大会上，王若飞配合赵世炎，积极协

---

① 陈志凌、贺扬：《王若飞传》，上海人民出版社 1986 年版，第 51 页。

助中共代表李大钊的工作。在赵世炎回国后，王若飞积极领导在莫斯科的中共党员学习工人运动知识，他经常向旅莫支部的成员讲解欧洲华工运动的历史、现状和特点。1925 年 3 月，经过十几天的火车旅行，王若飞到达海参崴，并在那里乘船回国。回国之后，王若飞就以饱满的热情，投入到了国共合作的大革命之中，他受党组织的委派以中央特派员的身份在岳维峻的国民二军中开展工作，在国民二军中，王若飞以新兵营为基础，参照黄埔军校的办校方法，聘请苏联顾问做教官，办起了一所军校，用来培养具有革命意志的军官。这所军校既严格地进行军事训练，又十分重视政治教育。它的训练计划，主要包括军事、政治两方面。军事科目包括步兵操典、射击教范，继则教以战术、兵器、交通、筑城四大教程，并进行野外演习等。政治课目有中国国民党史、三民主义、帝国主义侵华史、帝国主义、社会主义等。① 在办好这所军事学校的同时，王若飞还积极地在其中发展党、团员，扩大党的基层组织。此后，王若飞还积极地在河南开展工人运动，协助成立了河南省总工会，使得京汉铁路大罢工之后的河南工人运动又重新高涨起来。对农民、学生、妇女等群体，王若飞也十分关注，积极在他们之中开展工作，扩大党的影响。

王若飞还十分重视党的宣传工作。在王若飞领导下，豫陕区委在 1925 年 9 月创办了《中州评论》，作为豫陕区党委的机关刊物，著名的共产党员萧楚女这个时候也被中央派来，协助王若飞编辑这一刊物。这份刊物积极宣传党的方针、政策，对河南政治、经济、文化、教育各方面也十分关注，它还经常报道全国的工、农、青、妇运动，对

① 陈志凌、贺扬：《王若飞传》，上海人民出版社 1986 年版，第 63 页。

世界各国的工人运动也进行广泛的宣传，影响很大。

1926年3月，王若飞赴上海，出任中国共产党第一任秘书长。此时广州国民政府的北伐行动已经开始，王若飞在上海积极参加领导上海工人武装起义，成为著名的工人运动领袖，为支持北伐战争作出了巨大的贡献。

陈延年，1923年从巴黎出发，辗转柏林等地，进入莫斯科中山大学学习。在莫斯科中山大学，陈延年等人受到中国共产党旅莫支部的热烈欢迎。陈延年此前是法共党员，依照凡属第三国际支部的党员均可转为中共正式党员的规定，陈延年在莫斯科转为中国共产党的正式党员。在学习上，陈延年系统地学习了马克思主义理论、国际共产主义运动的历史和俄国的革命经验。他学习十分刻苦，坚持做读书笔记，在课堂上，也经常做听课笔记。对于学习中遇到的问题，他也很喜欢和赵世炎、王若飞等人进行讨论，常常争得面红耳赤。

除了学习之外，陈延年也积极地参加党组织的工作。陈延年等人到达莫斯科之后，中共旅莫支部的党员人数进一步增加，陈延年此时也被选为支部干事，负责组织工作。在中共旅莫支部里，陈延年对待组织交给的每一项工作，都很认真细致地完成。他善于走群众路线，经常深入各小组了解各人的学习情况和要求，并随时反映给支部委员会研究解决。他一发现新涌现的积极分子，就及时做好培养工作，从而介绍了不少同志加入中国共产党。① 陈延年还经常与学校里的朝鲜、越南、日本等国家的同学进行联络交流，促进了东方各国

① 黎显衡：《陈延年》，广东人民出版社1985年版，第28页。

共产主义者之间的团结。

在苏联学习一年之后，由于国共合作的大革命需要大批的干部。1924年7月，陈延年经西伯利亚铁路到达海参崴，从那里乘船回国。回国之后，陈延年就投入了国共合作的革命洪流之中，1924年10月，陈延年担任共青团中央驻粤特派员。陈延年到广州之后，立即根据团中央的训令，先后主持召开了团粤区委第二十六次会议和社会主义青年团粤区代表会议，研究团的工作如何适应当前革命的形势，制订团的方针任务，改组团区委。他还积极筹划，物色干部，筹集经费，建立规章制度，健全组织机构，认真抓好超龄及从事农工运动的团员的入党工作。经过陈延年和其他同志的努力，广东团组织的工作有了较大的进展，工作作风也有较大的转变，工作局面逐渐打开了。[①] 1924年11月，陈延年担任中共广东区委秘书兼组织部长，协助刚刚出任黄埔军校政治部主任的周恩来工作。此后，他还担任了中共广东区委书记。陈延年担任中共广东区委书记以后，对建立和健全区委的领导机构进行了积极探索，花了很多的精力抓党的组织建设和发展工作，在广东区委中设立了秘书处、组织部、宣传部、军事部、工人部、农民部、妇女部、青年部以及监察委员会等机构，这样的机构设立，使得广东区委的工作可以囊括社会的方方面面，有力地促进了广东区委工作的开展。根据革命需要，陈延年还发展了一大批有思想觉悟的工人、农民、知识分子加入到中国共产党之中。对于党的基层组织建设，陈延年也十分关心，先后派出黄平、彭湃等同志深入广东各县及香港、广西梧州、南宁、桂林和福建的厦门、漳州等地发

① 杜世伟：《中国共产党早期革命家的故事》（七），中共党史出版社1996年版，第18页。

展党员，建立党组织，开展革命活动。① 五卅惨案发生之后，陈延年积极组织了反抗帝国主义的斗争，发动香港和广州的工人举行大罢工。在陈延年的主持下，中共广东区委发布了《告广东人民书》，号召广东全省工人和各界人民参加反帝斗争。6 月 19 日，省港大罢工正式爆发。几乎香港所有的工人都投入了这场斗争，不到半个月，罢工的工人即达 25 万人，其中有十多万人陆续回到广州，广州沙面的工人也积极响应香港工人，纷纷撤出沙面。这次罢工斗争，沉重地打击了英帝国主义的殖民统治。此后，陈延年历任中共江浙区委书记、江苏省委书记、第五届中央委员和政治局候补委员，积极投身于国共合作的大革命。在大革命失败后，他于 1927 年 7 月被捕，在上海英勇就义。

陈乔年，是陈延年的弟弟。他从小就随着哥哥陈延年一起生活、求学，对哥哥十分的敬重。在二十多年的人生旅途上，他们兄弟患难与共。在思想、志趣等许多方面，他深受哥哥的影响，所走过的道路也几乎相同。1923 年受中共中央委派，陈乔年随哥哥由法国奔赴苏联，进入莫斯科东方大学学习。当时莫斯科的巨大变化，让陈乔年对新生的苏维埃政权产生了强烈的好感，更加坚定了他的共产主义信仰。

到莫斯科之后，他以极大的热情投入到了学习之中，“他如饥似渴地刻苦学习。上课时，他集中精力听讲，努力学好各门课程。下课后，经常和陈延年、赵世炎、王若飞等互相传阅学习笔记，交流学习心

① 杜世伟：《中国共产党早期革命家的故事》（七），中共党史出版社 1996 年版，第 20 页。

陈延年

陈乔年

得，研讨各种问题。为了能够直接阅读俄文版的马列著作和各种书刊，他还以惊人的毅力赶学俄语。经过顽强努力，很快就熟练地掌握了这门语言。不但适应了学校学习的需要，还达到了翻译经典著作的水平。”①

在莫斯科东方大学学习期间，他还做了一件对革命极有意义的事情。1923 年夏，他到莫斯科附近瓦西钦诺村的一个苏维埃农场劳动避暑，利用农业劳动和学习的闲暇时光，和萧三合作，根据俄文和法文版的歌词，将全世界无产阶级的战歌——《国际歌》初步翻译成中文。他们翻译的副歌部分——“这是最后的战斗，团结起来到明

① 杜世伟：《中国共产党早期革命家的故事》（七），中共党史出版社 1996 年版，第 44 页。

天，英特纳雄耐尔就一定能实现”，在此后的岁月里被中国工人阶级和劳动人民广为传唱，对中国革命事业的发展产生了重要的作用。

1924年之后，随着第一次国共合作的展开，受中共中央委派，陈乔年回到了阔别已久的祖国。回国之后，陈乔年被党中央派往北方工作。在李大钊的直接领导下，陈乔年积极扩大党的组织，壮大革命力量，为北方地区党的组织建设、思想建设作出了重要贡献，为北方地区革命运动的深入开展做了大量的组织和宣传工作。他经常深入到工厂、学校、机关了解情况，指导工作，发展党员，扩大组织。[①] 除了积极做好党的组织工作之外，陈乔年还特别重视党的宣传工作。为了使中共中央的重要刊物《向导》和北方区委的《政治生活》能在北京及时印刷出版，陈乔年和李大钊积极筹办了印刷这两个刊物的印刷厂。平时，陈乔年白天在外奔波，晚上为党的刊物撰写文章，为党员训练班准备讲稿。斗争最紧张时，为使广大党员和群众及时了解政治形势和党的斗争策略，他常常为赶印宣传品而彻夜不眠。[②]

在中共北方区委工作期间，他历任中共北京地委组织部长、北方区委组织部长等职，参与领导了反对军阀统治的国民议会运动，声援五卅运动的反帝斗争等活动，1926年3月18日的北京反日游行等活动，为国共合作和大革命的蓬勃发展作出了自己的贡献。此后，他历任中央组织部副部长、湖北省委书记、江苏省委组织部长、第五届中央委员，积极投身于北伐战争。大革命失败后，他于1928年6月

① 杜世伟:《中国共产党早期革命家的故事》(七)，中共党史出版社1996年版，第46页。

② 杜世伟:《中国共产党早期革命家的故事》(七)，中共党史出版社1996年版，第47页。

被捕，在上海英勇就义。

刘伯坚，1923 年 11 月，他作为第二批派遣的勤工俭学学生由欧洲奔赴苏联，进入莫斯科东方大学学习。刘伯坚在莫斯科东方大学刻苦攻读《十月革命史》、《俄共（布）党史》、《世界革命史》、《工人运动史》、《政治经济学》外，还努力研究苏联红军建军经验和军队政治工作经验。同时，他积极工作，待人和蔼可亲，受到东大学员的拥护和喜爱。不久，中共旅莫支部改选，大家一致推选刘伯坚任支部书记。在莫斯科东方大学，刘伯坚特别重视党、团组织的建设。他制定了《军事训练二十一条》，以此来要求党、团员树立无产阶级的生活作风，在生活上严格要求自己。此外，刘伯坚还积极邀请中共党员中的先进人物来莫斯科东方大学给党、团员们讲课、演讲。1924 年 7 月，李大钊来莫斯科出席共产国际第五次代表大会的时候，刘伯坚邀请李大钊来东方大学参观并发表演说。李大钊的报告使刘伯坚和莫斯科东方大学的党、团员们对国内的现状和革命形势有了更深刻的了解。1925 年至 1926 年，刘伯坚还邀请蔡和森、李立三等同志到莫斯科东方大学讲课。蔡和森讲授了中国共产党的发展史，他的报告对中国的现状，中国革命的性质和前途，党的组织建设问题，党的任务问题，建党以来党内的思想斗争问题，都作了总结。① 李立三则讲授了中国职工运动的发展历史。他们的报告，使得广大党、团员对中国共产党领导的革命事业有了更深入的了解。

刘伯坚在苏联学习期间，国内轰轰烈烈的大革命开始了。受共产国际和党中央的委派，1926 年，刘伯坚回到了阔别六年的祖国。

---

① 陈永久：《刘伯坚将军传》，解放军出版社 1987 年版，第 107 页。

回国后，他进入冯玉祥的军队工作。他决心在党中央、中共北方局的领导和帮助下，把这支有点名气但已溃不成军的旧军队改造成一支革命的军队。[①] 此后，他历任冯玉祥部国民军联军总政治部副部长，在冯玉祥的国民军中进行政治宣传活动。1926 年 9 月，冯玉祥从苏联回国，当他到达陕西五原时，传来北伐军攻克武昌的消息。在刘伯坚等人的策划帮助下，冯玉祥第二天就在五原召开了誓师大会，宣布西北军整编为国民军联军，各级指战员集体加入国民党，他亲自担任国民军联军总司令。在誓师大会上，冯玉祥宣誓为国民革命而奋斗，力求铲除卖国封建军阀和帝国主义势力。在誓师大会上，冯玉祥还部署了策应北伐军的总任务，要求誓师之后国民军联军向宁夏、陕西、河北、河南等地进军，策应南方国民政府的北伐。经刘伯坚等人的努力，国民军联军在北伐战争期间有力地配合了北伐军的军事行动。

熊雄，1923 年由欧洲赴苏联学习，进入莫斯科东方大学学习。他十分珍惜这一难得的学习机会。在莫斯科东方大学期间，他如饥似渴地学习马列主义的经典著作和科学社会主义的理论。他勤奋好学的学习态度和诚恳热情的待人作风给同学们留下了深刻的印象。[②]

除了积极学习之外，熊雄还积极地参加党的活动。1923 年，由国共两党人员组织的孙逸仙博士考察团来苏联考察政治、军事及党务工作。中共旅莫支部指定熊雄参加接待任务，熊雄用自己细致、耐

---

① 陈永久：《刘伯坚将军传》，解放军出版社 1987 年版，第 118—119 页。

② 杜世伟：《中国共产党早期革命家的故事》（七），中共党史出版社 1996 年版，第 82 页。

心的工作，圆满完成了接待的任务。后来叶挺受国民党的委派，来到莫斯科学习，在熊雄热心的帮助下，叶挺对中国共产党有了更深刻的认识，不久就加入了中国共产党。

1925 年上半年，依据熊雄的专长和特点，熊雄被党组织派往苏联的军事学校学习军事，经过认真的学习，熊雄对军事知识和军队政治工作有了深刻的认识。1925 年 9 月，熊雄从莫斯科奉调回国，受中共中央派遣，到广东革命根据地工作，被分配到黄埔军官学校，任政治大队副队长。10 月，国民革命军开始第二次东征，熊雄担任东征军总政治部秘书长，协助总政治部主任周恩来工作。① 1926 年 1 月，熊雄调任黄埔军校政治部副主任，并主持政治部工作。同时，熊雄参加了中共广东区委军委，成为中国共产党在黄埔军校的主要负责人。同年 3 月，他兼任了潮州分校的政治部主任。国民政府实行北伐之后，熊雄担任中共广东区委军事部长，面对复杂局面，他积极开展工作，同国民党右派和黄埔军校里的反动势力进行了坚决的斗争。1927 年 5 月，随着蒋介石发动四一二政变，国共第一次合作开始破裂，熊雄在广州被捕，面对敌人的威逼利诱，他坚贞不屈，英勇就义。

朱德，1925 年从德国出发，经过波罗的海，到达列宁格勒，随后进入莫斯科东方大学学习。对于在莫斯科东方大学的学习，朱德曾回忆："思想、各方面都有了很大的进展。唯物论辩证法，在德国和李季他们也经常讨论，多不很深刻。在苏联得到实际，参看了好多计划表册……这时我比在柏林时看世界更深刻一些了。在学校里，中国经济地理这一门功课材料非常丰富，对我们益处很多，其中统计

① 杜世伟：《中国共产党早期革命家的故事》（七），中共党史出版社 1996 年版，第 83 页。

表、数目字，都是很多。接着又研究了世界上的经济地理，哪一国哪一国都搞清楚了，打下了很坚固的根底，以后看什么书都有把握。”①在东方大学学习了几个月文化知识之后，朱德被派到一个秘密的军事训练班学习军事。在那段时间里，“一天老是学习，关在小屋子里研究。指导我们的教员也好，都是特别请来的专家。另外就忙着参观，……我参观过革命博物馆、历史博物馆、学校、工厂，还做过军事学的试验，比如毒气爆炸。”②

在莫斯科期间，朱德的思想得到了很大的提升。由于朱德本身具有很高的道德品质，同时又是革命的前行者，许多人在和朱德朝夕相处间对革命和马克思主义有了更深刻的认识。此后，根据革命的需要，朱德1926年夏被派遣回国。他从莫斯科出发，坐了十几天的火车，穿过西伯利亚，到达了海参崴，从海参崴搭船回到了阔别许久的祖国。此时国共合作的大革命正轰轰烈烈，由于朱德原来在旧军队当过较高级别的军官，有一定人脉关系，受中共中央派遣，朱德到四川军队中进行革命工作。1927年初，朱德到江西南昌创办国民革命军第三军军官教育团，培训革命军事干部。国共合作破裂后，朱德参加领导了八一南昌起义，后任起义军第九军军长。在起义部队南下被打散的过程中，朱德仍旧坚持革命斗争，收拢队伍，开展革命活动。他率领南昌起义残部转战湖南南部，开展革命活动，建立苏维埃政权。1928年4月，朱德率部登上井冈山，与毛泽东领导的部队会合。随后，他和毛泽东积极配合，发展壮大了井冈山革命根据地。此后，朱德以自己坚定的马克思主义信仰参与了党的各个时期的革命

① 中央文献研究室：《朱德自述》，解放军文艺出版社2003年版，第95页。
② 中央文献研究室：《朱德自述》，解放军文艺出版社2003年版，第95页。

活动，成为中国共产党和中国人民解放军的重要领导人。

聂荣臻，1924年由欧洲赴苏联学习，从巴黎到莫斯科，聂荣臻在柏林停留了一段时间，然后经过汉堡到达德国的北部港口，由这里乘船经过波罗的海，到达彼得堡，随后他辗转到达莫斯科，进入莫斯科东方大学学习。在莫斯科东方大学，聂荣臻学习了许多俄共(布)党史、政治经济学和工人运动方面的知识，对李大钊来莫斯科东方大学讲授的历史课他记忆尤深，“李大钊同志来莫斯科，是作为中国共产党的代表，出席共产国际第五次代表大会的。他对‘东大’培养的这批中国学生很重视，亲自找我们谈话，给我们讲授中国近代史、中苏关系史和国内迅速发展的革命形势，听起来格外亲切。”①此后，他转入苏联红军学校中国班学习军事。当时，孙中山在苏联顾问鲍罗廷的建议下，创立了黄埔军校，用来培养军事人才，党需要一批懂军事的人才去帮助国民党办好黄埔军校。于是，聂荣臻所在的中国班就承担起了这个任务。对于当时中国班学生的生活状况，聂荣臻曾回忆：“这个中国班对外是保密的，与‘东大’没有什么联系，已纳入红军的编制系统，同红军穿一样的衣服，过一样的生活。只是我们的伙食供应特别优待，因为在‘东大’、红军、军校三方面都有我们的一份伙食供应，合拢在一起，伙食比红军供应要好，比‘东大’供应也好，是第一等的伙食。”②在较好的生活条件下，聂荣臻也和中国班的其他同学如叶挺、熊雄、范易、颜昌颐等人一起进行了严格的军事训练，“全体学员同红军一样，一律住帐篷，一个班一个帐篷，每人发一块草垫子，上面铺一块床单，再发一条毯子。军事学校要求很严，训练

① 聂荣臻：《聂荣臻元帅回忆录》，解放军出版社2005年版，第29页。

② 聂荣臻：《聂荣臻元帅回忆录》，解放军出版社2005年版，第29—30页。

很紧张。经常在野外进行军事演习，学习战术、技术，有时也进行打靶。白天晚上，还轮流站岗放哨，过的完全是正规红军的生活”，“军事学校的教官，全部是从红军各单位抽调来的，几乎都是苏联内战时期各个战场相当于将军级别的红军高级指挥官，……给我们讲课的教员，他们有内战时期的实战经验，讲课的内容很实际，深入浅出，加上理论学习与实际训练相互穿插，近半年时间的学习，在军事知识方面还是很有收获的。”①

由此可见，当时聂荣臻他们在苏联接受的军事教育还是很严格的，这为他以后从事党的军事指挥工作打下了坚实的基础。

在莫斯科学习军事知识的同时，聂荣臻还继续做着党、团组织的工作。他积极协助中国共产党旅莫支部工作，由于当时在莫斯科有大量的党、团员是从欧洲转过去的，大部分和聂荣臻熟悉，因此聂荣臻可以很好地开展工作。当时党、团活动的主要内容是鼓励大家学习好专业知识和革命理论，以便回国后可以更好地参加革命工作。同时，聂荣臻他们也积极地发展党、团员，扩大党的组织，叶挺就是这个时候由王若飞介绍加入中国共产党的。

1925 年 5 月，五卅运动爆发，同时黄埔军校成立后发展很快，国内急需大量干部，为了支持国内轰轰烈烈的国民大革命，聂荣臻和中国班的同学们遂一起回国。从苏联回国后，聂荣臻到黄埔军校担任政治部秘书兼政治教官，在周恩来的领导下积极开展革命工作。关于在黄埔军校政治部时期的生活，聂荣臻曾回忆道：“我在政治部最忙的是管党的工作。当时黄埔军校有党团领导小组，开始由鲁易同

---

① 聂荣臻：《聂荣臻元帅回忆录》，解放军出版社 2005 年版，第 30 页。

志和我负责，以后熊雄同志东征回来，就由他任党团领导小组书记，……党团活动的内容，除了搞好教学以外，最主要是在黄埔军校的军官和学生中，进行党的宣传工作，扩大党的影响。在党团活动中另一项重要工作是发展党团员，成绩也是显著的。我们也做党团员的思想工作、组织学习等等，……政治部还负责出版刊物，记得有《军事政治月刊》，我还被任命为《军事政治月刊》社的政治编辑主任。其他的出版物还有《革命军》、《黄埔潮》、《黄埔丛刊》等。"1926年北伐开始后，聂荣臻担任军委特派员，到北伐军进行联络工作，任务是向前方带兵的同志传达中共中央和军委的指示，并帮助他们解决实际的困难，解决不了的，则向军委反映。北伐军占领武昌之后，聂荣臻担任中共湖北省委军委书记，以极大的热情投入到了中国共产党的革命事业之中。

李大章，1924年经柏林、汉堡，到达列宁格勒，一段时间后，他进入莫斯科东方大学学习。在这里，他较系统地学习了中国革命运动史、中国通史、社会形态发展史、辩证唯物主义与历史唯物主义、政治经济学、经济地理、列宁主义、联共（布）党史、苏维埃政权建设、职工运动、党的建设、俄文等课程。① 在莫斯科东方大学的这些马克思主义的理论学习，为他以后从事革命工作打下了坚实的基础。

在莫斯科东方大学学习两年之后，1926年12月，李大章受党组织派遣回国，参加国共合作的大革命。他从莫斯科出发，乘火车，搭汽车，穿越冰天雪地的西伯利亚，来到蒙古的库伦（今日的乌兰巴托），辗转到达国内，被党组织派到西北军宋哲元部做政治工作。

① 李亚丹等：《远去的背影——李大章纪念文集》，四川人民出版社2008年版，第30页。

李大章在宋哲元部工作的时候，积极在军队中发展共产党员，建立中国共产党的党、团支部。由于当时国共合作的大背景，共产党的活动是公开的，李大章乘着北伐军节节胜利的大好形势，对宋哲元部的官兵积极开展宣传工作，他在军队中开展革命形势教育，撰写普及革命理论的教材，给军人讲解马克思主义理论，宣扬共产主义的革命理想。李大章以这种方式，积极投身到了国共合作的大革命之中。

1925年1月27日，李富春和蔡畅将母亲葛健豪和女儿李特特送回国之后，一同进入莫斯科东方大学中国班学习。对于组织派自己到苏联学习的目的，李富春的认识非常明确："我们来到苏联，正是迫切希望向中国介绍苏维埃俄国，以便唤醒中国无产阶级的自觉性，同苏俄联合起来，为争取全人类的幸福而斗争。这就是我们的首要任务，也是我们的责任。"①李富春在这里接受了系统的政治、军事等方面的理论教育和训练。他十分注意学习苏联经验，并联系中国革命的实际情况来考虑问题。在苏联学习期间，李富春担任过中共东方劳动者共产主义大学支部的党小组长，1925年5月在中共旅莫支部第十二次大会上当选为执行委员会委员，负责组织工作。和他一起担任支部委员的还有陈乔年，负责书记部工作。刘伯坚负责宣传部工作。候补委员为林育英、袁庆云和王一飞。李富春积极参加旅莫中共党团组织的工作和活动，对如何搞好工作提出过许多建设性的意见。

1925年5月五卅运动爆发，李富春积极组织旅莫支部声援五卅

① 李富春：《苏俄和中国的无产阶级》，载《李富春选集》，中国计划出版社1992年版，第2页。

运动。同时,李富春认为,中国工人运动的蓬勃发展,是中国大革命高潮到来的标志。国内蓬勃发展的革命深深吸引了李富春。他利用一切可以利用的时间,翻阅关于中国革命的报纸杂志,密切关注着国内运动的发展。1925 年 6 月中旬,李富春接到了共产国际东方部批准他和蔡畅等 12 人回国工作的通知。同年 7 月,李富春乘坐火车横穿西伯利亚到海参崴,后转搭轮船经日本回到上海,投入到了国内革命的洪流中,为中国革命立下了汗马功劳。

邓小平,1926 年 1 月结束了五年零三个月的旅法生涯,离开巴黎,经过十几天的奔波,到达苏联,进入莫斯科东方大学学习。十二天后,邓小平就转到了莫斯科中山大学学习,被分到了七班。对于在苏联的学习,邓小平充满了期待。他在来到莫斯科不久的一份《自传》中写道:

> 我过去在西欧团体工作时,每每感觉到能力的不足,以致往往发生错误,因此我便早有来俄学习的决心,不过因为经济的困难使我不能如愿以偿。现在我来此了,便要开始学习活动能力的工作。我更感觉到而且大家都感觉到我对于共产主义的研究太粗浅。列宁说:“没有革命的理论便没有革命的行动;要有革命的行动,才能证验出革命的理论。”由此可知革命的理论对于我们共产主义者是必须。所以,我能留俄一天,便要努力研究一天,务使自己对于共产主义有一个相当的认识。我还觉得我们东方的青年,自由意志颇为浓厚而且思想行动亦难系统化,这实于我们将来的工作大有妨碍。所以,我来俄的志愿,尤其是要来受铁的纪律的训练、共产主义的洗礼,使我的思想行动都成为一贯的共产主义化。我来莫的时候,便已打定主意,要坚决地把我

的身子交给我们的党，交给本阶级。从此以后，我愿意绝对地受党的训练，听党的指挥，始终为无产阶级的利益而争斗。（邓小平1926年1月在莫斯科中山大学撰写的自传）

在莫斯科中山大学，邓小平担任中共党小组的组长。在党小组活动中，邓小平对一些重要问题的讨论，态度鲜明，很有原则性。在学习上，他认真地学习俄语、中国革命运动史、东西方革命运动史、联共（布）历史、社会形态发展史、政治经济学、党的建设、军事事务以及新闻学（课程设置的最后一个科目标注的是“报刊”）等课程。

在此期间，邓小平还对苏联的政治、经济、百姓的日常生活等状况进行了实地的考察。在短暂的学习过程中，他去过郊外的农庄，了解到农庄主和农庄工人对共产主义的认识；去过市区的歌剧院、博物馆，学习东欧尤其苏联的艺术发展历程；去过当时的列宁格勒等大城市，分析苏联国内工业尤其军事工业、重工业的不断强大的原因，这些都为回国后领导中国革命和建设起到深远作用。①

由于此时的苏联正在实行新经济政策，经济条件逐步好转，因而莫斯科中山大学学生的生活状况相对来说还是比较优越的。“学生们的伙食相当好。最早来的学生起初每天五餐，他们既不习惯一日五餐，也觉得这样太浪费，便请求学校取消了下午的点心和夜餐。即使改成了一日三餐，但每餐的质量和数量还是很高。每天早餐必有鸡蛋、面包、黄油、牛奶、香肠、红茶，偶尔还有鱼子酱。为了让中国学生吃得习惯，学校特意雇来了中国厨师，于是学生可以随意挑选吃俄

① 毛毛：《我的父亲邓小平》，中央文献出版社1997年版。

国饭菜或吃中餐。校方还曾专门派人到苏联远东采购海参、香菇等名贵食品,为学生们改善伙食。”①除了饮食上的良好条件,“中国学生的穿着也不错。一入学,学校就发给每人一套西装、一件外套、一双皮鞋,此外有毛巾、浴衣、手帕、衬衫、梳子、鞋油、肥皂、牙刷、牙膏以及其他日用必需品。莫斯科的冬天寒冷异常,但每个学生都配有很厚的大衣、暖帽,学校还发给雪靴、雨鞋。而在夏天,学生们又都穿上学校发的凉鞋。不仅如此,学校每月还发给学生一些津贴费,让他们用来买点书籍和水果、零食。”②在这样的条件下,邓小平完全解除了生活上的后顾之忧,不必像在法国那样,每天都得进行艰辛的劳动才能解决生活问题。因此,在莫斯科中山大学,他全身心地投入到了学习和党的活动之中。

在莫斯科中山大学学习期间,邓小平和蒋经国分在同一个团小组,他们彼此之间有了一段交往。若干年后,当他们彼此成为国、共两党的领导人,这段共同的留苏岁月就成为一段佳话。对此,他们的同学徐君虎曾回忆说:

“我去了以后,不仅和蒋经国分在同一个班,而且分在同一个团小组里。我们的团小组长就是邓希贤即邓小平。……邓小平比我们都大,经验也远比我们丰富。……(他)性情爽朗、活泼,爱说爱笑,富有组织才能和表达才能。……我与左权初到莫斯科,觉得一切都是那么新鲜有趣,尽管天寒地冻,饭后总爱到学校对面的广场、公园

① 孙耀文:《风雨五载——莫斯科中山大学始末》,中央编译出版社 1996 年版,第 58 页。

② 孙耀文:《风雨五载——莫斯科中山大学始末》,中央编译出版社 1996 年版,第 59 页。

和莫斯科河畔去散步，领略异国风光。……当我与左权、蒋经国、邓小平一起散步的时候，除了聊天，还爱听邓小平讲在法国勤工俭学和那些惊心动魄、带有传奇色彩的革命斗争故事。有一次，蒋经国和我问邓小平：你干吗老围着一条大围脖？邓小平告诉我们说，在法国留学的中国学生常去当清洁工，尤其是捡马粪，因为在法国就数捡马粪挣钱多，干一天能挣足一个星期的开销，最划得来。法国的清洁工都围那么一条围巾。因此他们每人也有那么一条。原来，他们是以曾当过清洁工人而自豪。"①

1926年3月，冯玉祥访问苏联。在对苏联进行了一番考察之后，他表示要学习苏联红军的政治工作制度，改革他的军队，要仿效苏联在自己的国民军中设立政治部。在共产国际派遣了刘伯坚到冯玉祥的军队中进行政治工作的同时，冯玉祥还向共产国际要求，希望派遣更多的共产党员去他的军队，最好能派遣四五十人去开展政治工作。由此，邓小平等二十多人就被共产国际选中，被派遣回国，参加冯玉祥国民联军的工作。在派到冯玉祥部工作的人员名册上，莫斯科中山大学给邓小平的鉴定是：非常积极，有能力，是一名优秀的组织工作者。守纪律，沉着坚定。学习优秀。党性强。于是，在苏联学习了一年后，1927年春，邓小平就经西伯利亚，绕道蒙古库伦，回到了国内，在冯玉祥国民军所属的西安中山军事学校做政治工作，自此投入到了轰轰烈烈的国民大革命之中。

傅钟，1926年由欧洲奔赴苏联，进入莫斯科中山大学学习。在校期间，他曾担任学生总支部局副书记。1927年，傅钟转入列宁格

---

① 徐君虎：《我与蒋经国在苏联的一段往事》，载《钟山风雨》2005年第1期。

勒托尔马乔夫军事政治学院学习，经过两年的学习，于 1929 年回国。1930 年春，傅钟回到上海，由于其深厚的军事理论功底，被安排在中央军委机关从事干部工作和兵运工作。在此期间，他为苏区和红军输送了许多干部。1931 年夏，傅钟被派到鄂豫皖苏区，先后担任红四方面军政治部秘书长、红十二师政治委员等领导职务。此后，在党的各个时期，傅钟尽心尽力地为党工作，一心扑在革命事业上，1955 年被授予上将军衔，成为中国共产党和中国人民解放军的重要领导人。

广大国内进步青年和旅欧进步青年奔赴莫斯科，在莫斯科东方大学、莫斯科中山大学以及一系列军事学校学习，掀起了 20 世纪 20 年代中国青年留苏的高潮。在苏联的文化课和军事课的学习，拓展了他们的视野，使得他们对中国革命和中国实际有了更深入的了解，回国后积极投身大革命的洪流。这次由国共合作掀起的留苏热潮为中国革命培养了大批人才，充实了国共两党的队伍。

需要特别指出的是，旅欧勤工俭学的中国青年们除了一批奔赴苏联继续学习，还有一批受中共旅欧党团组织的派遣直接回国，参加国内的国共合作，并做了许多的工作。如张申府、刘清扬、周恩来、何长工、刘伯庄、罗振声、周子君、林权英等人，便是没有到莫斯科学习，而是选择直接回国，投身大革命。关于这段历程，张申府曾回忆道："1923 年底，我结束了旅欧生活，回到了日夜思念的祖国。到北京后，见到李大钊同志，久别重逢，分外喜悦。我向大钊同志讲了在法国、德国的工作、生活以及党组织的情况，也讲了回国时途经俄国的见闻。大钊同志向我介绍了国内的形势，尤其兴奋地告诉我国共合作前景喜人，我们都为之欢欣鼓舞。”①几个月后，张申府即向廖仲恺等人推荐了在欧洲学习的周恩来等优秀人才，参与黄埔军校的创建。黄埔军校成立后，张申府参加了学生的招考工作，第一批学生入校后，他被任命为政治部副主任。周恩来1924年从德国回国后，受中共中央委派，担任中共广东区委委员长兼区委宣传部部长，随后又担任黄埔军校政治部主任。在任上，他“按照苏联创建红军的经验，健全政治工作制度和建立正常的工作秩序，部内增加了部员，分为指导、编纂、秘书三股，选调共产党员杨其纲、王逸常等到各股任职。政治部负责制订士兵政治训练计划；举行学生政治讨论，对学生进行政治教育；出刊物，办墙报，教歌曲。周恩来除指导、落实政治部各项工作外，还代表中共广东区委直接领导在黄埔军校的中共党组织，发动党、团员和进步青年开展工作，扩大共产党的影响。”②与此同时，当时直接回国的何长工也积极地投身于国内轰轰烈烈的大革命，他曾回忆说：“一九二三年冬，我奉组织安排由比利时劳动大学，经久居留学做工的法国回国。在上海期间，党组织派人了解我们的意向准备安排我们的工作。……于是，我要求回湖南，到我的家乡华容开展工作。……根据当时斗争形势，我们华容从国外陆续回来的十二个人中大部投入到对旧教育界的斗争中来了，开辟新教育界，兴办新式学校。……一九二五年冬，我们在积极做农民运动工作中，通过各种形式组织了秘密农民团。接着在大革命的影响下，建立了农民协

① 张申府：《所忆——张申府忆旧文选》，中国文史出版社1993年版，第31页。

② 中共中央文献研究室：《周恩来年谱》(1898—1949)，人民出版社1989年版，第68页。

会。”①这些直接回国的旅欧青年们，用自己的实际行动投身到了当时轰轰烈烈的大革命之中，如一滴滴的江水，汇成了大革命的浪潮，并用自己的实际行动影响了当时的工农大众，为国共合作书写了辉煌壮丽的一页。

## 三、欧洲大陆的继续探索

在一批批中国青年赶赴莫斯科和中国国内的同时，也有很多人选择了留在欧洲，继续探索寻求拯救中国的道路。他们以旅欧中国共产主义青年团和中国共产党旅欧支部为组织依托，以法国巴黎为中心发起了一系列爱国运动，有力地支援了国内的革命。

第一，领导组织了旅欧华人反对帝国主义，声援五卅运动。

1925 年 5 月 30 日，上海学生两千余人在租界内散发传单，发表演说，抗议日本纱厂资本家镇压工人大罢工、打死工人顾正红的行径，同时声援工人，并号召收回租界。此举遭到英国巡捕的镇压，当场逮捕了一百多名学生。下午万余群众聚集在英租界南京路老闸巡捕房门前，要求释放被捕学生，高呼“打倒帝国主义”等口号。英国巡捕竟开枪射击，当场打死十三人，重伤数十人，逮捕一百五十余人，造成震惊中外的五卅惨案。五卅惨案的消息传到法国巴黎，中共旅欧支部领导旅欧各界同胞，掀起声援上海工人的反帝运动，开展了游行、示威、发表演说等一系列爱国活动。6 月 3 日、4 日，中国共产党

① 何长工：《何长工回忆录》，解放军出版社 1987 年版，第 58 页。

旅欧支部、中国共产主义青年团旅欧区委以及中国国民党驻法总支部联合发出通告，决定于6月7日在巴黎中心地区的布朗基96号召开旅法华人声援五卅运动、反对帝国主义的大会。大会上中共旅欧支部书记萧朴生①发表了慷慨激昂的演讲，声讨帝国主义屠杀中国人民的罪行。大会决定，坚决支持五卅反帝国主义运动，要求法国立即撤退其驻华军队和军舰。赤光社于当天提前出版《赤光》第33期《反对帝国主义屠杀上海市民特刊》。该特刊第一页以醒目的标题登载着《中国共产党旅欧支部和中国共产主义青年团旅欧区委反对国际帝国主义屠杀上海市民宣言》。是月中旬，中共旅欧支部和团旅欧区委还积极组织了由赤光社、旅法华工总会、留法勤工俭学生总会等28个反帝爱国团体组成的旅法华人援助上海反帝国主义运动行动委员会。同时，在德国柏林也组成了旅德中华民族独立运动委员会。在中共旅欧支部和团旅欧区委的努力下，旅欧华人中很快兴起了声援五卅运动反对帝国主义的爱国斗争的高潮。很快，这一斗争得到欧洲各国人民的同情和支持。但是，面对革命运动的蓬勃发展，法国政府惶惶不可终日，法国当局派出大批警力对这一爱国运动进行了疯狂的武力镇压。6月24日晚，中共旅欧支部委员任卓宣被捕。25日，团旅欧区第六届执行委员会委员李畅英、卢政纲、林蔚、雷定焜、宗锡钧等五人全部被捕。

在这次反帝爱国斗争中，先后遭到拘捕并且被驱逐出境的旅欧

① 萧朴生1920年冬赴法国留学。在法勤工俭学期间从事共产主义的宣传和革命活动。1922年6月，旅欧中国少年共产党创建时，萧是十八位代表之一。1923年2月，更名为旅欧中国共产主义青年团，萧任委员、支部负责人。1925年6月被法国反动当局驱逐回国，在上海江浙济难委员会工作，兼职上海大学教师。1926年10月病逝，终年29岁。

党、团员有几十人。旅欧党团组织负责人中只有中共旅欧支部书记萧朴生一人幸免。这些被拘捕的同志，在狱中受到各种残酷的对待，法国警察对他们任意欺侮、谩骂和殴打，惨不忍睹。中共旅欧支部在萧朴生的领导下想尽一切办法对被捕同志进行了积极的营救。在他们的努力下，大多数被捕者不久便被无罪释放。对于那些不好营救的同志，旅欧党组织还指派专人负责营救工作。他们以行动委员会的名义多次到使馆进行交涉，并分别给被捕者请了律师，筹措法庭方面的开支等。经过不懈努力，被捕者于同年 9—10 月间全部无罪释放。

第二，反对中比不平等条约的斗争。

《中比条约》是第二次鸦片战争之后，清朝政府于 1865 年 11 月 2 日在北京被迫签订的。条约使比利时轻而易举地获得了领事裁判权、设立租界权、协议关税权、片面最惠国待遇等一系列殖民特权。条约规定十年满期，但每隔十年只有比利时方面有权提议修约。这种荒谬规定就是在整个不平等条约体系中也极其罕见。1926 年 11 月 6 日，北京政府宣布 1865 年签订的中比《通商条约》失效。自鸦片战争以来，这是中国官方第一次不顾另一缔约国的危言恫吓，毅然决定废止的一项旧的不平等条约。此举使北京政府的修约外交活动达到顶峰，引起了列强的愤怒与关注。

为求得比利时政府到期修约的态度，北京政府的外交官们决定委曲迁就，提议旧约期满后新约还没有敲定之前，暂订一种“临时办法”。8 月 4 日，比利时驻华公使奉命照会外交总长蔡廷干，骄横地重申其片面修约权，声称中方如果坚持旧约到期作废，比利时政府即将此项争议提交国际法庭裁决。照会限中方一个月内提出“临时办法”。比利时是一个小国,并无威慑中国的军事实力,因此寄希望于列强的干涉。它一方面以诉诸列强操纵的国际法庭来威胁北京政府,一方面则极力谋求英、美等国政府的直接干预。8 月 20 日,比利时外交部分别照会英、美等国,以华盛顿会议缔结的《九国公约》为法律依据,请求英、美政府对北京政府施加影响,以迫使“临时办法”能够让比国享有不低于其他列强现存条约规定的特权。

之后,中比双方进行了长达六个月的谈判,北京政府希望通过外交谈判途径解除不平等条约束缚。结果证明,北京政府只是一厢情愿,双方谈判最终陷入僵局。但是,北京政府这样腰板笔直地公开声明要废除不平等条约,引起了国内外广泛的同情和支持。

其中,率先奋起抗争中比不平等条约的是旅欧支部领导组织下的旅欧华人。7 月 12 日,旅比工、商、学各界侨胞代表百余人集会。与此同时,德国柏林、汉堡,荷兰海牙,法国巴黎、里昂等地侨胞,先后成立废约后援会。他们发表宣言、通电致函、集会演说、出版刊物,斗争日趋激进。旅比中国学生总会和旅比各届废约后援会,在布鲁塞尔召集了旅欧华侨代表大会。代表旅比、德、英、法、奥、荷等 6 国 38 个侨民团体。以代表大会名义向国内各团体、广州革命政府和北京政府紧急呼吁,决定发动旅比华侨,分别于 10 月 20 日、22 日、27 日,在比利时首都布鲁塞尔举行三次示威游行。但是,游行示威活动却遭到了比利时警察武力干涉,双方发生冲突,游行队伍中受伤者十多人,被拘捕者 17 人。面对比利时政府的野蛮迫害,旅欧华侨代表大会立即作出如下决议:“(一)旧约由王公使直接通知比政府如期宣布失效;(二)派遣归国代表,向国内民众宣传比方野蛮侵略情形,应予一致对待,以经济绝交为唯一应付之方;(三)欧洲方面,废约工作，仍继续进行，设总办公处于法京巴黎，设分部于比德英荷等国。”[①]布鲁塞尔废约斗争的消息很快传到国内，全国人民强烈要求立即废除《中比条约》。北京政府迫于全国人民的压力，终于在11月6日正式宣布《中比条约》失效。反对中比不平等条约的斗争取得了胜利。

第三，领导组织归国团工作和西欧团体的结束工作。

1925年1月，中共四大召开，大会作出了关于从组织上加强对群众工作的领导以迎接革命运动高潮的决定。会后国民革命的呼声高涨，全国范围的大革命高潮即将来临。5月，中共中央局决议指出：党在北方、在广东工作都日见发展，而人力不足，决定向莫斯科调四十人，向法国调五十人回国工作。中央将这一决定发给了中共旅莫支部，旅莫支部随即将中央命令转至中共旅欧支部。

1925年5月，中共旅莫支部在给中共旅欧支部的信中指出中央要西欧派人回国的意义及其标准：“（一）革命运动猛进需人作工。（二）现时需要做下层的组织和宣传工作的人。（三）革命潮流愈高，反动势力亦愈大，不稳定的分子在战斗中愈易变节，故有工作能力为一条件，而忠实却也是一个并重的条件。（四）文弱书生，只信口高谈革命而不参加实际的革命工作的人，现时即派赴前敌不惟无益而且有很大的危险。”5月20日，中共旅欧支部接到旅莫支部转来中共中央的命令后，旅欧党、团组织马上召开联席会议，进行传达动员，并按照条件进行精心挑选。5月29日，中共旅欧支部书记萧朴生将70名具备条件的名单（其中20人为候补者），用快信报告旅莫党组织。

① 《旅欧华侨废约运动之经过》，载《民国日报》1927年1月10日。

旅欧党、团组织经过与旅莫党组织协商，很快确定了50名归国人员名单，决定分三批回国，每批组成一个归国团，每团建立一个干事会，干事会由五人组成，负责所辖沿途一切事务。归国团分成若干小组，每小组设组长一人。这是旅欧党、团组织建立以来组织的一次较大规模的选派成员归国的工作。

经过认真准备，6月18日确定了第一批21人归国名单。他们分别是：周唯真、林基祥、谢陈常、王佩璜、宋得里、资道琨、蔡疾呼、陈声煜、彭鸿章、林修杰、张贵源、沙居光、奚佐尧、柏载琨、康光民、王学步、丁宝珍、白立贵、焦海、贺学礼、陈发蔺。第一批归国团干事会由周唯真、陈声煜、资道琨、林修杰、林基祥5人组成。周唯真任书记，陈声煜、资道琨任交际，林修杰任会计，林基祥任检查。在第一批归国人员中还有一位特殊的同志——朱德。1925年6月18日，在德国共产党召集的声援中国五卅运动大会上，朱德被捕，拘禁两日后，被德国政府驱逐出境。中共旅欧支部批准他赴苏学习，与第一批归国团第三小组同行。第一批归国团的同志于6月24日、25日先后分散离开巴黎，途经比利时，29日抵柏林，7月4日离开柏林，8日到达莫斯科。一部分人，如朱德，留在苏联继续学习，其他人均转道回国服务。

第二批归国人员由15人在巴黎组成，他们是：郭成昌、邱少元、魏裔真、南炬坤、颜克铃、秦治谷、徐有富、王臣荣、袁澈、史广庆、向培嘉、熊正心、帅本立、王德林、左纪桢，其中邱少元、熊正心、向培嘉、左纪桢四人是被法国政府驱逐后在巴黎加入的。这批归国团干事会由秦治谷、颜克铃、帅本立、魏裔真、邱少元五人组成。秦治谷任书记，颜克铃任庶务，帅本立、魏裔真负责交涉，邱少元负责调查。全团分两个小组，第一组组长郭成昌，第二组组长南炬坤。他们于7月4日晚由巴黎动身，6日到柏林。归国团到达柏林后，被驱逐的霍家新、徐寿松、金百熔3人（均为团员）补入本团。这样，此团由15人增加为18人，原来的两个小组重新划分为三个小组，增加王德林为第三小组组长。他们一行于11日离开柏林，14日抵达列宁格勒，15日到达莫斯科。在到达莫斯科召开的大会上，他们接受党的命令，解散了归国团，并入莫斯科支部组织。在旅莫支部的安排下，归国人员进行短暂特别训练后，转道回国服务。

第三批归国人员共有11人，其中旅法8人，他们是：欧阳钦、潘锡光、傅纶、彭中英、钟汝梅、曹鲁东、萧朴生、熊季光；旅德3人，有阚尊民、余增生、武兆镐。这批归国人员少，只有两人负责，其中萧朴生任书记，阚尊民为会计。由于经费问题，归国团的同志在路上生活很艰苦，特别是第三批的归国人员，旅费基本为自筹自备，途中自带食物。萧朴生、熊季光2人于7月10日晚由巴黎动身到柏林，阚尊民等3人住在柏林。其余6人于7月23日由巴黎动身到柏林，8月3日由德赴苏。萧朴生、熊季光（患病）、阚尊民、武兆镐、余增生5人因经济困难等原因，直到8月7日才离开柏林，10日抵达莫斯科。

旅欧党、团组织经过精心安排，顺利完成了这次较大规模的归国团工作任务。之后，旅欧党、团组织按照中共中央关于国内急需大批干部，要在一年内抓紧结束西欧团体工作的指示精神，抓紧了党、团组织在西欧的结束工作。至1926年夏，在旅欧党、团组织积极筹措下，一批批旅欧党、团员陆续离开西欧回国，或到苏联训练学习。这时留在西欧的极少数党、团员分别加入了所在国的共产党组织，成立了“中国语言组”，继续为中国革命争取国际援助而奋斗。

至此，中共旅欧支部便完成了其光荣使命，轰轰烈烈的旅欧勤工俭学运动也就此告一段落了。踌躇满志的勤工俭学生在西欧的大熔炉中脱胎换骨，浴火重生，纷纷投身于国内如火如荼的大革命中。众流合一，掀开了中国革命的新篇章。

# 结语

## 余音绕梁：功在当代，利在千秋

往事悠悠，但并不如烟。发生在 20 世纪 20 年代的这场轰轰烈烈的旅欧勤工俭学运动，在反对封建文化思想、输入西方民主精神、向国内传播马克思主义、推动中国共产党的建立，以及为中国革命和各项事业培养人才等方面都作出了巨大的贡献。在当年旅欧勤工俭学的一千六百多人中，大多数人都有着自己的理想和信仰，每个人所走的人生道路也不尽相同。他们当中有不少人选择了马克思主义，成为杰出的共产主义战士，为民族解放和新中国的建立、社会主义的建设事业立下汗马功劳，如周恩来、朱德、邓小平、陈毅、聂荣臻、李富春、蔡畅、李维汉、李立三、何长工、徐特立等；也有些人为了中国的革命事业，献出了宝贵而年轻的生命，如蔡和森、向警予、罗学瓒、张昆弟、王若飞、赵世炎、陈延年、陈乔年、刘伯坚等；也有人不忘初心，始终坚持对科学的不懈追求，如劳君（考入里昂大学，后跟随居里夫人研究放射性物理，是居里夫人唯一的中国女学生）、魏璧（1927 年回国后，在北大任教）。而有些人却始终没能走出无政府主义和国家主义的泥潭，有些甚至完全走向了反面。他们中的每一个人都值得一书，可是由于篇幅有限，无法逐一介绍。

深入研究旅欧勤工俭学运动，正确认识当年这群寻梦青年在思想和实践中所体现的马克思主义中国化精神，在今天仍然是十分必要的。没有革命的理论，就没有革命的运动。中国共产党之所以能够发展壮大，一个重要的前提就是进行理论创新，成功实现了马克思主义中国化。施拉姆教授在《毛泽东的思想》一书中指出："毛泽东在20世纪30年代末提出的种种概念中，最直率、最大胆地体现了他关于中国革命的独特性以及中国人需要他们以自己的方式解决他们自己问题的信念的，莫过于'马克思主义中国化'了。"①深受五四运动影响的旅欧青年虽然在千里之外的欧洲留学，但是他们接触并接受了马克思主义，并成功地把马克思主义和中国实践相结合，正确回答了当时中国面临的主要问题，提出了适合中国国情的民主革命纲领，从而为当时中国革命道路的选择指明了方向，为中国革命最终取得胜利打下了坚实的基础。可以说，旅欧勤工俭学运动中的部分青年是马克思主义中国化的先驱。在中国共产党走过九十六周年历程的今天，"不断开辟马克思主义中国化新境界，让当代中国马克思主义放射出更加灿烂的真理光芒"②，仍然是当代中国共产党人需要解决和探索的问题。当代青年更应自觉肩负起历史使命与责任，坚定地信仰马克思主义，坚定地走中国特色社会主义道路。

---

① 斯图尔特·R.施拉姆著，田松年等译：《毛泽东的思想》，中国人民大学出版社2005年版，第71页。

② 习近平：《在纪念毛泽东同志诞辰120周年座谈会上的讲话》，《人民日报》2013年12月27日。

众所周知,马克思主义是在俄国十月革命影响下迅速传播到中国的。它的传入实际上也是五四时期“西化论”背景的产物。在此背景下,从一开始,党内就存在着照抄照搬共产国际决议和苏联经验的教条主义,即“中国底改造与存在,大部分都要靠国际社会主义的运动帮助”,即中国革命“必与俄国打成一片,一切均借俄助”。①“一切均借俄助”的结果就是强调中国革命必须“百分之百的布尔什维克化”。“百分之百的布尔什维克”们根据共产国际的决议,在中国实行僵化的“左”倾土地政策、阶级政策、经济政策和军事战略,并在党内实行宗派斗争,致使中国革命遭受了重大挫折和失败。1958年5月中共八大二次会议上,毛泽东就回忆道:“至于三次‘左’倾路线时期给我的各种处分、打击,包括‘开除党籍’、开除政治局候补委员,赶出红军等,有多少次呢?记得起来的有二十次。……你说开除了党籍对于一个人是高兴呀,我就不相信,我就不高兴。……后头又说这是谣传,是开除出政治局,不是开除党籍。啊呀,我这才松了一口气!”

面对共产党人由于教条主义领导而造成的惨重失败,中共党内出现了要求反对教条主义倾向的愿望。实际上,这种愿望从中国共产党成立之初就已开始。1930年初,毛泽东针对党内教条主义,提出了“反对本本主义”,明确提出“没有调查就没有发言权”、“马克思主义的‘本本’是要学的,但是必须同我国的实际情况相结合”、“中国革命的胜利要靠了解中国情况”等论断。② 红军经过长征到达陕

① 陈独秀:《社会主义批评》,《广东群报》1921年1月19日;《蔡和森给毛泽东的信》,1920年8月13日,《新民学会资料》,人民出版社1980年版,第132页。

② 《毛泽东选集》第一卷,人民出版社1991年版,第109—118页。

北后,痛定思痛,党内反对教条主义的愿望愈加强烈。1937 年 7 月和 8 月,毛泽东在《实践论》和《矛盾论》中深刻阐述了理论与实践相统一的重要性,为最终形成“理论联系实际”的作风奠定了思想理论基础。正当毛泽东进行马克思主义的创造性工作的时候,1937 年 11 月,自称“百分之百布尔什维克”的王明以共产国际执行委员会主席团委员的领导身份回国。王明回国之后,捧着莫斯科的尚方宝剑,处处以党的领导人自居,教条地照抄照搬共产国际决议和苏联经验。1937 年 12 月,他在中共中央政治局会议上传达共产国际提出的“一切服从统一战线”、“一切经过统一战线”的指示,反对共产党在统一战线中保持独立自主。1938 年,党中央派任弼时去苏联向共产国际汇报工作。当时,主持共产国际工作的季米特洛夫了解到中国革命的实际情况以后,委派中共驻共产国际的代表王稼祥回国,指示中共中央要以毛泽东为首解决统一领导的问题。根据这一重要指示,中国共产党召开了(扩大的)六届六中全会。毛泽东在会上作了《论新阶段》的著名报告,第一次向全党提出了“马克思主义中国化”的命题。这次全会实际上也是“马克里主义中国化”思潮和教条主义思潮交锋的转折点。马克思主义中国化思潮终于战胜了教条主义,一路高歌猛进,引导中国革命走向了成功。

1945 年 4 月至 6 月,中国共产党七大于抗战胜利前夕召开。刘少奇作的关于修改党章的报告和七大通过的党章,肯定了“马克思主义中国化”和毛泽东思想的地位。刘少奇指出:“由于中国社会、历史的发展具有极大的特殊性,以及中国的科学还不发达等条件,要使马克思主义系统地中国化,要使马克思主义从欧洲形式变为中国形式”,“毛泽东思想,从他的宇宙观以至他的工作作风,乃是发展着与完善着的中国化的马克思主义”，“就是马克思列宁主义的理论与中国革命的实践之统一的思想，就是中国的共产主义，中国的马克思主义”。[①]

如何进行马克思主义中国化？1938 年 10 月召开的中共(扩大的)六届六中全会上，毛泽东主要从三个方面对马克思主义中国化进行了阐述。一个前提：“普遍地深入地研究马克思列宁主义的理论”。因为马克思主义是放之四海而皆准的理论，所以“普遍地深入地研究马克思列宁主义的理论的任务，对于我们，是一个亟待解决并须着重地致力才能解决的大问题。”“如果我们党有一百个至二百个系统地而不是零碎地、实际地而不是空洞地学会了马克思列宁主义的同志，就会大大地提高我们党的战斗力量，并加速我们战胜日本帝国主义的工作。”[②]一个基本原则：“马克思主义必须和我国具体特点相结合”。毛泽东指出：“马克思列宁主义的伟大力量，就在于它是和各个国家具体的革命实践相联系的。对于中国共产党说来，就是要学会把马克思列宁主义的理论应用于中国的具体的环境。成为伟大中华民族的一部分而和这个民族血肉相连的共产党员，离开中国特点来谈马克思主义，只是抽象的空洞的马克思主义。因此，使马克思主义中国化，使之在其每一表现中带着必须有的中国特性，即是说，按照中国的特点去应用它，成为全党亟待了解并亟须解决的问题。”[③]两个基本要求：一、“学习我们的历史遗产，用马克思主义的方法给以批判的总结。”二、“马克思主义必须通过一定的民族形式才能实现。”毛泽东指出：“马克思主义必须通过民族形式才能实现。

---

① 《刘少奇选集》上卷，人民出版社 1981 年版，第 333—335 页。
② 《毛泽东选集》第二卷，人民出版社 1991 年版，第 533 页。
③ 《毛泽东选集》第二卷，人民出版社 1991 年版，第 534 页。

没有抽象的马克思主义，只有具体的马克思主义。所谓具体的马克思主义，就是通过民族形式的马克思主义。”“洋八股必须废止，空洞抽象的调头必须少唱，教条主义必须休息，而代之以新鲜活泼的、为中国老百姓所喜闻乐见的中国作风和中国气派。”①

“一个前提”、“一个基本原则”、“两个基本要求”在实践中的核心问题是要解决好“马克思主义大众化”。什么叫“马克思主义大众化”？顾名思义，马克思主义大众化首先要诉诸老百姓喜闻乐见的形式，其次理论政策要真正做到了以人为本，老百姓就会从心底里感觉马克思主义可亲、可爱了。如何做到这两点呢？

首先，要赋之以形。1943 年毛泽东在《驳第三次“左”倾路线》中指出：我常觉得，马克思主义这种东西，是少了不行，多了也不行的。中国自从有那么一批专门贩卖马克思的先生们出现以来，把个共产党闹得乌烟瘴气，白区的共产党为之闹光，苏区与红军为之闹掉百分之九十以上，全都是吃了马克思主义太多的亏。这批人自封为“马克思主义理论家”，家里有成堆的马克思主义出卖，装潢美丽，自卖自夸，只此一家，并无分店，如有假冒，概不承认……。直到被人戳穿西洋镜，才发现其宝号里面尽是些假马克思，或死马克思，臭马克思，连半个真马克思，活马克思，香马克思也没有，可是受骗的人已不知有几千几万，其亦可谓惨也已矣！② 何谓活的马克思主义，何谓香的马克思主义？大众化的马克思主义才是。大众化的马克思主义从形式上来说要符合老百姓的心里口味，不能太多也不能太少。勒庞在《乌合之众》一书中指出：给群体提供的无论是什么观念，只有当

① 《毛泽东选集》第二卷，人民出版社 1991 年版，第 533—534 页。

② 高新民、张树军：《延安整风实录》，浙江人民出版社 2000 年版，第 101 页。

它们具有绝对的、毫不妥协的和简单明了的形式时，才能产生有效的影响。① 比如党群关系，毛泽东把他比喻为鱼和水的关系。比如“打土豪，分田地”就激发起了处在剥削下的农民的梦。“打土豪，分田地”的最大特点，就是把国家、民族和个人作为一个命运共同体，把国家利益、民族利益和每个人的具体利益紧紧联系在一起。

其次，要付之以行。要使老百姓从心底感觉马克思主义可亲、可爱，就必须使党的各项政策在以人为本上真正落地。1941 年 6 月，毛泽东了解到群众赋税偏重后，指出，群众发牢骚，有意见，说明我们的政策和工作有毛病。不要一听到群众有议论，尤其是尖锐一点的议论，就去追查，就要立案，进行打击压制。这种做法实际上是软弱的表现，是神经衰弱的表现。我们共产党人无论如何不要造成同群众对立的局面。这之后，共产党采取了精兵简政，大生产运动，大大减轻了老百姓的负担。老百姓从现实中得到了甜头，所以才自发地改编陕北民歌，“一疙瘩玻璃四下明，咱和共产党一娘生，共产党来了烧开水，反动派来了埋地雷”，来表达从心里拥护共产党。

今天，我们在“不断开辟马克思主义中国化新境界，让当代中国马克思主义放射出更加灿烂的真理光芒”②过程中，一定要“坚持以百姓心为心，努力解民忧、办实事”③，这样才能赢得老百姓的支持和拥护，马克思主义大众化才能真正实现。

---

① [法]古斯塔夫·勒庞著，冯克利译：《乌合之众》，中央编译局出版社 2005 年版，第 44 页。

② 习近平：《在纪念毛泽东同志诞辰 120 周年座谈会上的讲话》，《人民日报》2013 年 12 月 27 日。

③ 习近平：《在纪念陈云同志诞辰 110 周年座谈会上的讲话》，《人民日报》2015 年 6 月 13 日。

责任编辑:马长虹
封面设计:常　帅
版式设计:于丽娟
责任校对:吕　勇

**图书在版编目(CIP)数据**

1920,寻梦欧洲的中国青年/张旭东 等 著. —北京:人民出版社,2019.7
ISBN 978-7-01-017887-5

Ⅰ.①1…　Ⅱ.①张…　Ⅲ.①留学教育-教育史-中国-近代
Ⅳ.①G649.29

中国版本图书馆 CIP 数据核字(2017)第 159693 号

**1920,寻梦欧洲的中国青年**
1920,XUNMENG OUZHOU DE ZHONGGUO QINGNIAN

张旭东 等　著

人民出版社 出版发行
(100706　北京市东城区隆福寺街 99 号)

北京汇林印务有限公司印刷　新华书店经销

2019 年 7 月第 1 版　2019 年 7 月北京第 1 次印刷
开本:710 毫米×1000 毫米 1/16　印张:17
字数:210 千字　印数:0,001-5,000 册

ISBN 978-7-01-017887-5　定价:48.00 元

邮购地址 100706　北京市东城区隆福寺街 99 号
人民东方图书销售中心　电话 (010)65250042　65289539